国家社会科学基金重点项目(批准号：14AZD056)研究成果

浙江省哲学社会科学重点研究基地
——浙江大学区域经济开放与发展研究中心出版资助

国家社科基金丛书

GUOJIA SHEKE JIJIN CONGSHU

要素跨国自由流动与外贸战略转型

Transnational Free Flow of Factors and
Strategic Transformation of Foreign Trade

黄先海　王　煌　等著

人民出版社

目　录

导　论

当前,全球产业变革和国际要素分工深化对国际贸易的基础、格局和利益分配产生深远影响。在以要素跨国自由流动为特征的经济全球化背景下,尽管比较优势和规模经济对国际贸易仍具有重要作用,但跨国公司在国际范围内整合利用全球资源的竞争优势已成为决定国际贸易的新基础。传统以国家为单位通过计算进出口额衡量的贸易收支已不能反映一国真实贸易利得,出口国内增加值在要素跨国流动条件下通常属于多国要素的共同收益。所以,国际贸易实现动态收益已成为世界经济体开展全球价值链分工和贸易往来的主要目标。在这种背景下,中国亟须调整加快要素跨国自由流动的对外贸易战略,重构"高效率、高质量、高赢利、高分工地位"的国际产业与贸易新格局,实现贸易大国向贸易强国转变的历史性跨越。

第一节　国际分工演进与开放型
经济发展:历史揭示

改革开放 40 多年来,政局稳定、要素集聚力强、要素成本低等综合优势推动了中国贸易迅猛增长,但长期以外资引入和出口加工型贸易为主要驱动力的粗放式发展模式使得中国外贸陷入"低质量、低价格、低赢利、低分工地位"

的尴尬局面,这表明我国开放型经济发展方式和路径需要转型提升。纵观中国开放型经济发展历程,大致经历了外向型经济萌芽、开放型经济初显、对外开放飞速发展、开放型经济新体制建立四个阶段,第一阶段为对外开放的萌芽探索阶段(1978—1991 年),主要以解决储蓄和外汇"双缺口"为开放目标,通过建设"特区、保税区"等开放区域,不断发展以进口替代和鼓励出口为标志的"外向型经济",这意味着我国对外开放正式起步。这个阶段正是以发挥自身比较优势为基础,利用发达或前沿经济体劳动密集型产业转移的契机,通过引进外资发展劳动密集型制造业。第二阶段为全方位对外开放格局的形成阶段(1992—2001 年),主要以发达经济体先进制造业转移为基础,以建设国际先进制造业加工中心为开放目标,通过点状开放向沿海、沿江、沿边、内陆全面开放延伸,形成以鼓励跨国公司参与市场竞争为标志的"开放型经济"。这个阶段主要是通过市场化改革放宽进口限制,极大提高了制造业劳动生产率,逐步形成了中国特色社会主义市场经济体制。第三阶段为加入世界贸易组织(WTO)后的对外开放飞速发展阶段(2002—2013 年),主要以深度融入国际分工体系为开放目标,通过局部开放转向全方位开放,构建起以电信、金融、保险等服务业为重点开放区域,以"引进来"与"走出去"相结合的"双向开放"为标志的"经济全球化",从此实现由计划经济到社会主义市场经济的历史性转变。

随着国际分工不断演进,传统的国际产业转移演变为产业链条和产品工序的分解与全球化配置,国际产业转移也由原先产业梯度转移转向增值环节梯度转移,这使得要素跨国自由流动下的对外开放面临新的赶超窗口,形成了我国对外开放的第四阶段,即全球价值链分工条件下的高水平对外开放新阶段(2014 年至今)。在这一段时期,以投资与贸易便利化和自由化为开放目标,以扩大内陆沿边开放和"一带一路"建设为重点开放区域,以鼓励出口转向重视进口、利用外资转向对外投资、企业自身改革转向政府自身改革、传统区位优势转向新型制度优势等为开放政策的"开放型经济新体制"基本形成,通过全球范围内高效配置生产环节和要素组合,构建起"以我为主"的全球生产网络,实现了价值环节的专精化、价值链条的广延化、价值网络的纵深化。随着要素国际分工由制造业供应链、价值链向创新链延伸,以跨国公司为载体的"逆向创新"正重塑全球创新格局,"高端回流、低端分流"的国际分工地位客观要求中国内生推进全球经济规则重构,通过在提升创新驱动能力方面作出战略性调整,打造与高水平开放经济相匹配的要素支撑体系和竞争环境。

第二节　全球化建立的表现特征: 要素跨国自由流动

后危机时代复苏乏力与贸易摩擦加剧预示着第二次世界大战后全球化发展遭遇"瓶颈",2008—2015 年世界经济增长率仅为 3.1%,其中出口增长率低至 0.28%,货物贸易出口额占世界各国国内生产总值的比重从 2008 年的 25.8%下降至 2015 年的 22.6%,同期进口额占世界各国国内生产总值的比重由 26.2%跌至 22.7%。在此背景下,一方面,发达经济体与发展中经济体的贸易摩擦加剧,特朗普当选、英国"脱欧"、美国退出跨太平洋伙伴关系协定等一系列"黑天鹅"事件正表明世界经济不确定性不断提高,主要经济体纷纷高举"双反"贸易保护旗帜。另一方面,随着全球价值链和产业链分工不断深化,静态比较优势分工导致发达经济体获取超额利润,发展中经济体陷入"中等收入陷阱",贸易后的福利效应存在明显偏向性,即前沿经济体中劳动密集型行业收入恶化(S-S 定理),发展中或远离前沿经济体劳动收入比重下降(偏向性技术进步),发展中经济体总量已超过发达经济体总量。这直接或间接影响到世界经济格局与相对地位变迁,经济体量与领导权的矛盾已经成为全球化的重大挑战之一,经济全球化呈现新特征。

历史经验证实产业革命是推动全球化的根本动力,正是由于第一次和第二次产业革命提供的工业化大生产、交通工具和信息产业革命提供的网络,才最终奠定了现有全球化的基本格局。随着工业化和信息化高度融合,世界经济发展的动力结构、目标导向、科技基础、参与对象、运行规律均发生了前所未有的历史性变革,形成了以新兴产业革命的兴起与发展为根本动力,以开放、包容和共享为发展模式,以新一代信息技术和运输方式的普及为核心载体,以中国为代表的新兴经济体为参与主体,以更加自由开放的要素流动为表现特征的全球化发展阶段。特别是以云计算、物联网和大数据为代表的新一代信息技术的涌现,一方面催生了数字经济等新兴产业结构和经济结构;另一方面极大改变了世界连接方式,不仅实现了物资流自由流动,而且加速了人才流、信息流、技术流、资金流的高速运转和全球化配置,建立起更加深入和更高水平的新全球化和国际分工体系。

在新全球化背景下,中国外贸发展随着要素跨国自由流动不断升级而呈现出新的共生规律:一是要素分工成为国际分工主要形式,突破了不同要素丰裕度国家之间进行产品内贸易的要素制约;二是要素合作成为提升外贸竞争力的重要途径,尤其在全球价值链分工体系下,要素转移、融合、创新在全球化背景下为创造新型竞争优势提供了可能。基于本土要素和生产力结构的比较优势论及要素禀赋论已经不再能指导全球要素分工合作下的外贸发展战略,以"规模扩张、价格竞争、低加成率、低出口国内增加值率"为特点的粗放式外贸增长模式亟须转向"效率提升、质量竞争、高加成率、高出口国内增加值率"为标志的开放型、集约型、创新型增长,通过在规模扩张转向效率提升的发展导向、价格竞争转向质量竞争的竞争策略、低加成率陷阱转向优质优价的赢利模式、混合收益转向产权收益的收益结构四个方面进行外贸战略转型,充分发挥要素流动的正外部性作用。

第三节　要素跨国自由流动与外贸战略转型:路径选择

中国进出口贸易在世界中的地位表明,以引进外资为代表的要素流入是促进对外贸易发展的重要途径,依赖以跨国公司为载体的资本要素流动,并结合本国劳动力优势持续扩大对外贸易规模和提升贸易竞争力。这一过程并非依赖本国要素的出口导向战略,出口战略受制于要素流入种类、程度以及利用程度,才是当前中国处于"贸易大国"但非"贸易强国"的重要原因。

以优化要素配置效率和培育稀缺要素为核心的内源驱动型路径,是发挥比较优势促进出口转型最基础、可靠和有利的路径选择。要素流入的基础是本国优势要素与流入要素具有较强的互补性,跨国企业利用"所有权优势""内部化优势""区位优势"扩大出口规模,这一模式的弊端在于以廉价劳动力为代表的"人口数量红利"一旦消失,将对现有出口模式造成冲击。随着国内劳动力成本上升以及外部"贸易摩擦"挤压,以劳动力为代表的优势要素逐渐丧失其在国际中的优势地位。进一步挖掘这一类要素潜力、优化流入要素配置效率将是今后较长一段时间内继续发挥劳动禀赋参与国际分工内生优势的主要路径。单纯依赖要素流入很大程度上会制约对外贸易发展,依托要素流动培育稀缺要素才能改变要素结构,从而孕育出具有竞争力的产业体系。要素培育是要素流动转型的关键,是对外贸易转型的核心和发展基础,关键不仅在于孕育稀缺要素,也需要为本土研发创新要素的前端培育和后端激励创造良好成长环境。通过要素培育逐步改善及扭转国内稀缺要素低水平的需求与供给现状,实现本土优势要素内源式发展。

以改善规则环境和引进高端要素为内涵的开放吸引型路径,是营造有利要素流入、培育、配置环境实现以高端要素积累助推外贸战略转型的重要路径。要素流入的规模与质量不仅与东道国现有要素及全球要素结构相关,也与东道国经济社会环境密切相关。若东道国政府营造适合于高级易流动要素(如技术、品牌、经营理念等)向本国流动的经济社会环境,就会推动此类要素在东道国市场中聚集。优质的要素流入土壤不仅在于优质资源的吸引力,是否拥有成熟的产业体系以及市场空间也决定了跨国公司对投资地的选择以及流入要素的规模与种类。深化国内经济体制改革,进一步开放制造业和服务业市场领域,需要积极顺应要素跨国自由流动的未来发展趋势,构建以"境内开发"为特征的高标准、高质量的国际投资贸易新规则,主动嵌入全球研发链、创新链实现获得性要素积累。

以培育价值链主体和提升国际定价权为目标的国际治理型路径,是要素跨国自由流动新趋势下提升外贸竞争力的长期目标和理想路径。投资超越贸易使国际经济联系从产品交换深化为要素流动,即生产要素的国际分工。要素在国家间或地区间自由流动是全球化的重要表征,各国要素流动程度更能深刻反映其融入全球化的程度。当前多边贸易谈判已经从关注货物贸易自由化转变为更大程度的开放,要素跨国流动的便利化将是今后双边和多边谈判的主流。随着跨国公司在全球价值链分工体系下通过链条治理、国际规则运作和高端市场支配形成全球影响力,定价机制规则、产品基准价格以及贸易供求关系是影响国际定价权的核心变量。对中国而言,要掌握国际要素定价权,一方面要优化国内产业分工布局,加快制造业转型升级,通过吸收先进要素优化企业技术研发和市场营销环节,从而提升产品质量和品牌价值,避免产品市场无序同质竞争;另一方面,要加快完善大宗商品期货市场,积极推进人民币国际化,积极参与到全球大宗商品价格形成机制中。

第一章 国际要素流动发展态势及其对我国外贸战略的挑战

要素跨国流动态势与经济全球化进程总体上是相辅相成的。经济全球化，通常是指在市场经济条件下，商品、服务随着国际市场一体化而跨越地理界限在国际流动的过程。然而，近些年随着国际分工深化，要素与中间产品的国际流动能力日益增强，各国间基于生产、贸易的经济联系也更加紧密，因此经济全球化的进程也表现出新特征。

第一节 经济全球化下要素跨国自由流动的新特征与新趋势

经济全球化的新特征，可以概括为贸易全球化、生产全球化以及金融国际化。贸易全球化更确切地说是贸易自由化，是指国家间不仅仅停留在商品、服务市场的对外开放以及贸易总额的增长，而且要实现国与国之间贸易壁垒的不断减少甚至消除，进一步推动贸易发展与国际市场形成。图 1-1 为 1980—2017 年世界商品和服务出口总额，可以看出自 2000 年起，各国商品与服务出口总额快速增长，但从 2014 年开始出现连续大幅减少，这与近年来生产要素跨国自由流动加速发展以及国际分工不断深化密不可分。

（单位：万亿美元）

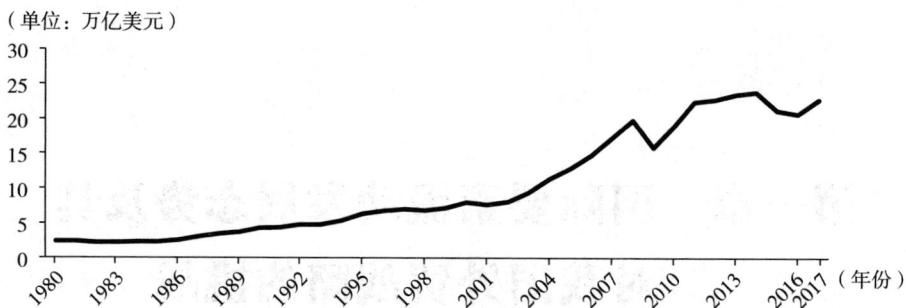

图1-1 1980—2017年世界商品和服务出口总额

资料来源：笔者根据联合国贸发会议数据库统计数据整理所得。

经济全球化的表现早已不仅仅是贸易全球化,更多的是生产要素跨国自由流动与跨国企业在全球范围内的生产分工。生产全球化是指企业通过国际活动来整合全球范围内的生产要素与经济资源,充分利用各国资源禀赋差异,降低产品生产成本、提高生产效率,实现企业资源优化配置。并且随着要素流动越来越自由,企业更多的是通过资本、技术等要素国际转移,从以往产品生产的简单跨国复制或是产业内部不同产品间的国际分工逐渐转向产品内分工的复杂生产模式,进一步扩展了经济全球化的深度与广度。

随着贸易全球化和生产全球化的快速发展,企业在国际间的货币兑换与资本借贷的需求激增,这也要求各国之间金融市场相互联结;而资本要素跨国流动日益频繁也为国际金融市场形成奠定了基础。因此,金融国际化成为经济全球化的一个新特征。国际金融市场的产生又大大扩宽了企业活动范围,并且根据金融活动目的的不同逐渐形成了国际信贷市场、外汇市场等多样化分类,通过金融资产跨国自由流动为实体经济全球化发展保驾护航。

与此同时,随着经济全球化不断推进,商品贸易迅速发展,而要素作为商品生产中必不可少的组成部分,由于其本身具有的商品属性,自然而然通过要素市场进行国际流动;而生产全球化也内在要求经济资源能够在全球范围内自由配置。经济全球化越来越表现为要素跨国自由流动,要素市场也在逐渐替代商品市场,成为国际收益分配的决定因素,要素的集聚能力成为衡量一个国家国际地位的重要指标。市场经济的发展不仅使要素内涵与外延扩大,要素的跨国流动也随着全球经济一体化而呈现出不同特征与发展趋势。

一、要素的内涵界定与外延扩展

要素,在狭义要素观中通常指生产要素,即在产品生产时直接参与到产品的生产过程中,对产品的生产成本、生产效率等有直接影响的各种经济资源。在传统贸易理论中,生产要素主要包括土地、劳动力、资本以及自然资源等。并且在这些要素中,土地由于其本身的性质自然是无法流动的,而劳动力由于受到政治或其他非经济因素的制约,也被视为不可以自由流动。其他可流动的要素,如资本,因为全球化经济发展的滞后与国际要素市场不完善,在传统贸易理论中也假设为不可在国与国之间进行流动。

然而,随着国际分工发展与跨国公司兴起,资本要素主要以国际投资的形式在各国之间自由流动。同时,受到如森林、矿产等自然资源和大型机械设备无法流动的制约,劳动力要素作为生产过程中必不可少的人力资本也开始在全球范围内转移,与其他各种要素结合共同完成产品生产。信息时代的来临和知识经济的发展,又进一步地推动了如技术、信息等要素在要素市场上流动,并且以往一些无形的甚至无法量化的因素,例如跨国公司的企业品牌、管理理念等也在产品的生产活动中发挥着不可或缺的作用,生产要素的内涵发生巨大转变。

因此,对生产要素的界定已不能仅仅包括劳动力、资本、自然资源等传统要素,还要将诸如技术、信息、管理、品牌等其他可流动要素,甚至是跨国企业内部资本市场、海外生产经营网络等一系列与贸易息息相关的要素包含在内。并且,只从生产要素的角度来考虑生产与经营过程已经远远无法满足对政府、企业等主体的经济活动进行全面分析的需求,生产要素的外延需要得到进一步扩展。

对于外生于生产要素,不直接参与生产过程,仅通过外部环境对产品生产经营起到间接影响的因素,我们通常将其称为经济要素。这些要素随着市场经济发展与国际分工深化应运而生,它们无法由经济主体本身所决定,却又会对经济主体生产经营决策产生至关重要的影响。主要包括国家的政策制度环境、市场规模、结构及市场化水平、地理区位等国家层面要素,以及一国对外开放程度、国际分工地位、参与国际经济组织情况等国际层面要素。这些要素的另一个显著特点是,它们不像生产要素那样可以在国与国之间自由流动,只能够通过国家政策制定等行为进行宏观层面模仿,因此这也是生产要素流动特征异质性的一个重要来源,准确分析其运行机制有助于对生产要素跨国流动原理进行深入剖析。

总之,要素跨国流动受到生产要素内在流动特征的制约,同时又受到经济要素等外部经济环境的影响,但由于后者在当前全球经济一体化条件下还无法自由流动,因此对要素跨国流动的分析仍重点关注于生产要素的国际流动。在后文中,我们将对资本要素、技术要素、劳动力要素以及金融要素这四个具有很强流动性的要素进行研究讨论,并且分析它们随着经济全球化深化而呈现出的跨国流动新特征与新趋势,全面而深刻地理解国际间要素流动发展态势。

二、经济全球化下的要素跨国自由流动新特征

在经济全球化背景下,要素跨国自由流动的根本动力仍然没有发生改变,即通过要素在全球范围内重新配置来实现更高要素收益。此时,参与要素跨国流动的经济主体不再像商品贸易一样以各国的进出口企业为主,取而代之的是,跨国公司成为国际要素市场上各种经济活动的主体,它们通过将生产要素在国家、地区间相互转移进而使得要素资源得以优化配置。

要素流动由于受到生产要素本身的流动性差异的影响,不同生产要素流动成本便存在差异,例如资本、资源等流动性较高的要素流动成本相对较低,而劳动力、技术等受到政策与知识产权制约的要素流动性偏低,其流动成本也

相对较高。因此,为了获取更高要素收益,要素流动便呈现出高流动性生产要素向低流动性生产要素流动的整体规律。同时,要素流动还受到外部环境,即各种经济要素的影响,例如较宽松的政策制度环境可能会吸引更多资本要素流入,而较低对外开放程度又会阻碍要素自由流动等等。所以,在不同国家、地区间要素流动可能会呈现出不同特征。并且,各种要素之间往往不是相互独立的,它们之间可能会存在互补或替代的相互关联,如资本要素的流入可能与技术要素的流出同步,人力资本流入又可能同时带来技术要素流入。最重要的一点是,不同生产要素在全球化发展的不同阶段,其相对流动性及流动规律可能发生改变。因此,我们分别分析资本、技术、劳动力与金融要素所表现出的流动特征。

(一)资本要素跨国自由流动的新特征

资本要素通常是指在产品生产活动中投入的各种中间品与金融性资产的总称,它是产品生产过程中最基础也是十分重要的一种生产要素。由于具有相对较高的流动性,因此资本也是在跨国经济活动中最主要、流动最频繁的生产要素。但因为其不具备独立流动的条件,所以其转移通常是以产品、资金或其他物质资本的形式来进行。所以说,资本要素的跨国流动实质上也是其他生产要素的流动,根据所依附的载体不同,可能表现为人力资本流动、技术要素转移或者是金融要素流动,等等。国际资本流动是经济全球化的重要标志,并且在国家之间通常是以对外直接投资(外商直接投资)为主要形式进行。图1-2为1970—2017年世界外商直接投资(FDI)流出的流量变化。从图1-2中可以看出,从20世纪80年代开始,世界外商直接投资流出额逐年急速增长,虽然其间受到过几次全球经济波动的干扰,但总体上仍呈现出不断发展态势,资本要素跨国流动已经成为世界经济增长和经济全球化发展的重要驱动力之一。同时,我们可以看出,在外商直接投资流出规模刚开始扩大时,发达国家几乎承载了所有流量的增长;然而,从2003年开始,发展中国家的外商直接投资流量占比开始不断上升,呈现出不断逼近发达国家的趋势。这也说明了跨国资本运动的投资主体开始由发达国家向发展中国家转变。

（单位：万亿美元）

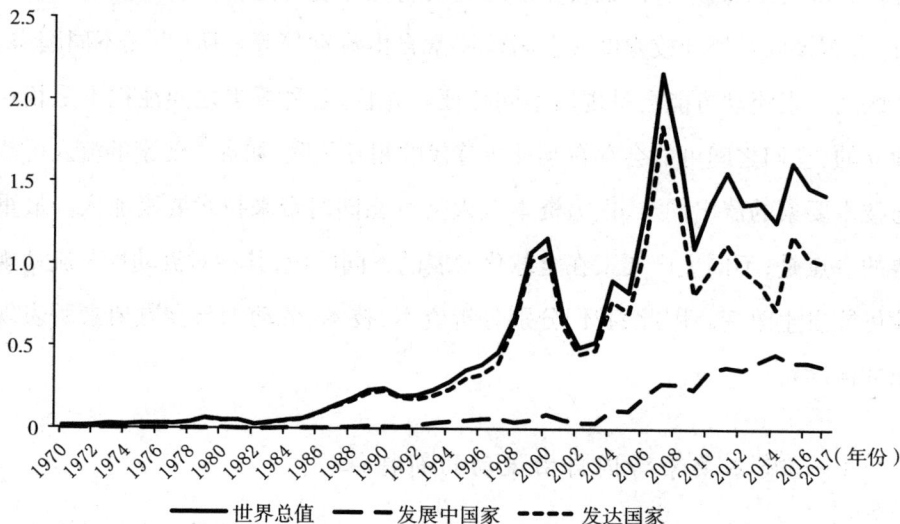

图1-2　1970—2017年世界FDI流出的流量变化

（单位：万亿美元）

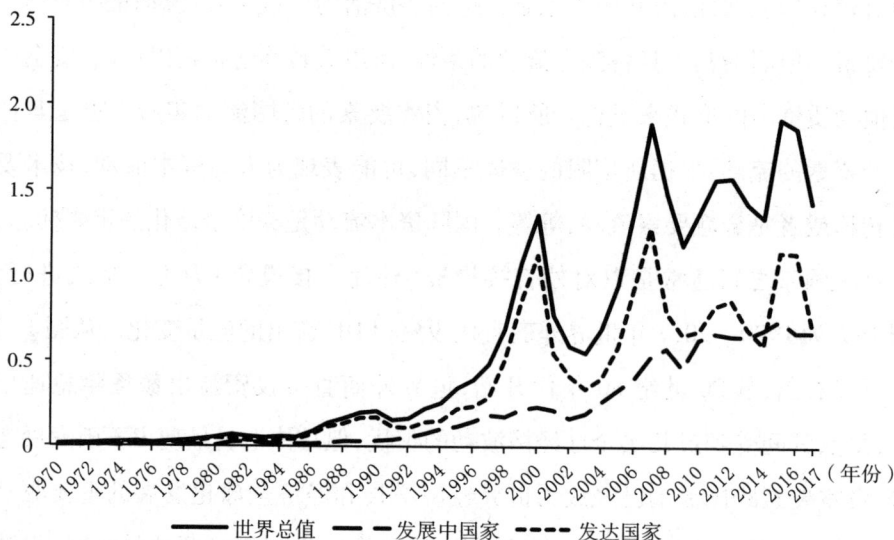

图1-3　1970—2017年世界FDI流入的流量变化

资料来源:笔者根据联合国贸发会议数据库统计数据整理所得。

图 1-3 描绘了 1970—2017 年世界外商直接投资流入额的变化趋势。可以看出,与流出额相同,从 20 世纪 80 年代开始的资本流动扩张初期,发达国家的外商直接投资流入额也几乎等于世界流入总额。但是从 20 世纪 90 年代开始,流向发展中国家的资本要素占比快速增长,在最近几年甚至与发达国家的外商直接投资流入额持平。这也反映出资本要素流动方向在近些年发生巨大改变,发达国家与发展中国家之间的资本联系越来越紧密。结合图 1-2 我们可以发现,以往以发达国家之间双向流动为主的资本要素流动规律,开始向由发达国家与发展中国家之间的多向流动转变,资本要素的流动性与流动规模进一步扩大。

资本作为流动性较高的要素,始终保持着要素流动的整体规律,向着较低流动性要素进行流动;并且,由于其本身追逐利润的原则以及各国之间制度环境、市场机会等经济要素的差异,同时向高边际收益方向流动。在新全球化背景下,表现出在发达国家之间、发展中国家之间以及从发达国家向发展中国家流动的演变特征。

(二)技术要素跨国自由流动的新特征

技术要素通常是指在商品或服务的生产过程中,与机械设备、材料、资源或人力资本等有形生产要素相结合的那部分无形要素,从传统意义上来说是无法独立流动的。然而,随着信息技术与知识经济迅猛发展,技术要素的表现形式、流动方式、作用范围都发生了翻天覆地的变化。技术不仅仅包括生产方法、工艺等传统内涵,还包括管理理念、信息资源等知识层面上的扩展,技术存量成为衡量一个国家综合国力最重要的标准之一。

不同于资本、劳动力等生产要素,技术要素具有一定程度的非竞争性与非排他性。也就是说,当优良的技术在市场上某个产品中出现后,会有大量其他生产厂商进行该技术的复制和模仿,使得该技术的创造者无法在市场竞争中享有技术要素带来的竞争优势。先进技术要素的流入会给生产厂商带来巨大的生产率提升,优化本国资源的利用效率,这驱使着厂商不择手段地获取先进技术,从而可能导致技术要素市场秩序混乱。通常来说,研究出一项新技术需要耗费一国大量的人力、资金等资源,而对技术的复制与模仿的成本相对很低,因此为了保护技术专有权,各国不断完善知识产权保护法案,通过专利等方式将技术要素量化,这也使得技术要素的存量能够在各国之间比较,促进了国际间技术要素市场的形成,技术也逐渐独立于生产过程中向商业化方向发展。

技术要素跨国自由流动主要分为两类:一类是通过传统的国际间技术合作与学习,以非营利技术交流的形式进行,可能表现在媒体交流、国际会议、讲学与访学等活动中。此外,对技术落后国家的技术援助也是非营利技术转移的常见形式。另一类是国际间的技术转移,这也是前沿技术和核心技术流动的主要渠道,在经济全球化背景下通常以跨国企业为主体进行,其流动过程可能伴随着企业对外投资、跨国并购以及设立国外附属企业等经济活动。

外商直接投资是技术转移的重要途径,首先,本国企业以合作生产、工程承包等形式与发达国家的跨国公司建立联系,为跨国公司提供生产原料、劳动力、中间品等要素,同时能够获得国外先进生产技术使用权,促进本国企业产品质量与生产效率提高。有大量学者证明,这一技术转移过程能够在行业中产生溢出效应,促进本国行业总体技术水平提升。其次,跨国并购的技术流动更为直接,企业能够直接获得国外企业的核心技术,或是与之相关的上、下游技术,对于企业节省技术开发成本与交易成本、拓展产品与市场范围产生直接并且显著的积极影响。最后,跨国公司在国外设立新的国外独资企业,或是与当地公司合作设立合资企业也会产生技术跨国流动。这种情形下技术的流动方式与外商直接投资类似,可通过技术转移或技术扩散来实现,并且合资公司由于其存在国内合作主体,因此对本国行业的扩散效应相对于外商独资企业也更加明显。值得一提的是,跨国企业在本国市场扩张也会通过技术示范效应对本国技术水平产生正面影响。通过对跨国企业优良的产品或理念逆向剖析,能够加快本国企业对先进技术的理解与学习,并在此基础上进行技术复制与研发,从而加快本国技术要素存量提升。

现阶段,技术要素在全球范围内的分布十分不平衡,呈现出发达国家与发展中国家两极分化的格局。发达国家通过严格的知识产权保护设置了技术贸易的壁垒,使得技术要素无法自由流动至技术较落后的发展中国家,发达国家凭借技术优势不断开辟国际市场,扩大市场垄断地位。这也迫使发展中国家加大创新投入,进行技术自主研发,在一定程度上缓和了技术要素两极分化的格局,发展中国家之间的技术合作与流动规模也在日益扩大。

(三)劳动力要素跨国自由流动的新特征

经济全球化要求各类生产要素以实现资源最优配置为目标充分发挥其流动性,劳动力作为最基础的生产要素之一自然也不例外。然而,由于劳动力技术才能、教育背景差异逐渐扩大,劳动力分化出不同的结构层次,我们将其统称为人力资本,即凝结于劳动力之上的知识、技能、技术水平等非物质资本。基于劳动力之间这类非物质资本存量的差异,可以将人力资本大致分为一般人力资本与高级人力资本,高级人力资本是指比一般人力资本更具备高学历、高技能或是高技术水平的人力资本,并且由于其对经济发展的推动力更强,所以也具有更高的流动性,因此劳动力要素的流动在本书中是指高级人力资本在国际间的流动。

人力资本流动的动因是多方面的,与其他生产要素相同,决定人力资本流动方向的首先是要素市场机制,包括人力资本要素在国际市场上的供求、价格等。发达国家由于雄厚的经济基础和高层次科技发展水平,高素质劳动力所获得的报酬与能力提升也相对较高;同时,为了保持经济增速与国际地位,发达国家对人力资本的需求也保持较高水平,不断放宽对技术移民的限制,这便导致了发展中国家的高级人力资本为了追逐较高的收入而外流至发达国家。另外,与其他生产要素不同的是,人力资本的流动在很大程度上还受到劳动力主观偏好的影响。一国的国家制度、社会结构、生活环境等都会影响人力资本要素的流向,这一点也导致了高级人力资本根据个人偏好的不同在发达国家之间进行重新配置。

人力资本要素跨国流动的方式总体上分为两类:学习交流与人才流动。一方面,各国的留学生、学者作为人力资本流动的主体,到发达国家开展学习、培训、访问等学术交流活动,这部分流动通常是短期的,随后会伴随着该国人力资本的回流,表现为"海归";还有一部分学者作为研究人员参与到国外研究中心或教育机构的学术活动中,其流动时期相对较长。另一方面,处于跨国企业中的高级技术人才和管理人才,可能会由于企业的海外投资建厂等活动进行企业内部的劳动分配,为新设立的国外企业提供经营管理与技术指导,被动地进行劳动力的跨国转移,这部分人力资本的流动方向取决于企业的经营决策。值得注意的是,人力资本的流动通常不是独立进行的,往往伴随着国际间资本的流动或技术的转移,并且与两者表现出较为明显的互补性。

当今,随着各国开放程度的提高以及对高技术人才需求的增大,国际间的人力资本流动规模也在日益扩大。图1-4描绘了1995—2016年全球劳动力迁移规模的变化趋势。不难发现,全球劳动力流动从1997年开始快速增长,逐渐稳定于每年450万人的流动规模,并且仍呈现出缓慢增长态势。劳动力流动在国家间的分布存在明显不同的趋势,流向高收入国家的劳动力经历了爆发式的增长后,自2008年开始下滑,与此同时,流向中低收入国家的劳动力数量却在稳步攀升。究其原因,一方面,可能是发达国家能够提供给高技术人才的工作岗位趋于饱和,再加上较高的生活成本与严格的移民政策,导致劳动力的流动意愿弱化;另一方面,发展中国家正处于加速发展时期,对于高级人力资本的需求量也在不断扩大,同时由于其移民、定居等条件相对宽松,吸引了人力资本的大量流入。

在经济全球化的背景下,受到各国经济发展状况、市场机制、个人偏好等因素的综合影响,人力资本要素总体表现为从发展中国家向发达国家流动,以

（单位：百万人）

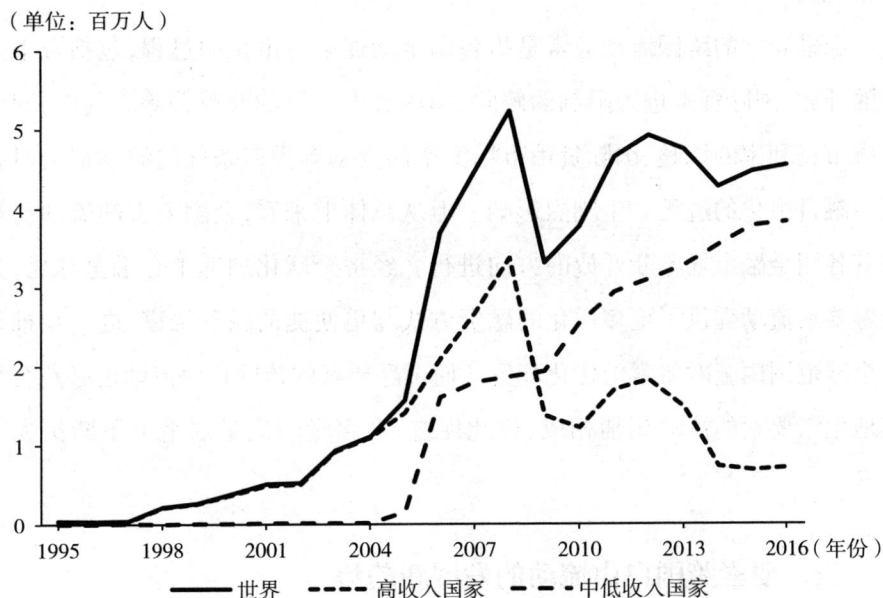

图 1-4　1995—2016 年全球劳动力迁移规模的变化趋势

资料来源：笔者根据国际劳动组织数据库中劳动力移民的相关统计数据整理所得。

及在发达国家之间双向流动的特征。但是随着落后国家经济蓬勃发展,出现发展中国家人才回流、发达国家高技术人才大量流向发展中国家的情况,人力资本要素呈现出多向流动的跨国流动特征。

（四）金融要素跨国自由流动的新特征

金融要素原本并不是一种独立的生产要素,而是以金融资本的形式从属于资本要素,伴随国际间资本要素的流动而流动,为商品贸易提供结算融资等金融服务。但是随着金融国际化的不断发展,金融要素开始从资本要素中脱离出来,在逐渐兴起的国际间金融市场上独立运动。一般来说,金融要素是指货币、国际信贷、金融工具、金融机构等一系列反映国际金融市场结构与发展水平资源的统称。在开放经济条件下,金融要素凭借其实现利润最大化的原则在各国之间流动,促进全球金融市场的发展以及国际资本有效配置。

金融要素的跨国流动通常是指各国金融逐渐自由化的过程,包括资本账户的开放、国际资本进入限制的解除、国内金融政策的改革等等。其中,国内金融市场利率的调整、国际货币市场汇率的变动等类似条件的波动都会对各国金融自由化的进程产生剧烈影响。但从总体上来看,金融要素的流动仍是向着各国金融市场不断开放的方向进行。经济全球化加速了金融全球化,为金融要素流动提供了更多样化的融资方式与更便捷的融资渠道,进一步推动了全球范围内金融要素的优化配置。而金融要素的跨国自由流动也必然会与其他生产要素的流动相辅相成、彼此促进,在存量与流量水平上不断扩大与提升。

三、要素跨国自由流动的发展新趋势

从总体上看,由于各国之间要素禀赋的差异以及生产要素逐渐商品化,要素在全球范围内更自由地流动成为经济全球化背景下要素配置的必然趋势。同时,生产要素的跨国流动比国际商品、服务贸易更具优越性,能够更充分地激发要素的边际生产率,以此将传统产品分工的国际分工模式引向以要素分工为主的国际分工新格局。在此过程中,由于不同生产要素的流动性、禀赋分布、供给结构都存在很大差异,因此会表现出不同的发展趋势。

首先,资本要素与金融要素流动本质上都是各国的资本在全球范围内寻求更高净收益的过程。实现更高的收益也就要求资本寻找更有利可图的投资机会,而发展中国家由于拥有大量闲置的或没有达到充分利用的资源,必然趋向于与资本结合来达到资源的优化配置,因此资本便表现出从发达国家涌入发展中国家的趋势,并且这种趋势仍将持续很长时间,直至发展中国家总体发展水平达到一定程度,这种单向趋势才会逐渐转变为发达国家与发展中国家之间的多向流动趋势。同时,实现更高收益还要求资本使用成本的最小化,也就需要各国减少或消除对国外投资的限制,降低资本在流动过程中的损耗;并且,金融市场的开放能够为国际资本的获取、转移提供更便捷的渠道,以此降低资本交易成本,进一步提升资本的边际收益。因此,资本要素与金融要素的流动也将向着更开放、更自由的方向发展。

其次,技术要素流动趋势主要受到两种相反效应相对大小的影响。一方面,技术的产业化使得技术与设备、人力资本、信息等各种生产要素相结合,在传统意义上很难被拆分出来独立流动。但是在全球化背景下,资本、信息等各种生产要素的流动性大幅提高,促使技术要素的流动能力相应提升。另一方面,技术的市场化又对技术要素的自由流动施加了种种限制。各国关于知识产权和专利保护的法规日益完善,跨国公司为防止技术外泄也采取了大量保密措施,技术转移过程越来越多地和各种形式的国际经济活动相结合。因此,技术要素的流动逐渐在以国家政府、跨国公司为主体的全球技术转移网络中进行,其整体的流动趋势也将向着体系化的方向发展。

最后,虽然人力资本只有在与实物资本或知识、信息等资源相结合时才能发挥出本身的价值,但其流动却不受这些因素干扰,因此人力资本流动性相对更强。为了实现最大边际收益,人力资本趋向于拥有丰富物质资本、先进生产效率以及高额劳动报酬的地区,而这些地区通常都是较发达国家与发达国家,这也就形成了人力资本从发展中国家流向发达国家的长期单向流动趋势。与其他生产要素相似,人力资本所蕴含的知识、技能也会不断消耗,但人力资本自身的学习、研究能力使其能够实现自我补偿与自我增值,而发达国家凭借先进的教育水平与技术资源,使得人力资本的损耗速率相对更低。此外,人力资本的主观意愿、心理特征都会影响其流动方向,普遍更趋向于国家体制、社会环境、生活压力等条件都相对优越的地区。因此,个人偏好的不同在一定程度上使得人力资本在发达国家与发展中国家之间出现多向流动的趋势。但是从整体上来看,人力资本要素的流动仍将长期保持从发展中国家向发达国家的单向流动。

第二节 我国国内外要素跨国自由
流动阻滞的现状及原因

改革开放以来,我国经济实现了飞速发展,在全球贸易中的地位迅速提高。在改革开放初期,我国出口额仅占世界贸易总额的 1% 不到,但随着加入世界贸易组织和各种国际合作协议签订,我国逐渐成为世界最大的出口贸易国之一。国家统计局的数据显示,我国 2019 年进出口总额达到 31.6 万亿元,贸易规模蝉联世界第一。但尽管如此,我国在国际分工中的地位提升却并不明显,在全球贸易中仍旧保持着以劳动密集型商品为主的贸易模式,在当前要素分工的背景下面临着吸引国外要素能力较差、国内要素流动阻滞等情况,如何改变要素流动现状,顺应经济全球化新形势成为我国当前外贸格局下亟待解决的难题。

一、我国要素跨国自由流动阻滞的现状

我国要素流动面临的障碍是多方面的。一方面,从整体上来看,我国生产要素的流动性较差,资本、技术等要素无法充分流动,难以实现资源优化配置;另一方面,我国生产要素总体质量还不够高,要素结构更偏向于劳动等低级资源密集,技术、信息等高级要素存量水平较低。此外,我国由于对外开放仍在发展过程中,所以对国外要素流入还存在较大的限制,缺乏对国外高级要素的吸引力,而国内要素在国际分工中并没有明显的优势,因此,要素流动在多种生产要素层面都存在阻滞,要素自由流动的机制体制尚未形成。

图 1-5 描绘了从 1982—2017 年我国每年外商直接投资流入与流出额[见图 1-5(1)]以及占世界总额的比例[见图 1-5(2)]。可以看出,在改革开放初期,我国利用外商直接投资的总额几乎为 0,但是从 20 世纪 90 年代便开始显著增长,在 2017 年已经达到约 1400 亿美元,并且保持着稳定增长趋势。

（单位：百亿美元）

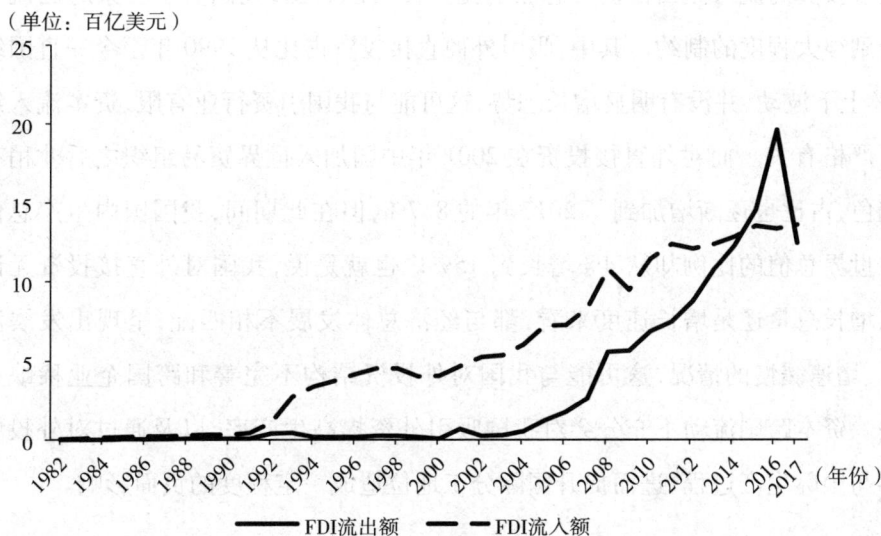

（1）我国FDI流入与流出额

（单位：%）

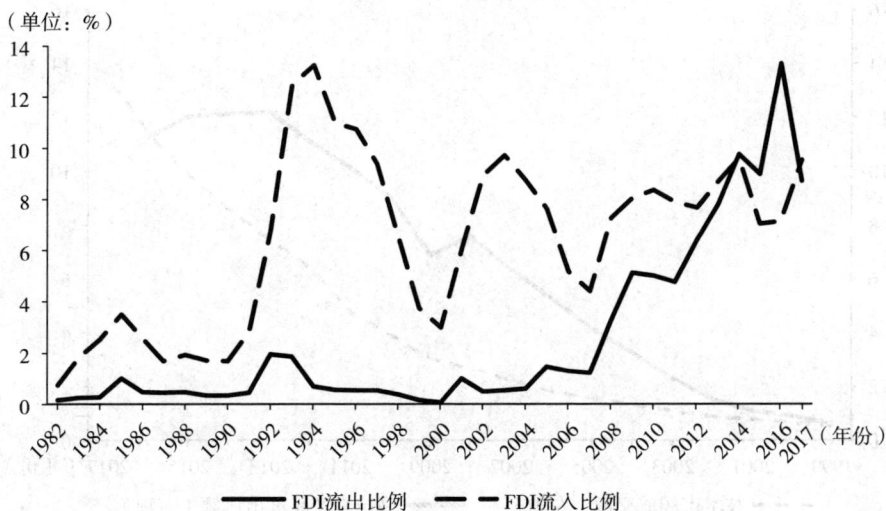

（2）我国FDI流入与流出占世界总额的比例

图 1-5　1982—2017 年我国 FDI 流入与流出额以及占世界总额的比例

资料来源：笔者根据联合国贸发会议数据库统计数据整理所得。

而我国对外直接投资发展较为滞后，从 2003 年才开始萌芽，但增长速度却十分迅猛，现今已经达到和外商直接投资流入量相当的规模。然而，从我国外商直接投资的流入流出占世界总额的比例便可以看出,我国资本要素跨国流动受到很大程度的制约。其中,吸引外商直接投资占比从 1990 年至今一直围绕 8%上下波动,并没有明显增长态势,这可能与我国引资行业有限、资本流入约束严格有关。而对外直接投资在 2001 年中国加入世界贸易组织之后才稍有起色,占比也逐渐增加到了 2017 年的 8.7%,但在此期间,我国国内生产总值占世界总值的比例却从 4%增长到 15%。也就是说,我国对外直接投资无论从增长总量还是增长速度来看,都与经济总体发展不相匹配,呈现出发展滞后、增速缓慢的情况,这可能与我国对外投资结构不完善和跨国企业稀缺有关。资本跨国流动不充分会对我国吸引外资提高生产率,以及通过对外投资参与国际生产过程,进而提升国际分工地位造成一定程度的负面影响。

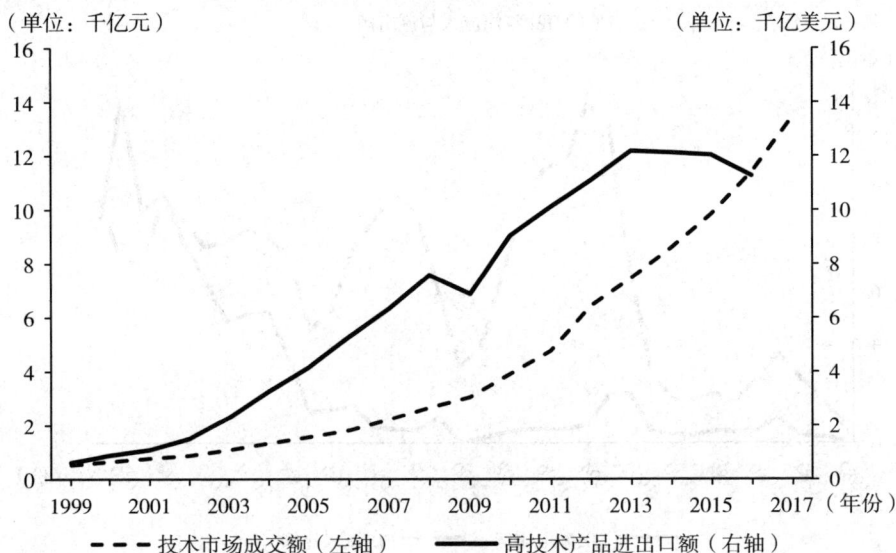

图 1-6　1999—2017 年我国国内外技术要素流动情况

资料来源:笔者根据中国国家统计局数据库整理所得。

　　同样的状况也出现在我国技术要素市场。图 1-6 中描绘了 1999—2017 年我国国内外技术要素流动情况。首先,对于国内要素市场,可以看到技术市场成交额从 2000 年起便不断增长,并且增长速度逐年加快,近些年仍然保持着十分强劲的增长态势。也就是说,技术要素在国内的流动速度不断提升,这有利于技术要素与其他生产要素结合,最大化要素边际生产力,以此实现要素在国内的优化配置。反观国际要素市场,技术要素在国际间的流动通常是依附于资本流动或是跨国公司生产活动来进行,因此我们从高技术产品进出口总额中捕捉我国技术要素跨国流动的情况。可以发现,虽然总体上高技术产品的贸易额呈现出上升趋势,但是增速却逐年放缓,并且从 2013 年开始停滞不前,甚至呈一定下降趋势。同时,高技术产品的贸易额在 2016 年也仅占我国商品贸易总额的 32.3%,与十年前相比(2006 年约为 33.6%)并没有明显提高。这也就意味着在我国进出口贸易结构中,技术要素所占的比重相对较低,并且发展缓慢,侧面反映出技术要素的引入与流出进程迟滞,这一方面可能是由于我国目前技术存量水平较低,高技术产品种类较少且国际竞争力有限;另一方面,也可能与各国实施加强知识产权保护和设置技术贸易壁垒等举措有关。

我国目前正面临着经济社会全面发展的战略机遇期,人力资本作为生产要素中最活跃的要素,在就业、收入分配、政策体制等社会活动方面都起着至关重要的作用。我国虽然主要以劳动要素作为比较优势参与国际分工,但是随着对劳动力知识、技能等要求的提高,一般人力资本已经无法满足经济发展对高水平劳动力的需求,我国高级人力资本的存量亟须得到提升。党的十八届三中全会提出的《中共中央关于全面深化改革若干重大问题的决定》中明确要求,要从人才激励、职业建设等方面促进人力资本发展。而人力资本存量提升,一方面要借助于我国通过改善教育制度、完善专业技能培训等措施来提高本国劳动力中高级人力资本占比;另一方面,则要依赖于对国外高水平人才的引进以及减少本国人才流失。

现阶段,我国人力资本要素总体看仍然呈现出向国外流动的趋势。据世界银行统计数据显示(见图 1-7),我国净移民流量自改革开放以来一直为负,在加入世界贸易组织之后,人力资本外流趋势更加明显,净流出人口数量

（单位：十万人）

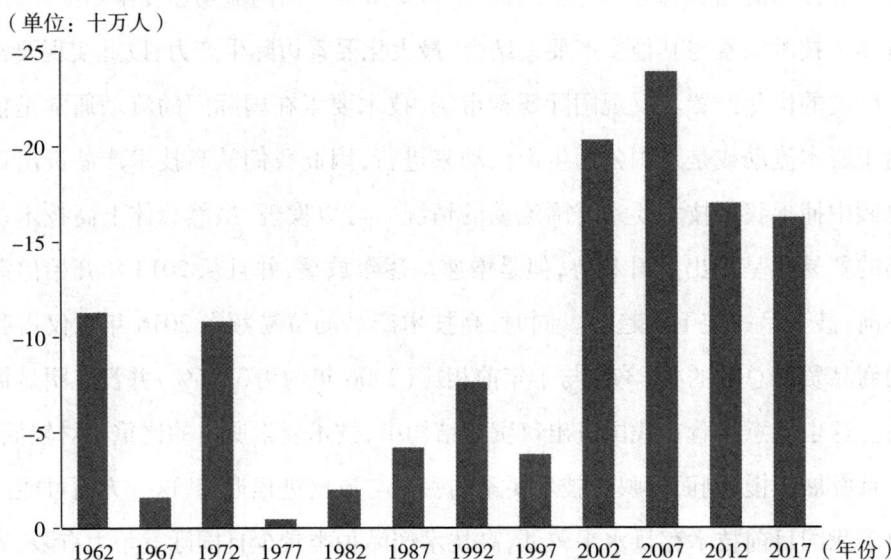

图1-7　1962—2017年中国净移民流量

资料来源：由世界银行数据库统计数据整理所得。

在2007年达到顶峰。但是，随着近几年对海外优秀人才的引进和"海归"热潮，我国净移民量逐年减小，在2017年净流出量约为163万人，但是这规模与发达国家相比还是相距甚远，如美国在2017年净流入人口约为450万人，英国约为90万人，我国作为一个发展中国家在控制人力资本要素流失方面还有很长的路要走。

自加入世界贸易组织以来，金融市场开放程度不断扩大，我国国际收支始终保持着经常账户顺差、资本和金融账户逆差的格局，贸易顺差从2000年的241亿美元增长到2016年的2499亿美元，外汇储备账户余额也从2000年的1655亿美元增长到2016年年末的30105亿美元。经济社会发展情况虽然总体上表现出稳中求进的健康发展形势，经济结构也在不断优化，改革开放质效持续提升，但国际金融格局仍然十分严峻，存在许多不合理、不平衡的方面。

金融市场的开放进程直接反映出一国金融要素流动情况，表现为利率的市场化和人民币汇率的市场化进程。自20世纪80年代初期国务院决议拥有基准贷款利率20%浮动权开始,我国利率市场化改革便不断推进,党的十六届三中全会《中共中央关于完善社会主义市场经济体制若干问题的决定》发布之后,持续有政策表明要"稳步推进利率市场化,建立健全由市场供求决定的利率形成机制",2013年全面放开金融机构贷款利率管制。而在国际金融市场方面,人民币国际化进程一直在如火如荼地推进。人民币汇率市场化最初是在1993年政府提出要实现"人民币可兑换",之后便向着"有管理的浮动汇率制"目标前进。截至2016年年末,人民币对美元的汇率中间价为6.937元,较前一年贬值6.39%,人民币汇率实现双向浮动,弹性进一步增强,基本达成了"收盘汇率+一篮子货币汇率变化"的人民币兑美元汇率中间价形成机制,以市场供求为基础、参考一篮子货币进行调节的汇率变动特征更加明显。与此同时,随着2016年10月1日人民币正式加入SDR货币篮子,人民币在国际金融市场中的地位进一步提升。截至2016年年末,人民币已经成为中国第二大跨境收付货币、全球第六大支付货币,在国际支付货币中占有1.68%的份额,人民币国际化的进程呈现出稳步推进的良好态势。但是,由于我国金融开放整体水平较低,为了提高国内金融运行效率,使金融更好地服务实体经济,我国仍需要不懈努力,进一步提升我国金融要素在国际市场的流动能力,早日实现金融市场自由化的发展目标。

二、我国要素跨国自由流动阻滞的原因

(一)资本要素流动受限与评价体系的不完善

我国资本要素跨国自由流动阻滞最大的原因是受到政策的限制,这种限制不仅仅在引入外资时存在,在我国企业进行对外直接投资时也同样存在。自改革开放以来,虽然对外直接投资规模在不断扩大,但是总体上与经济发展水平仍然存在较大差距。这反映出我国近年来市场化建设、经济体制改革、对外开放政策不断落实和完善的同时,对境外投资的管理、激励等政策却没有及

时作出调整,表现为相关的投资审批政策、外汇管理制度立法滞后以及对外经济投资结构不健全。另外,在优良的跨国企业和高级管理人才等方面,建设、培育、保护等配套机制的缺失,会导致资本要素在海外的收益或效率低下,跨国企业等投资主体缺乏资金输出或离岸外包动力,这也成为我国长期对外投资水平较低的原因之一。由于近些年中国经济发展十分迅速,有些发达国家提出对我国对外直接投资的怀疑论,国际间紧张的局势对我国对外直接投资增长产生了负面影响。

在外资引入方面,受到行业结构和产业结构不同程度的制约。从总体上看,我国主要是以中外合资企业、外商独资企业的形式来引进外资,并且主要外资来源地仍集中在亚洲少数几个地区,吸收外资的行业也多集中于一部分制造业行业,呈现出在行业之间分布不平衡的特征。同时,在某些行业中还存在限制或禁止外资流入的明文规定,这对行业吸引国外先进技术、人力资本,提升行业生产率,优化全行业结构存在严重的制约。产业结构方面最明显的特征是:第二产业在外资流入中占有较大比例,而第三产业即服务业的占比相对较小,虽然外资流入规模随着服务业的发展与对外开放呈现出较快增长趋势,并且在 2013 年我国服务业实际使用外资总量首次超过 50%,但总体上看外资注入水平仍然偏低。这也与我国服务业发展较迟缓有关,从 20 世纪 90 年代开始,我国服务业才逐渐参与对外开放,开放程度自然落后于制造业,这一点也表现在我国商品贸易持续顺差的情况下,服务贸易仍然为逆差。但最主要的原因还是在于服务业市场进入限制较多。一方面,由于外资进入可能会对本国服务业企业产生冲击或替代效应,当地政府为了保护本土企业的发展环境,便对一部分竞争性较强的服务行业施加以严格市场准入规则,限制了外资自由流入;另一方面,我国服务业参与全球价值链的广度与深度均不够高,本土企业中涉及咨询、管理、信息等新兴服务部门的企业较少,在已有服务业部门中国际竞争力相对较弱。因此,总体上服务业的国际化水平较低,市场自由化程度不高,削弱了外商直接投资流入的动力。

此外,仅以外资流量为标准的对外开放评价体系也对我国资本要素流动造成扭曲。为了追求表面上的经济开放成果而对外资企业质量不加以区分地引入,使得本身不具备先进生产技术或高级人力资本的企业通过各种优待条件占有了当地大部分的市场,导致大量不必要的自然资源、劳动力的浪费以及环境资源的消耗,加剧了我国资源透支和环境恶化趋势。同时,大量外资企业侵占市场会干扰国内市场的公平竞争环境,不利于对我国新兴产业的保护与扶持,可能会降低本土企业发展质量与竞争力,间接减缓我国对外直接投资发展速度。

(二)"人口红利"消失与人力资本外流

中国作为传统劳动要素密集型国家,以往的国际贸易发展很大程度上是依赖于对劳动密集型产品的出口,或是作为国外企业的"代工厂",为其提供丰富廉价的劳动力从而融入国际分工体系中。但是近年来,随着我国国内适龄劳动人口比例下降和劳动要素价格上升,传统人口红利逐渐消失,以往以低级劳动力投入数量增长来促进经济发展的模式亟须向以高级人力资本作为驱动力的高质量发展模式转变。然而受到制度影响,现阶段人力资本却呈现出不断外流趋势,究其原因主要在于对海外人才引进的不足和优秀国内人才的流失。

在海外人才引进方面,我国诸多企业、科研机构、高等院校都提出了优惠政策,试图通过优越的工资水平、生活保障条件来吸引国外高技术、高水平的人力资本流入。但是,人力资本要素的流动还受到工作环境、生活环境等主观层面因素影响。我国企业国际化程度较低、科研实力水平有待提高、服务行业发展滞后、基础设施建设不够完善等现状都会通过主观层面间接影响人力资本流入。同时,在引入人力资本时,对人才的评价标准不全面或是模糊不清,导致引入的人才水平参差不齐,无法满足对高级人力资本的需求。相反,国内人力资本流失一方面是因为国内生活环境较为普通、就业结构固化、工资水平低下,导致大量人力资本向生活条件优越、劳动报酬丰厚的发达国家聚集;另一方面在于政策对国内人才的不重视或鼓励机制缺失,一味地为国外人才或"海归"提供优良待遇,导致在同等知识、能力水平下国内人才与国外人才的待遇存在明显差异,从而"迫使"一部分国内人才流向海外。综合两方面原因,我国需要调整引入国外人力资本和保留国内人力资本的政策,营造公平、自由的人力资本流动环境,保障我国从低级要素投入的劳动驱动模式向高级要素的创新驱动模式转变。

(三)技术溢出效应减弱与金融开放不足

现阶段,我国对技术要素的对外依存度仍然较高,国内技术创新速度难以满足经济飞速增长需求,因此不得不采取"用市场换技术"的战略,通过引进国外先进生产技术保障国内制造业、工业生产发展。在此过程中,技术溢出效应对我国技术进步产生了巨大推动力。国外跨国企业在我国投资建厂,连同其先进的技术也一并转移到我国市场中,这一过程会对我国企业,甚至该行业其他企业产生正向的技术溢出效应,企业可以通过模仿、学习来改善自身的技术水平,从而带动整个行业技术发展和结构优化。但是,随着近年来外商直接投资流入模式的转变,跨国公司在我国的投资形式更倾向于设立外商独资企业,并且比例逐渐超过合资企业与合作企业(1997年外商独资企业占外商直接投资比例为35.8%,2012年增长到77.1%),导致从跨国公司向合资子公司直接转移的技术规模不断减小,国外技术的流动过程更加封闭,使得国内企业更难享受到合资子公司或国内母公司的技术溢出效应。同时,由于盲目引进外资情况严重,国外公司参差不齐的技术水平会扰乱市场中技术示范效应的作用,进一步减弱了技术溢出效应的规模。此外,我国目前技术转移机制还不够完善,缺乏系统的、专业的技术转移机构或专门人才,对于从事技术转移相关工作的复合型知识人才的培养、激励或是引进政策没有得到足够的重视,这也在一定程度上制约了我国技术要素的流入。

在金融要素方面,我国目前仍然处于关键的经济转轨时期,以往市场经济体制下形成的长期金融体制抑制现象并没有完全消除,因此还表现出国际金融要素流入受阻,本国企业融资活动受到较大约束的现状。并且,利率市场化和人民币国际化进程仍在推进过程中,难免会产生金融市场开放度不足的情况。同时,国内金融市场发展也是不平衡的,不同地区的金融市场化进程存在较大差异,东部沿海地区对金融要素的吸收程度有限,而内陆或西部地区的发展又不足以支撑金融要素的流动,导致整体上我国金融市场的发展落后于实体经济,从而阻碍了金融要素跨国自由流动。

（四）国内要素市场扭曲

国内要素市场的扭曲对我国要素流入与流出产生负面影响。要素市场扭曲通常包括要素流动阻滞与要素价格扭曲两方面,通常是指由于要素市场结构的不完善导致生产要素无法在部门、地区之间合理配置而引起的资源配置效率低下与要素价格决定机制失效。在我国经济发展初期,政府为了推动工业化进程,便采取计划经济的体制机制,将有限的资源大量集中于重工业,导致要素价格被大幅压低;并且为了保证农业部门的发展而采取了户籍制度来限制劳动力的跨部门流动,降低了要素的流动性。改革开放后,我国逐渐实现了从计划经济向市场经济的转变,但是土地、劳动力等要素受到政府政策制约的现象仍然没有得到有效改善,要素配置与价格决定依旧由政府主导,使得要素市场的发展显著落后于商品市场的发展。地方政府为了实现当地经济发展而采取的地方保护政策,使得生产要素难以在地区之间自由流动和配置,国内要素市场出现严重的分割现象;再加上国家为了促进新兴产业的发展而将要素资源向特定行业集中的举措,也导致要素跨地区流动受限以及要素价格被低估,要素市场被严重扭曲。

要素跨地区流动受限必然会导致要素无法在要素市场内向高收益率地区自由流动以实现优化配置,由此产生的某些地区要素资源闲置或紧缺的情况影响到要素市场的价格决定机制,导致各地要素的边际报酬存在很大差异,具体表现为区域经济发展的不平衡。而要素价格低估虽然会降低企业的生产成本,促使企业扩大生产规模,同时能够吸引国外资本的流入,但是劳动力、技术、资源等要素的价格低估也会影响利润分配,消费者的实际收入减少,从而相应减少对产品的需求。这样一来,产品市场的供给与需求结构失衡,为了解决生产过剩的问题,中国企业便通过生产成本的优势将产品出口到国外市场,出口规模和贸易顺差增大。而国外资本的大量流入与我国资本缺乏流出动力共同导致了我国外部经济的失衡,进一步影响到资本要素流动。更进一步,要素价格的低估还会影响要素质量的发展。如较低的技术要素价格会削弱企业改良生产技术的动力,改善产品质量的收益无法弥补进行技术开发的成本,因此企业更倾向于通过扩大生产规模来实现更高的利润,不利于我国技术要素存量水平的提升。同样地,人力资本要素价格低估会使劳动者提高自身知识水平付出的成本大于可能获得的预期收益,因此缺乏提高自身知识与技能的主观积极性,不利于我国高级人力资本要素的形成,进一步导致人力资本要素跨国流动的不平衡。

第三节　要素跨国流动自由化对我国传统外贸战略的挑战

经济全球化背景下,由于各种区域性贸易协定的签订与各国贸易限制的减少,产品市场与要素市场自由化程度越来越高。并且随着要素内涵与外延的扩展以及流动性提高,要素市场逐渐替代产品市场成为国际间收益分配的主要载体。因此,如何实现要素跨国自由流动成为各国重点关注的问题。党的十八届三中全会中提出,我国要"适应经济全球化新形势,必须推动对内对外开放相互促进、引进来和走出去更好结合,促进国际国内要素有序自由流动、资源高效配置、市场深度融合,加快培育参与和引领国际经济合作竞争新优势,以开放促改革"①,强调了要素自由流动对对外开放战略的重要性。但是,要素流动自由化一方面能够改善我国要素结构,满足经济发展对各类要素的需求;另一方面,国外要素流入也会抑制我国同类要素发展,降低国内低级要素在国际市场中的竞争力,进而阻碍我国要素驱动模式转变与贸易结构升级进程。因此,在享受要素流动自由化所带来好处的同时,如何应对要素跨国自由流动对传统外贸战略的挑战,成为我国对外开放过程中不可避免的难题。

一、我国外贸战略发展沿革

我国外贸战略的演变,大致是从改革开放前的进口替代战略,到改革开放后进口替代与出口导向共存,再到现阶段以出口导向战略为主,并且向着实现贸易自由化的方向发展。改革开放之前,我国主要贸易活动是以农产品为主的初级产品出口换取国外先进的机器设备进口,这一阶段我国外贸范围较小,涉及产品领域单一,并且所有外贸活动都是由国家外贸部门统一管理的,因此外贸约束严格,产品进出口体量很小。

从改革开放初期到我国加入世界贸易组织这段时间里,我国贸易政策与规模都发生了翻天覆地的变化。改革开放初期,我国开始推行出口导向外贸战略,主要目的是通过扩大出口来获取资金,一方面满足对国外技术设备的旺盛需求,即所谓的"以出养进";另一方面是支撑国内产业生产发展。主要是通过出口劳动密集型的产品来扩大规模,并且在外贸政策、外贸机构等方面作出了一系列改革,采用外贸承包经营责任制等方式将外贸经营权分配到地方政府,推动了管理制度的转变和外贸企业的发展。从20世纪90年代开始,受到产业结构长期存在的不合理现象制约,我国出口扩张速度遇到"瓶颈",政府开始将矛头转向出口结构方面。为此,国务院决定进一步扩大对外开放范围,同时促进出口产品结构升级。随着"多层次、多渠道、全方位"开放格局的

---

① 中共中央文献研究室编:《十八大以来重要文献选编》,中央文献出版社2014年版,第525页。

形成，以及"以市场供求为基础的、单一的、有管理的浮动汇率制度"的提出，国外投资开始大量涌入，奠定了我国发展加工贸易的基础，出口导向型战略成为我国贸易的主导战略。我国的产品积压与出口结构不合理的问题得到了一定缓解，同时出口的高增长带动了国内生产总值的大幅增长，再加上免税、出口退税等出口激励政策和吸引外资的超国民待遇优惠政策，进一步促进了以外资为主要动力的加工贸易快速发展。

加入世界贸易组织标志着我国参与国际分工和加入世界市场的格局初步形成，在世界贸易组织的规则下不断规范与完善对外贸易制度。世界贸易组织所倡导的国际市场公平竞争减少了我国对外贸易中遭遇的各种贸易壁垒，而其推行的自由化贸易理念更帮助了企业引进国外先进技术，提高生产率与要素利用效率，促进了产业结构转型与出口商品结构升级。加入世界贸易组织之后，我国将外贸战略的重心从出口规模扩张正式转向出口结构优化，这一目标仍是通过出口导向战略来实现。为了适应新的贸易格局，政府在进出口管理组织机构、对外贸易法律与政策等方面都进行了适应性改革，加快了外贸体制结构完善的进程。在这些新的政策背景下，出口结构的改善为大规模的中间品进口和技术引进提供了物质条件，形成了外贸发展促进国内产业转型，国内产业发展推动进出口结构升级的良性循环。

之后，随着经济飞速发展与出口规模日益扩大，我国在国际市场中的地位也在不断攀升。但是由于一直以来与世界其他国家之间存在贸易顺差，并且这种顺差仍然呈现出不断扩大的趋势，我国所处的国际局势也日益紧张，近些年仅针对中国的反倾销调查就占到全球范围的40%左右。同时，持续扩大的顺差也给我国的汇率制度改革以及外部经济环境带来了巨大影响。为了缓解这种局势，我国将外贸战略重心从偏重出口转向了贸易平衡方向，在出口方面继续提高出口产品质量、优化出口商品结构，在进口方面则逐步取消进口许可证管理、降低进口关税，并且在"十一五"规划中首次提出要"积极扩大进口"，以此来刺激商品进口额增长，缩小贸易顺差，构建公平健康的国内市场竞争环境。

现阶段,我国外贸战略的主要任务集中在贸易强国建设上。党的十八大以来,政府在贸易方面不断提出相关方针政策推进外贸模式向创新驱动模式转换、提高服务贸易在贸易结构中的占比、促进国内产业结构的调整与优化;在资本流动方面,不断提升对外资流入的质量标准,调整对外资的管理体制,推行负面清单的投资管理政策以扩大外商投资的产业范围,以此来巩固经贸大国地位、实现在 2035 年前基本建成经贸强国的发展目标。

二、要素跨国自由流动对我国外贸战略的挑战

(一)要素流动限制政策不利于国际市场一体化

随着资本、劳动力、技术、信息等生产要素在全球范围流动性增强,作为国际经济活动主体的跨国公司生产经营模式发生了改变,从以往在原材料、商品市场上的竞争逐渐转向在要素市场上的竞争。跨国公司凭借其庞大的物质基础、高水平的技术与人力资本,将生产要素在不同资源禀赋的国家之间进行重新分配,最大限度地实现要素优化配置。在这一过程中,一国对要素自由流动的限制不仅会制约国外高级要素流入,阻碍国内经济发展,而且会增加跨国公司的要素流动成本,不利于要素分工发展与国际市场一体化。

改革开放以来,我国对产品与要素入境的贸易管理政策很大程度上制约了要素的自由流动。要素从国外流入时面临着严格的流入产业限制和复杂的审批程序,增加了要素进入成本,导致在市场中这部分要素缺乏公平的竞争环境,削弱了要素流入的动力。而国内要素市场中缺乏国外高级要素的参与,也会使得要素市场发展不充分、不平衡。如何全面地推行"一线放开、二线安全高效管住"的边境管控政策,成为我国拓展国内、国际要素市场,充分利用要素跨国自由流动优势所必须面对的挑战。在要素跨国流动由以往的单向流动向多向流动发展时,以往仅针对要素流入方面的限制或鼓励政策就显得较为

滞后,这便需要我国更多地考虑在生产中利用其他国家禀赋优势,通过鼓励对外投资、人力资本流动等活动将本国的企业向国际化推进,促进跨国企业在全世界范围内进行生产、销售分配,通过更细致的国际分工和资源配置来构建要素跨国自由流动网络。此外,许多传统的政策,如户籍管理、对不发达地区的保护、部分行业国家垄断等政策,在很大程度上限制了国内劳动力、技术、资本等生产要素在要素市场上的自由流动,对国外要素在国内的优化配置也产生了一定程度的阻碍。

(二)现有开放政策反映出要素培育环境滞后

长期以来,我国在促进对外贸易发展过程中一直贯彻的是出口导向型的贸易战略。由于国际商品市场相对成熟,产品出口成本相对于要素流出成本较低,再加上国际金融市场上投资所面临的风险相对较高,使得国内企业更倾向于通过贸易出口来参与国际经济活动,而不是通过对外直接投资,这样的"投资替代性贸易"很大程度上抑制了我国资本要素流出规模扩大,如何改变这种投资与贸易独立发展甚至是贸易替代投资模式是在国际要素分工深化的背景下必须面对的一个挑战。与商品贸易战略不同,我国对要素贸易更加注重"引进来"战略,通过引进国外先进生产技术、机器设备、信息来促进生产进步。但是,单纯地依靠"引进来"战略存在很大局限性。首先,核心技术、信息等高级要素的构成日益复杂,并且通常依附于大型设备或高技术人才,因此流动性很低,再加上国外政策制度和法律限制,对高级要素的引入难度也非常大;其次,国际要素市场的形成对其他国家的发展也起到了促进作用,各国为了获得稀缺的要素而在要素市场上进行激烈的竞争,进一步增加了我国吸引要素流入的难度;最后,仅仅依靠引进国外高级要素,而不重视本国高级要素的培养,很容易导致国内要素结构发展滞后、高级要素培育缺乏动力。高级要素的培育需要人力资本、社会环境、政策法律的综合支持,需要一整套完善的要素培育机制。因此,如何克服对"引进来"战略的长期依附性、构建合理完善的要素培育环境与机制成为我国实现要素结构升级过程中一个不容忽视的挑战。

在传统政策方面所面临的问题是,我国的国内外要素流动政策相互独立,将要素跨国流动与国内流动分割开来,许多政策缺乏对对外贸易和国内产业发展之间一致性关系的考量,导致政策的合理性、有效性面临严峻的考验。例如,对外资流入效果的度量体系中,往往只通过数量上的大小来判断对外资的利用水平,缺乏对外资质量及其对本国产业正面影响的考察,导致对外资不计后果地大量引入。虽然纯粹由外资"飞地式"的发展新兴产业能够推动我国产业结构升级,但如果不对其流入加以限制,便可能破坏公平的市场竞争结构,挤压本国传统产业升级,而本国新兴产业也可能会丧失发展空间。在对资本流出的评价体系中,由于资本流向越来越多元化,以往对企业投资的单向评价体系已经无法准确衡量企业运用资本的真实贸易利得。所以,在对传统政策改进时,需要更多地综合考虑要素跨国流动与本国产业、部门之间的相互关系,以免顾此失彼。

此外,我国在要素跨国自由流动管理的配套政策也存在一系列降低要素流动规模与流动性的政策缺口,如知识产权保护的领域、范围、强度较为狭隘;技术发明专利的审批流程太过繁杂与拖延;人力资本待遇不平等;金融市场约束严格;等等。经济全球化背景下要素的流动更加自由并且更加无序,使得国内外市场的波动更加不可预测,大大增加了我国经济宏观调控的难度。如何优化各种对外贸易政策,使其适应我国对外高依存度和要素高流动性的现状,是我国参与国际要素分工,提升国际贸易地位的必经之路。

第二章 要素跨国自由流动与外贸 战略转型的理论进展

生产要素是开展经济活动和进行物料生产所需的各种形式投入(马洪和孙尚清,1985),通常包括资本、劳动力、自然资源等生产活动的必需物(杜肯堂,2004)。传统的国际贸易理论往往假设要素不能跨国自由流动(张为付和吴进红,2004),而随着全球经济一体化的程度日益加深,各国的经济合作愈发频繁和密切,生产要素的流动也逐渐跨越了国家的边界,形成了跨国自由流动的趋势(于刃刚和戴宏伟,1999)。要素跨国自由流动实现了世界范围内丰裕生产要素的水平配置(杨欢亮,1998),具有微观、中观和宏观多个层面的重要意义。同时,各类生产要素在跨国自由流动和生产活动中往往具有不同的特性,势必会从不同的角度对企业、行业乃至一个国家产生差异化的经济效应,其本身亦会受到多种不同因素的影响。

第一节 要素跨国自由流动的 基本内涵与影响因素

威廉·佩第(William Petty,1662)在《赋税论》一书中指出,"土地是财富之母,劳动则为财富之父和能动要素",这一观点将土地和劳动力视为社会财富的来源,形成了对生产要素的研究基础。伴随着经济理论的不断发展和相关研究的深入推进,资本、组织、技术、金融等诸多概念也被纳入生产要素的范畴之内(Smith,1776),丰富了生产要素的内涵。克鲁格曼(Paul R. Krugman,1985)等人发展的产业内贸易理论将国际直接投资等要素跨国自由流动视为产业内贸易的形成原因。在经济全球化的时代背景下,要素跨国自由流动也推动着国际分工的形式从产品分工深化到要素分工(张二震和方勇,2005)。

一、要素与要素跨国自由流动

在经济理论完善发展的过程中,生产要素的概念也不断被丰富和拓展,从最早的包括土地和劳动力的"二元素论"逐步发展为由资本、劳动力、技术、管理、信息和以土地为代表的自然资源这六个部分形成的"六元素论"。其中,土地是绝对不可流动的,而劳动力和资本等要素的跨国自由流动在曾经的历史时期也受到诸多限制,因此传统的贸易理论往往将要素视作不可流动(张为付和吴进红,2004)。始于20世纪40年代的第三次科技革命推动了社会生产力的发展,加强了各国经济活动之间的紧密联系,也改善了国际要素自由流动的外部条件与环境,生产要素跨国自由流动相关领域的研究内容也因此日益增多。

(一)要素的概念演变

生产要素是开展经济活动和进行物质资料生产所需的各种形式的投入(马洪和孙尚清,1985),通常包括资本、劳动力、自然资源等生产活动的必需投入(杜肯堂,2004)。早在17世纪,威廉·佩第(1662)就在《赋税论》一书中提出劳动价值论,即劳动是衡量商品价值的基础,同时指出土地和劳动力是创造财富和价值的来源,其观点不仅最早体现了生产要素的概念,也形成了早期"二元素论"的基础。

亚当·斯密(Adam Smith,1776)的绝对优势理论将生产要素与国际贸易联系起来,该理论将国际贸易活动归因于两国之间生产某一产品的绝对成本差异,即劳动生产率的绝对差异,生产耗费劳动成本较低的国家将成为出口国。虽然该理论仅考虑了单一的劳动生产要素,但亚当·斯密同时也在《国富论》中指出,任何社会中的商品价格都可以由劳动力、资本及土地中的一个或多个部分组成,初步体现了包含资本要素在内的生产要素观,也确定了"三要素论"的雏形。此后,萨伊(Jean-Baptiste Say,1803)在《政治经济学概论》一书中明确指出价值是人类的劳动、自然提供的资源以及资本的联合作用所产生的结果,并将劳动力、资本与自然资源称为最基本的三种生产要素。马歇尔(Alfred Marshall,1890)的《经济学原理》在萨伊"三元素论"的基础上进一步提出第四种生产要素——组织(企业家),形成"四元素论"。马歇尔认为,由于信息不完全和人的有限理性等因素,非均衡状态是市场的普遍状态,企业家的作用就在于通过重新配置生产要素资源对非均衡状态进行修正。

20世纪40年代,第三次科技革命的爆发推动了科学技术的迅速发展,技术、信息等相对抽象的无形概念也开始被纳入生产要素的范畴之中。罗伯特·索洛(Robert Merton Solow,1956)创立的新古典经济增长模型打破了"资本积累促进经济增长"的传统观念,将技术进步视为促进长期增长的重要因素。索洛在1957年基于全要素生产率分析方法对该模型进行检验时发现:只有约12.5%的产出可以用资本和劳动力投入来解释,因此索洛用外生的技术进步解释了其余87.5%的产出"余数",体现了技术生产要素的重要经济意义。自20世纪80年代以来,知识与经济的不断渗透对全球经济发展产生了深刻影响,知识经济时代的到来也促使信息成为生产要素的重要组成部分,至此,以资本、劳动力、技术、管理、信息和土地为代表的自然资源等六个部分形成了最为普遍接受的"生产要素六元论"。

当前,生产要素这一概念的内涵仍在随着时代的发展不断扩充。在全球经济发展高度依赖知识的背景下,张幼文(2002、2004)结合知识经济的性质和特点,提出了如下要素在新时代所具有的重要意义和崭新内涵。

1. 资本要素

资本密集是基础工业和重加工业的普遍特征,资本的形成与积累也和工业化的过程密不可分(张军,2002)。而在新时代背景下,资本要素的性质与作用也正在发生变化。资本的迅速积累催生了对外输出的需求,作为资本国际自由流动主体的跨国公司也就应运而生,而其外商直接投资活动也并非只是单纯的货币输出,更是以资本为载体的生产要素跨国自由流动(张幼文,2014)。已有文献广泛证实了外商直接投资中的技术溢出深刻影响着东道国的企业创新与经济增长(王红领等,2006;沈坤荣和耿强,2001),并且与金融发展和人力资本等其他新兴生产要素之间存在显著的联动关系(代谦和别朝霞,2006;张林,2016)。

2. 高级人力资本要素(知识型劳动力要素)

舒尔茨(Theodore W. Schultz,1961)曾提出人力资本要素的概念,指出具有高熟练度、高效率的技术工人密集形成的人力资本是推动经济增长的重要因素,这一概念从数量和质量的角度区分了不同劳动力要素间的差异。而知识型劳动力要素进一步指出高级人力资本应该与普通劳动力存在本质区别,他们并非生产环节中的直接参与者,而是在知识积累的基础上进行创新创造,从而深刻影响整个社会总产出并推动经济发展。

3. 技术要素

在科技进步的引领下,产品蕴含的技术成分正在迅速提升,对于经济的长期增长也具有重要积极意义(王永进等,2010)。与此同时,随着国际分工体系日益细化,全球价值链(Global Value Chain,GVC)已逐渐成为一种常态化的国际分工模式(郑乐凯等,2017),产品的核心技术环节逐渐与其加工生产环节分离。核心技术要素不仅难以复制、具有很强的稀缺性,而且是产品价值的核心决定因素,因而具有十分重要的经济意义。

4. 金融要素

金融要素的内涵是随着经济与时代发展而不断变化的,主要包括货币、信贷担保、金融工具、金融机构、金融市场等组成部分。林宏山(2018)将金融要素划分为两大类:一类是金融发展要素,主要反映金融市场、金融机构以及金融工具的整体发展质量和服务水平;另一类是融资结构要素,刻画的是金融市场与金融中介发展程度的相对水平。

(二)要素的流动性及其跨国自由流动

生产要素的流动性是指其可以在区域间移动、运作的特性,是生产要素最为重要的特征之一(申蕾,2013)。在原始情况下,生产要素在各区域间的分布情况往往是不平衡的,因此各地区的生产活动开展情况和要素经济收益水平也会有所不同。根据经济学的供求理论,资源较为丰裕的地区其生产要素的价格会相对较低,反之亦然,从而在逐利动机的驱使下生产要素会倾向于流入价格更高的地区以最大化要素受益(何仕奇,2017),这也意味着由资源丰富度决定的生产要素流向是从要素相对充裕地区流入要素相对匮乏地区。生产要素流出相对丰裕地区,有利于缓解供过于求的市场供需关系,提高要素收益率,而流入相对稀缺地区则丰富了其要素结构,促使自然条件下无法实现的生产要素组合得以投入生产或是扩大原有的生产规模,降低生产成本(张治栋等,2018)。

不同生产要素在流动性方面存在明显的差异,具体而言,以土地、气候、能源等为代表的自然资源要素是完全不能移动或者运输成本较高的,因此流动性最差;劳动力要素的流动也是相对较差的,除了制度限制、语言和地理障碍等因素的影响之外,还有个人背井离乡难以适应环境等心理因素也会在一定程度上阻碍劳动力流动(张幼文,2002);其他如资本、技术、管理和信息等要素则具有较高的流动性,更容易在不同区域乃至国家之间自由流动。马飒(2014)指出,生产要素的流动性也是决定其流动方向的重要因素,即往往是高流动性的生产要素流入低流动性的生产要素所在的区域,生产要素流动的主要形式是资本、技术管理等高流动性的生产要素向自然资源和劳动力等低流动性的生产要素相对丰富的地区集聚。

生产要素在区域间的自由流动促进了资源有效配置,缓解了区域间经济发展不平衡的问题(龚六堂和谢丹阳,2004),也提升了整体生产效率。在全球经济一体化大环境下,各国经济合作愈发频繁和密切,生产要素的流动也逐渐跨越了国家边界,形成了跨国自由流动。狭义的要素跨国自由流动仅指生产要素直接在不同国家或地区之间流动的过程,而于刃刚和戴宏伟(1999)指出,生产要素还会内化在产品中,并且伴随着商品的国际贸易活动而间接实现其跨国移动过程,这应当属于广义上的生产要素跨国自由流动范畴。

传统的国际贸易理论往往假设要素不能跨国自由流动,既是由于传统要素观念的内涵被局限在土地、劳动力等低流动性要素之上,也是经济全球化程度低、对外开放不完全等历史背景下要素跨国自由流动的外部环境不够成熟所致(张为付和吴进红,2004)。比如大卫·李嘉图(David Ricardo,1817)在亚当·斯密绝对优势理论基础上提出的比较优势理论,该理论认为国际贸易的基础是各国生产技术的不同,这也导致各国的劳动生产率存在差异从而形成了比较优势,一国应当集中生产并出口其具有"比较优势"的产品,而进口"比较劣势"的产品。然而该理论仅考虑了劳动这一生产要素,而且其成立的假设条件是要素在国际间不能自由流动。而后,赫克歇尔(Eli F. Heckscher,1919)和俄林(Bertil Ohlin,1933)的要素禀赋理论用各国要素禀赋的差异作为国际贸易发生的解释原因,初始禀赋的差异使得各国拥有不同的成本优势,一国应当出口密集使用该国丰裕要素生产的商品,而进口密集使用该国稀缺要素生产的商品。该理论涉及的生产要素范围拓展到劳动力和资本两种,但仍假设生产要素不可跨国自由流动。

萨缪尔森(Paul A. Samuelson,1948、1949)在要素禀赋理论的基础上进一步发展了要素价格均等化理论,虽然该理论仍然基于生产要素不能跨国自由流动的假设,但其指出生产要素可以通过商品贸易的途径实现跨国移动进而消除国际间生产要素价格的差异,使要素价格趋于均等化。这一结论初步体现了生产要素间接跨国自由流动的思想,认为商品在国家间的贸易活动可以替代生产要素的国际流动。此后,国际贸易相关理论愈发重视生产要素跨国自由流动的地位和作用,要素跨国自由流动只是部分替代了商品的国际贸易活动,而更多的是被视为产业内贸易、产品内贸易和公司内贸易等活动发生的重要原因(陈钧浩,2013)。

新贸易理论运用市场结构中的规模经济和不完全竞争等思想解释了发达国家之间产业内贸易的形成(Krugman,1979),跨国公司的投资促进了产业扩张,也正是实现规模经济和不完全竞争状态的重要途径,因此国际投资等生产要素跨国自由流动正是产业内贸易发生的原因所在(陈钧浩,2013)。新新贸易理论进一步将关于国际贸易和国际投资的研究深入到企业层面,异质性企业贸易模型解释了不同企业在国际贸易活动中的选择差异,只有生产率较高的企业会选择进入国际市场(Melitz,2003),而企业内生边界模型强调企业内的组织结构差异,并基于此分析跨国公司的企业边界以及内包、外包等战略的决策问题。新新贸易理论的研究基于国际投资这一重要现实条件,其研究结果表明公司内贸易正是生产要素跨国自由流动的结果(马飒,2015)。

二、要素跨国自由流动的影响因素

在经济全球化背景下,生产要素的跨国自由流动推动着国际分工的形式由产品分工向要素分工深化,实现了世界范围内要素资源的合理化再配置,深刻影响着世界经济的发展和进步。由于各类生产要素本身具有不同的特性,它们不仅在跨国自由流动的过程中发挥着不同作用,对全要素生产率、成本加成率、出口产品质量、出口国内附加值率等经济指标产生异质性的效应(诸竹君等,2016),自身也受到多种环境、政策和制度方面的差异化影响。资本要素跨国自由流动具有较强的逐利特征,容易受到一国经济发展以及汇率变动等因素的影响(张明和肖立晟,2014);人力资本除了追求高收益外,还会存在对优良舒适环境的需求,因此经济因素、制度因素与文化因素都会影响其跨国自由流动过程;技术要素要发挥其在生产中的作用往往要依赖于高级人才与企业研发,因此其跨国自由流动与人力资本和研发创新的水平高度相关;金融要素的流动主要受制于一国金融业开放的程度,且其具体发挥的经济影响往往与企业规模有关(姚耀军等,2015)。正是由于影响生产要素跨国自由流动的因素多种多样,学者们在研究相关问题时也广泛提出了有针对性的政策建议,本节将分别归纳影响各类要素跨国自由流动或影响要素流动发挥经济效应的因素,并在此基础上总结现有研究给出的相应政策建议。

(一)资本要素跨国自由流动的影响因素

早期的研究主要关注利差对资本要素跨国自由流动的影响,并将国内外的利率差异视为影响国际资本流动的最主要原因(刘兴华,2002)。然而,王琦(2006)在模型中纳入对外开放程度与政策变量后,发现汇率差也是影响资本要素跨国自由流动的重要内因。此后众多的相关研究基本得到相似的结论,即利率和汇率水平的差异对国际资本流动具有重要的影响作用(肖继武和李沂,2010)。陈学彬等(2007)区分了长短期资本要素流动的影响因素差异,指出一国的经济发展前景与汇率升值预期从长期上吸引着国际资本流入,而利率差和证券市场的收益率则是影响短期资本流动的主要因素。张明和肖立晟(2014)在研究中考虑了国家经济水平差异,发现经济增长率和全球风险偏好的变动是影响新兴经济体资本流动的主要驱动因素,而发达经济体的国际资本流动主要受汇率波动的影响。针对不同国家资本流动的异质性影响因素,需要加强政策协调,降低重要国家金融政策产生的负外部性,避免"以邻为壑"式的资本管制措施。

(二)人力资本要素跨国自由流动的影响因素

人力资本要素跨国自由流动是寻求投资回报最大化的过程,因此人力资本对经济利益的追求是影响其跨国自由流动的内在原因。何一峰和付海京

(2007)的分析表明工资、房价等经济因素对人力资本的流动有重要影响,此外,人力资本氛围也是吸引人口迁移的关键因素,大量的人才流入提高了区域的生产率水平和生活质量,这又会进一步吸引更多的人力资本在此地聚集。从宏观层面来看,人力资本的逐利性使其倾向于流入经济高度发展的国家或地区(Grubel 和 Scott,1966)。而劳动力市场的文化程度也是影响人力资本跨国自由流动的重要因素。针对人力资本跨国自由流动的特点,王玉莹(2018)建议通过完善引才政策和健全引才平台来吸引国际人力资本流入,并且要加大对人才的投资与奖励力度,为流入的人力资本提供经济方面的良好保障,以丰厚的待遇和良好的工作环境吸引国际高级人才流入中国。

(三)技术要素跨国自由流动的影响因素

技术要素跨国自由流动是国际间技术水平差距的结果,也会受到技术流动渠道和技术相关政策的影响(邓慧君和钟苇思,2008)。国际技术流动的主要结果是通过示范效应和竞争效应等渠道对本土企业产生技术溢出(田巍和余淼杰,2014),而具体的溢出效应大小又会受到人力资本、进口行业和企业方面因素的影响。初晓和李平(2017)的研究发现,来自发达国家的高技术中间品对中国行业全要素生产率的提升作用较小,原因在于本土人力资本欠缺,无法较好地对先进技术进行吸收和利用,影响了技术外溢的实际效果,并据此建议在进口中间产品时要加以选择,保证能够消化进口的高技术中间品,也要完善人才培养和吸引机制,尽快提升本国的人力资本水平。许家云等(2017)则关注了地区制度环境对技术要素跨国自由流动的影响,其研究结果显示,较好的地区制度环境有助于充分发挥进口中间品对企业出口产品质量升级的促进作用,因此,应当实施兼顾贸易自由化和国内制度环境建设的政策,不断健全与完善国内市场的制度环境,以期更好地发挥技术引进对产品质量的提升作用。诸竹君(2017)在考察中国企业加成率时发现劳动密集型和资本密集型企业引入国际技术要素反而导致加成率降低,只有技术密集型企业的加成率水平在进口中间投入品后显著上升,因此认为要改善我国现有的贸易模式,大力支持高新技术产业进行中间品进口,通过国际技术要素自由流动促进企业加成率上升。

(四)金融要素跨国自由流动的影响因素

金融要素跨国自由流动始于国家对金融行业准入限制的放宽,是经济和金融全球一体化背景下的大势所趋。金融要素跨国自由流动增强了本土金融业的竞争强度,不仅激励了本地银行业的效率提升,还将影响传递到实体经济活动,通过拓宽本土企业的融资来源,缓解企业面临的融资约束,有利于改善企业出口的广延边际和集约边际而促进企业出口(Manova 等,2015),引致企业增加研发投入并带动生产率和出口产品质量的提升。金融要素跨国自由流动的经济效应同样受到国家、地区和行业层面异质性因素的影响。王晶晶和陈启斐(2017)考察了金融要素跨国自由流动的技术溢出效应,发现低收入国家通过金融业开放获得了正向的溢出效应,促进了全要素生产率的进步,而中等收入国家开放金融业的溢出效应则为负,不利于促进全要素生产率的提升。因此,迈入中等收入水平的国家在对待金融业开放问题时要采取谨慎态度,应适度加强准入限制,防止国际金融要素的流入产生过度竞争效应,不利于本土金融行业的健康发展。

第二节　要素跨国自由流动的经济效应

要素跨国自由流动是资本、人力资本、技术和金融等生产要素直接或间接在不同国家或地区之间流动的过程(于刃刚和戴宏伟,1999),实现了世界范围内生产要素的合理化再配置,不仅促进了边际生产率的提升和国家产业结构升级,更深刻改变了国际分工的形式与边界,从多个角度和层面推动了世界经济的发展。不同要素在跨国自由流动和生产活动中往往具有不同的特性,资本要素往往充当着其他生产要素跨国自由流动的载体,其跨国自由流动的过程也会引起资产价格和融资成本的变化(韩乾等,2017);人力资本的所有者存在专业化知识与技能甚至对外部环境适应度的逐渐积累的过程,因而具有较强的专用性,人力资本的流动也因此受到诸多因素的限制;技术要素的流动和价值体现往往是以产品为载体实现的,相比于其他生产要素而言具有可重复性、所有权垄断性和高时效性等特点(雷鸣和周国华,2013);金融要素则深刻影响着企业的融资与投资活动,因此,不同生产要素的跨国流动势必会从不同的角度影响着企业、行业乃至一国的各项经济指标,产生不同的经济效应。本节将聚焦资本要素、人力资本要素、技术要素和金融要素这四类主要生产要素的跨国自由流动,分别总结现有文献关于不同生产要素对生产率、加成率、出口产品质量和出口国内附加值率等主要经济指标的影响作用和内在机制。

一、资本要素跨国自由流动的经济效应

随着全球经济一体化程度的日益加深,国际上资本要素跨国自由流动的规模也在日益扩大。事实上,国际资本流动这一经济现象由来已久,经济学家也对资本跨国流动有着长期的观察与研究。早期的研究主要基于比较优势理论,认为资本的流向主要是从单一的相对富裕国流向相对贫乏国,或者说是由边际生产率较低的国家流向资本边际生产率更高的国家,有利于实现资本的高效利用(Ricardo,1817)。而后,经济学家进一步认识到资本要素的跨国自由流动是多方向的,资本的收益率以及风险情况等特征都会影响国际资本流动(Ohlin,1924)。张幼文(2014)指出,新时代资本要素的跨国自由流动具有更丰富的内涵与意义,它不仅是货币资金的输入输出,更是其他生产要素实现跨国自由流动的重要载体。如今,跨国公司以绿地投资、跨国并购等形式实现资本的对外输出,所产生的技术溢出推动了东道国企业的创新和技术进步,深刻影响生产率等重要经济指标的优化(王滨,2010),企业的对外投资行为也

有利于获得逆向溢出或是实现资源获取的目的,进而提升企业的竞争优势,促进加成率等指标的上升(诸竹君等,2018)。

（一）资本要素跨国自由流动与资源配置效率

邱斌等(2008)使用基于数据包络分析的梅尔奎斯特指数方法对中国制造业的全要素生产率进行了分析,指出中国制造业生产率的增长主要源于企业生产技术的进步,而资本要素跨国自由流动产生的技术溢出在其中起到了重要的作用。多数观点认为,跨国公司在组织结构与生产技术等方面都要优于本国企业,这是来自跨国公司的国际资本要素能够产生溢出效应的重要基础。王滨(2010)将外商直接投资促进东道国企业生产率提升的技术溢出渠道归为三类:第一类是示范效应,本国企业以跨国公司先进的技术与组织方法为标准,通过模仿、学习来实现自身的技术进步;第二类是通过人力资本渠道实现的技术溢出,跨国公司掌握先进技术的工人在投资过程中流向本地企业,自然也会把生产技术带入企业的生产过程并提高生产效率;第三类是竞争效应,跨国公司进入市场后加剧了行业的竞争程度,本地企业迫于争夺市场的压力必须加强研发投入、采用先进技术,继而带动生产率的提升。上述分析主要侧重于资本跨国自由流动对同一行业内企业的横向技术溢出,而国际资本流动亦会通过产业链影响上下游行业的企业并产生溢出,因为拥有先进技术的企业倾向于阻止其技术向同行的竞争对手溢出,而非上下游的合作伙伴。

实证方面的研究基本证实了资本要素跨国自由流动通过各个渠道的技术溢出推动了东道国企业生产率进步。王滨(2010)的研究详细探讨了外商直接投资对同行业企业和上下游企业的溢出效应,指出这些渠道的技术溢出都显著提高了我国企业全要素生产率,其中,前向关联的技术溢出尤为显著,起到了重要推动作用。邱斌(2008)等同样发现下游外资企业对国内供应商的溢出效应明显大于行业内水平溢出效应,并且从外资企业对供应商的严格质量标准以及会提供一定的技术支持等角度解释了这一现象的内在原因。他们还指出溢出效应的作用机制在不同行业间的异质性,一般行业中外资流动通过技术效率促进生产率提升,在高技术行业中则从根本上实现了技术进步。这一结果表明,自主研发投入也是影响技术溢出吸收能力的重要因素,高技术行业在资本跨国自由流动背景下,更容易通过研究与开发创新及竞争效应实现自身技术进步和生产率改进(张海洋,2005)。因此,改善制度环境是促进吸收国际资本技术溢出的重要前提,否则会导致市场中的新技术被严重贬值,损伤企业自主创新的积极性,制约国际资本自由流动的生产率效应(蒋殿春,2008)。

上述文献集中探讨国外资本要素流入本国的影响,而企业对外直接投资同样具有促进技术提升和生产率增长的积极作用(蒋冠宏等,2013)。邹玉娟和陈漓高(2008)发现,我国企业对外直接投资增长率与技术进步有一定协同关系,但总体上吸收先进技术的能力还比较弱,对外直接投资促进生产率提升的传导过程比较长。蒋冠宏等(2013)的研究表明,技术研发型对外直接投资具有"学习效应",会显著促进企业生产率提升,也强调了企业要提升吸收技术的能力,才能长期实现资本要素跨国自由流动对生产率的积极促进作用。

(二)资本要素跨国自由流动与企业赢利

在产业组织理论中,加成率被用于刻画企业的赢利状况和竞争地位。梅利茨和奥塔维亚诺(Melitz Marc J.和Ottaviano Gianmarco I. P.)在其研究中将企业加成率内生于异质性企业模型中,他们的理论分析推导出加成率与企业生产率之间的正相关关系。前文的综述表明,资本要素跨国自由流动能促进企业生产率的提升,那么自然也会对企业加成率产生积极的影响作用,大量文献也通过实证方法检验了这一结果(毛其淋和许家云,2016;诸竹君等,2018)。

在国际资本流入的影响方面,毛其淋和许家云(2016)的研究发现,外资进入同时存在竞争效应、示范效应等多方面的综合影响,在水平渠道抑制了同行业企业的加成率水平,但在垂直渠道有利于上下游企业增强其成本加成定价优势,而综合后的总体影响也是正向的。同时,完善的地区制度环境有利于本土企业与跨国公司达成合约,进行交易往来,从而显著强化资本跨国自由流动对企业加成率的促进作用。叶生洪等(2016)具体聚焦于跨国并购形式的外商直接投资对东道国企业竞争力的影响,其实证研究表明跨国并购不会直接促进企业加成率的提升,而是在长期内存在显著的间接效应,表明资本跨国自由流动对加成率的促进作用存在一定时滞,企业接纳并掌握跨国公司先进技术的过程需要在长期内逐步实现。

在本土企业对外直接投资方面,邱立成等(2016)考察了中国企业对外投资的市场"自选择效应",发现进行对外直接投资的企业具有更高的成本加成率。一方面,企业对外直接投资通过逆向技术溢出促进了自身的产品创新活动,导致需求弹性降低,企业能够在更高的水平上定价;另一方面,对外直接投资活动也促进了企业生产率的提升,从而降低了企业生产的边际成本,在多重作用下带动了企业加成率的提升,流入高收入国家的研发加工型资本流动也因此对企业加成率具有更为显著的影响作用(毛其淋和许家云,2016)。诸竹君等(2018)则关注了"僵尸企业"的对外投资活动,发现其资本跨国输出虽然在当期导致了企业加成率的下降,但存在显著的动态促进效应,提升了滞后期的企业加成率水平。

(三)资本要素跨国自由流动与出口质量升级

哈丁和哈沃克(Torfinn Harding 和 Beata S. Javorcik)用单位价值法衡量出口产品质量,他们的研究结果表明资本要素的跨国自由流动显著提升了发展中国家的出口产品质量,而对发达国家的影响是不确定的。资本的跨国自由流动将通过直接渠道、间接渠道和乘数作用影响出口产品质量,其中直接渠道是外资出口商通过本地市场出口其高技术含量和高质量的产品,直接带动本地出口产品质量整体水平的上升;间接渠道是指国外资本发挥示范效应、竞争效应等作用以及通过上下游产业链实现技术溢出,刺激本土企业的技术进步与出口产品质量升级;乘数作用则是指产业链中多渠道的促进效应形成倍乘,持续拉动出口产品质量升级(李坤望和王有鑫,2013)。施炳展(2015)的研究结论则恰恰相反,其认为跨国公司在生产率、研发效率方面具有竞争优势,外资进入带来了激烈的竞争压力,迫使本土企业放弃高端产品市场,导致出口产品质量下降,其实证结果发现,虽然外资企业的数目有利于本土出口产品质量提升,但外资企业出口强度的增加会显著抑制本土企业出口产品质量升级,总体上存在负向的不利影响。徐美娜(2016)指出,有关资本要素跨国自由流动对出口产品质量影响的结论分歧可能是忽视了行业、地区以及贸易方式等异质性的影响,其研究发现混合贸易促进了外商直接投资的质量提升效应,而纯加工贸易或一般贸易方式下资本要素跨国自由流动对出口产品质量的影响作用较低。

（四）资本要素跨国自由流动与贸易利得

张杰等(2013)基于奥普沃等(Upward R.等)的测算方法进行改进,从微观层面对中国企业出口国内附加值率进行测算,在此基础上发现资本要素跨国自由流动显著提升了中国企业出口国内附加值率。在全球价值链分工体系下,资本要素的跨国自由流动促成了全球价值链的形成,外商直接投资不仅促进了企业深度嵌入价值链分工体系,也使得企业出口中的本行业国内附加值得以提升(唐宜红和张鹏杨,2017),后续的研究进一步指出,国际资本流动对企业的价值链地位升级有显著的积极意义,推动了企业出口国内附加值率提升,并且来自发达国家的直接投资是国内附加值率升高的重要内因,这一结果在加工贸易企业和重工业企业中尤为显著。

二、人力资本要素跨国自由流动的经济效应

人力资本要素是区别于普通劳动力要素的高熟练度和高效率工人的密集

度,高质量的人力资本深刻影响着各国劳动生产率水平的差异。人力资本要素的跨国自由流动有助于高质量劳动力的积累,是推进一国自主创新以及产业结构升级的重要基础,也是拉动经济增长的不竭动力。王玉莹(2018)指出,人力资本的跨国自由流动的意义体现在两个层面:一是人才本身作为一种生产要素在不同国家之间的流动转移;二是人力资本的资本内涵的跨国自由流动,即高级人才往往还掌握着资本、知识、技术等资源,这些生产要素亦会与人力资本协同流动。科技的发展与交通进步为人力资本的跨国自由流动带来了便利,工资、房价和消费水平等经济因素决定了一个国家或地区人力资本的收益与发展,从而影响着人力资本跨国自由流动的决策(何一峰和付海京,2007)。各方面因素加剧了人力资本的国际流动,促进母国与东道国之间形成了社会结构与社会关系连接的移民网络,大大降低了国际贸易活动中的信息传递成本,改善商业沟通的效率,对国际贸易活动产生了显著的积极影响(蒙英华等,2015)。同时,掌握着先进技术与管理经验的高级人才的跨国自由流动还会产生技术溢出,有利于本国企业改善管理模式和生产方式,促进技术进步和经济发展(王玉莹,2018)。特别是关键技术人员的跨国自由流动,在对许多高技术行业研发的溢出效应中起到了至关重要的作用。

(一)人力资本要素跨国自由流动与出口绩效

伴随着全球化进程的深化,近年来移民和海外人才回流等人力资本跨国自由流动现象越发频繁,引致了国际贸易的不断发展(蒙英华等,2015)。国际贸易活动中买卖双方需要寻求匹配,为了获取对方信息必然存在信息成本。大量的海外移民促使本国与移民国之间形成连接关系,各种社会结构与社会关系共同搭建起移民网络,有效降低了两国之间的信息传递与执行成本,有利于提升企业出口绩效(蒙英华等,2015)。

海外人才回流是与国际移民方向相反的人力资本跨国自由流动形式,"海归"在发达国家的学习与工作中积累了先进的知识,也培养了国际化视野,同时拓展了海外的人际关系与信息网络,相比于本土人才具有经历与社会关系等方面的优势(刘青等,2013),有助于入职的企业提升各方面的出口绩效。许家云(2018)全面估计了海外人才回流对企业出口的影响,发现回流人才对就职企业的出口概率以及出口强度都有显著的促进作用,尤其是加强了母国及其留学国之间的贸易往来。同时,归国人才本身对先进技术的掌握程度更高,有利于增加就职企业的研发投入和创新产出,进而带动企业出口产品质量升级,进一步扩大出口优势。海归人才促进企业出口的作用渠道在于降低交易成本和拉动技术进步(许家云和孙文娜,2017),回流人才不仅熟练掌握外语,更对国外市场的产品偏好等情况有丰富的了解,有利于降低企业出口的文化壁垒,促进贸易增长,并且海归人才对世界技术前沿更为敏感,也具有追踪高新技术的热情与能力,在将先进的技术和经验用于就职企业的生产活动时能促进企业技术创新,为企业出口打造优势。

(二)人力资本要素跨国自由流动与技术创新

人力资本要素跨国自由流动主要通过技术溢出渠道、研发投入渠道、文化多样性渠道以及经济网络渠道对企业创新产生影响,进而促进整体的技术进步与经济发展(王玉莹,2018)。跨国公司的高级人力资本流入本国以及海外智力回流是技术溢出的重要来源,外资企业的人力资本流入往往还伴随着先进技术和管理经验等要素的协同流动,有利于本土企业进行模仿与学习从而获得技术溢出,同时高级人才的流入还会增强本地对外资的吸引力,促进更多的国际资本要素流入企业,创造更多实现技术溢出的机会。而海外人才在发达国家的学习工作中也积累了大量的知识与前沿理念,回国后能将国外的先进经验应用于本国的生产加工过程,促进技术创新与生产效率提升,并进一步通过示范效应、竞争效应和上下游行业间的关联增强技术溢出的整体水平。人力资本回流强化了一国对先进技术的学习能力,因此能促进东道国对回流国的技术外溢。基于中国数据的实证研究普遍证实了上述结论,国外人力资本的流入对我国企业存在显著的技术溢出效应,并且影响程度与行业工资水平相关(陈国华,2010),海归回流也显著提升了中国的技术创新水平,地区层面的市场环境与制度因素都会影响海外人才回流带来技术溢出的强度(陈怡安和杨河清,2013)。

人才流动不仅产生了技术外溢,还会通过竞争效应以及外资吸引等渠道促使本国企业增加研发投入,推动技术创新的发展。此外,人力资本的跨国自由流动与海外人才回流促进了文化的交流与融合,增强了本地的文化多样性,有利于进一步吸引与积累人力资本(Zahra 和 George,2002)。多元文化提供了更加丰富的思想来源,也为企业实现技术创新创造了良好的基础环境。最后,人才流动搭建起东道国与母国之间的社会网络和经济网络,提升了信息的传递效率,为企业获取信息、学习技术并实现自主创新提供了便利的渠道(王辉耀和苗绿,2014)。

三、技术要素跨国自由流动的经济效应

伴随着科学技术的发展进步,产品的技术含量不断提升,也发挥着促进经济增长的重要意义。而在国际分工不断深化的背景之下,全球价值链的国际分工模式也逐渐常态化(郑乐凯等,2017),在实际生产过程中产品的核心技术环节往往与其加工生产环节分离,核心技术作为产品价值的核心决定因素,不仅难以复制,而且具有很强的稀缺性。技术要素的存在形态是丰富多样的,既可以体现在信息资料、设计图纸和规划方案中,也可以相对抽象地由高素质劳动人员内化于心中,还可以物化在机器和设备等实体物品中(那军,2008)。正是因此,技术要素的跨国自由流动往往通过资本流动、人力资本流动和中间品贸易的形式实现。前文已介绍了资本要素和人力资本要素跨国自由流动的技术溢出,而中间投入品的国际贸易同样承载着国外企业的研发投入与先进技术,中间品贸易产生的技术溢出也是技术要素跨国自由流动的重要途径,对企业技术进步具有重要意义(Grossman 和 Helpman,1991)。一方面,蕴含先

进技术的国外中间品本身就具有较高的质量,将其用于自身的生产活动中可以直接带来企业生产效率和产品质量的提升(许家云等,2017);另一方面,进口的高技术中间品将发挥示范效应和竞争效应,激励企业对先进技术的学习、模仿与创新,实现技术溢出正外部性(田巍和余淼杰,2014)。

(一)技术要素跨国自由流动与资源配置效率

技术要素作为一种相对抽象的高级生产要素,其跨国自由流动的生产率效应往往需要基于人力资本和企业研发等外部条件才能得以充分发挥。从影响渠道来看,技术要素跨国自由流动对生产率的促进主要源于技术效率的提升,并且在不同行业间存在异质性,制造业主要提升了技术进步率,而服务业主要从技术效率的改进中获益。同时,来自发达国家或制度严格国家的技术要素含量较高,难以被企业较好地吸收与利用,反而难以对生产率有较大促进,而相对较低技术含量的要素流入则能被充分掌握和学习,有利于企业生产率的提升。行业层面的实证研究得到了相似的结果,原小能和吕梦婕(2017)指出,进口高技术含量的生产性服务不仅能直接带来制造业生产率的提升,还会通过加强竞争而激励本土中间品的质量升级,进一步促进生产效率的进步。他们的研究同样指出了技术要素跨国自由流动影响生产率的行业异质性,中低知识密度的行业进口国外技术的生产率效应较强,高知识密度行业受到的影响则相对较弱,再次表明本土企业的吸收能力对技术要素跨国自由流动的作用产生着重要影响,不能盲目进口高技术含量的中间投入品。

(二)技术要素跨国自由流动与赢利能力

耿伟和李占霞(2018)指出,出口国的先进技术协同人力资本等投入物化在产品中,提升了产品的技术复杂度,进口国通过贸易获取高技术复杂度的产品并对蕴含的技术和知识加以学习、吸收、模仿和应用,进而提升了企业的生产率水平,降低企业生产的边际成本,从而带动加成率水平的上升。另外,技术要素的跨国自由流动通过竞争渠道激励本土企业进行研发创新,创新行为提升了产品的差异化程度,降低了需求弹性,继而提升了企业的加成率。诸竹君(2017)的研究发现,技术要素跨国自由流动的加成率效应存在企业异质性,从贸易方式来看,国外中间投入品促进了一般贸易企业的加成率提升,但却降低了加工贸易企业和混合贸易企业的加成率水平;对于不同所有制类型的企业,国有企业享受了技术要素跨国自由流动带来的正向加成率效应,而民营企业和外资企业的加成率水平则受到负向的冲击;考虑企业的要素密集度时,技术密集型企业的加成率受到进口中间品的促进作用,而劳动密集型企业和资本密集型企业的加成率水平在国外技术流入后显著降低。

中间品贸易自由化是影响以中间品为载体的技术要素跨国自由流动的重要因素,对企业加成率的提升也具有重要意义。祝树金等(2018)的研究表明,贸易自由化降低了技术要素跨国自由流动的成本,也促进了企业产品质量升级,从而在整体上显著提升了多产品企业出口加成率。

(三)技术要素跨国自由流动与技术创新

经济的长期可持续发展依赖于经济增长方式由投资驱动向创新驱动的转型过程,因此技术创新对经济发展具有深刻而重要的意义。邢孝兵等(2018)的研究认为,技术要素的跨国自由流动对企业技术创新存在两方面的复杂影响,一方面,技术要素以高技术产品的形式被企业进口,能有效降低企业自主研发的成本,激励企业进行创新;另一方面,技术要素的持续流入导致本地市场的竞争加剧,企业的市场份额以及垄断利润受损,这不利于其研发与创新活动的开展。冯正强和陈乘(2018)基于31个国家的制造业数据进行实证分析,研究结果表明,技术要素流入显著促进了世界多国技术创新效率的提升,且对于发展中国家的影响要高于发达国家。在各类不同的行业中,金融、保险、物流等服务业中进口技术复杂度的提升对创新效率有明显的促进,而信息、科技等行业中技术要素的流入则抑制了自主创新。魏艳骄和朱晶（2017）将研究视角聚焦于乳制品行业，发现进口自主要乳制品来源国的技术含量在很大程度上推进了中国乳制品行业的创新与技术进步。宣烨和陈启斐（2017）重点关注高科技行业，基于对55个国家数据的实证研究发现技术要素跨国自由流动能显著提升进口国高技术行业的创新能力，并且对非经合组织成员的影响力度要高于经合组织成员。

（四）技术要素跨国自由流动与出口转型

汪建新等（2015）指出，中国在嵌入全球价值链过程中通过中间品进口获取国外技术，是影响中国出口产品质量升级不可忽视的重要因素。其研究结果表明，技术要素跨国自由流入对中国企业的产品质量存在"倒U型"的影响关系，即进口高技术中间品对出口产品质量的提升作用并不是无限的，过度引进外国技术会挤压本国中间投入品的市场份额，抑制企业创新活动，不利于出口产品质量进一步升级。异质性分析结果显示，技术要素流入对产品质量差异较大的行业中企业的出口产品质量的直接提升作用较小，但却激励了企业实现自发的产品质量升级；来自世界贸易组织成员的中间投入品更有利于促进企业出口产品质量的提升。

许家云等（2017）从三个方面概括了技术要素跨国自由流动对出口产品质量的影响机制，首先，技术要素物化在国外出口的中间投入品中，这些高技术和高质量的中间品难以从国内市场获得，用于生产加工过程可以直接促进企业出口产品质量升级；其次，引进中间投入品丰富了企业可选择的中间品种类，降低了企业生产的价格成本，有利于企业将资金用于产品质量的升级；最后，技术要素的跨国自由流动将引致国际技术外溢，进口中间品将发挥其示范效应和竞争效应，激励企业对先进技术的学习、模仿与创新，是促进企业产品质量升级的重要路径。许家云等（2017）的实证研究结果表明，进口高技术中间品显著提升了中国企业出口产品质量，并且地区制度环境完善将有利于强化技术引进的产品质量升级效应。

四、金融要素跨国自由流动的经济效应

金融要素的内涵随着时代与经济发展不断丰富,既包括反映金融市场、金融机构以及金融工具的整体发展质量和服务水平的金融发展要素,也包括金融市场与金融中介发展程度相对水平的融资结构要素(林宏山,2018)。金融要素的发展有利于资本积累和技术创新,是促进经济增长的重要因素。在新时代的背景下,全球经济一体化有着不可阻挡的趋势,金融业开放亦是大势所趋。在金融机构等外资准入限制放宽的背景之下,外资银行等国际金融要素的流入增强了本土金融业的竞争强度,不仅激励了本地银行业的效率提升,还将影响传递到实体经济活动,对制造业的资本配置效率产生了积极影响。

金融要素跨国自由流动为本土企业提供了更为优质的金融服务,这种服务同样可被视为一种高质量的中间投入品,进而影响制造下游行业生产过程(Aghion 等,2005)。外资银行的进入丰富了本土企业的融资来源,缓解了企业面临的融资约束,有利于改善企业出口广延边际和集约边际而促进企业出口,引致企业增加研发投入并带动生产率和出口产品质量提升。

(一)金融要素跨国自由流动与资源配置效率

2008 年的全球金融危机引发了全球学者对金融要素跨国自由流动和金融业开放的讨论与思考,金融业高度开放的美国、英国和德国等国家受到金融危机的较大冲击,而开放程度较低的国家反而在全球金融危机中遭受的损失较低。而近年来,美国经济的强势复苏却意味着金融业开放程度较高的国家虽然容易受到经济危机的冲击,但具有较强的自我调节能力,能迅速实现经济的反弹,有利于经济的长期增长(王晶晶和陈启斐,2017)。金融要素的跨国自由流动有利于优化本地的资本配置结构,提高投资效率,促进企业的创新活动,同时也会产生技术溢出,从多个渠道促进企业生产率的进步(米运生,

2009)。

王晶晶和陈启斐(2017)基于122个国家的数据进行实证分析,发现金融要素跨国自由流动的竞争效应促进了全要素生产率提升,而溢出效应抑制了生产率增长,总体效应表现为正向促进,即金融业开放有助于提升全要素生产率。李昌克(2013)基于金融一体化的视角展开研究,其结果表明金融要素跨国自由流动促进了发展中国家的全要素生产率进步,而对发达国家生产率则起到抑制作用,表明金融要素的生产率效应存在门槛阈值,可能是由于发达国家的技术水平已处于领先地位,无法从金融要素跨国自由流动中进一步获取技术溢出。

(二)金融要素跨国自由流动与赢利能力

加成率反映了企业的赢利状况和在行业中的竞争地位。黄先海等(2016)的研究发现,中国的中间品进口企业赢利能力显著低于非进口企业,存在"低加成率之谜",深入分析结果表明,融资约束严重制约了高生产率企业向价值链高端环节攀升的过程,从而抑制了企业加成率的提升。因此,放宽金融行业的准入限制,拓展企业的内外部融资渠道,将是缓解企业融资约束并促进加成率水平提升的重要手段。姚耀军等(2015)考察了金融要素跨国自由流动对企业融资约束的缓解效应,其研究结果显示,外资银行的进入显著缓解了大型民营企业的融资约束,但却加剧了中小型民营企业的融资难题,表明外资银行进入本土后对中小型民营企业存在一定歧视,未将业务拓展至低端客户群体。诸竹君等(2018)指出,金融要素跨国自由流动将通过成本渠道与价格渠道作用于企业加成率。在成本渠道方面,外资银行的进入将缓解企业融资约束,促进企业扩大出口与生产规模,由于规模经济效应的存在将降低企业生产的边际成本,而由于大量企业的融资来源都得以拓展,亦会引起越发激烈的市场竞争而导致企业成本的上升;在价格渠道方面,金融业开放将使得下游制造业受到创新激励,提升产品质量而掌握更强的定价权,但同样也会加剧市场竞争强度,导致企业的定价能力降低,因此金融要素跨国自由流动的加成率效应将取决于上述复杂度因素的综合结果。诸竹君等(2018)实证研究的结果表明,外资银行进入对本土企业加成率的总体影响显著为正,且行业对外部融资依赖程度越高,金融要素跨国自由流动对加成率的促进作用就越大。

(三)金融要素跨国自由流动与出口转型

企业的出口产品质量受到研发投入和研发效率的影响,当面临较强的融资约束时,研发活动所需的成本亦会上升,进行创新活动的预期收益也会减少(赵伟等,2012),不利于投入资金进行研发和产品质量升级。因此,缓解融资约束也是金融要素跨国自由流动影响出口产品质量的重要途径。具体而言,金融要素的跨国自由流动带来了增量资金,也丰富了企业的融资渠道;同时,外资银行的进入加剧了本地银行业的竞争程度,银行可能通过降低信贷门槛来争取客户,有利于更多的企业获取资金,缓解融资约束。杨兴全等(2017)研究发现,金融要素跨国自由流动实现了金融要素的有效配置,拓宽了本地企业的融资渠道,对缓解企业面临的融资约束具有重要作用,也促进了企业投资效率的提高。上述研究结果综合表明,金融要素的跨国自由流动会激发良性竞争,合理配置金融资源,有利于本土企业缓解其面临的融资约束并实现出口产品质量升级。

第三章　要素跨国自由流动微观分析框架

本章在梅利茨(Mark J.Melitz)异质性企业框架下,参照雷丁(Stephen J.Redding)的方式引入要素流动情况,分析要素跨国流动的经济效应,并与新古典贸易理论中的相关分析进行比较。本章首先从封闭经济情况分析,将梅利茨模型拓展至多部门情况,将要素价格内生化,随后从封闭经济情况拓展至开放经济,分析贸易自由化与要素跨国流动自由化的经济效应,在此基础上分析两者作用机制的差异。

第一节　封闭经济情况分析:基本框架构建

从封闭经济出发,构建要素价格内生化的微观理论框架。在具体分析中,从商品市场、要素市场两大均衡出发,同时考虑产品和要素的需求、供给四个维度,为之后分析要素跨国流动奠定基础。在分析前,先对市场活动流程进行界定:消费者提供要素,获得收入→厂商购入要素进行生产→厂商出售产品→消费者购入产品。根据动态博弈的思想,本章将以该市场活动流程的倒序展开分析。

一、产品需求:消费者偏好

在消费者偏好上,借鉴迪克西和斯蒂格利茨(Avinash K.Dixit 和 Joseph

E.Stiglitz)的模型,假设所有消费者的偏好均为位似偏好,并且其效用函数为:

$$U = \prod_{i=1}^{m} \left\{ \int_{\omega_i \in \Omega_i} [q(\omega_i)]^{(\sigma-1)/\sigma} d\omega_i \right\}^{\alpha_i \sigma/(\sigma-1)}, \sum_{i=1}^{m} \alpha_i = 1 \qquad (3-1)$$

即采用柯布-道格拉斯效用函数嵌套常数替代弹性效用函数形式刻画消费者多部门产品的消费情况,其中 $q(\omega_i)$ 表示 i 部门中种类为 ω_i 的产品消费量,Ω_i 表示 i 部门的所有差异商品集,m 表示部门数,$\sigma > 1$ 表示部门内产品替代弹性,所有部门内产品替代弹性均相同,α_i 表示消费者对各部门产品的偏好程度,其值越高,意味着消费者对该部门产品的相对偏好程度越高。由消费者效用最大化可知 i 部门中种类为 ω_i 的产品需求函数为:

$$q(\omega_i) = \alpha_i E [p(\omega_i)]^{-\sigma} P_i^{\sigma-1}, P_i \equiv \left\{ \int_{\omega_i \in \Omega_i} [p(\omega_i)]^{1-\sigma} d\omega_i \right\}^{1/(1-\sigma)} \qquad (3-2)$$

其中,$p(\omega_i)$ 表示 i 部门中种类为 ω_i 的产品价格,E 表示消费者的收入水平,P_i 表示 i 部门的价格指数。从式(3-2)中可以看出,消费者收入水平越高,对该部门的相对偏好程度越高,该部门价格指数越高,产品价格越低,该产品的需求也就越高。同时可以看出,消费者仅为价格接受者,并不能影响产品的价格水平。虽然在本章模型中,消费者内生决定其收入水平,但消费者出售要素获取收入的行为发生在产品生产之前,因此在消费者购买产品时,其收入水平已固定,是该环节中的外生变量。

二、产品供给:企业行为

与梅利茨的假设相同,本章假设企业在进入市场前并不知道其生产率水平,而是在支付市场进入成本 f_E 后得知其生产率水平,再根据其生产率水平决定其是否退出市场。假设在生产前需进行固定投入 f_0,该固定投入与市场进入成本是同一生产要素,将该要素价格单位化为 1。假设企业在生产中使用 m 种要素,即第一小节中部门数与要素种类数相同,该假设一方面是为了体现不同部门产品在生产上的差异,即不同部门生产函数各不相同;另一方面是为了简化分析,即每一个部门对应不同要素密集型产品,因此下标 i 既对应着产品部门,也对应着要素种类,即下标 i 对应着产品部门 i,也对应着该部门生产密集使用的要素 i。同时本节还假设,所有产品生产中均要使用所有要素,并且对于任意部门而言,除该部门生产密集使用的要素外,假设生产函数采用柯布-道格拉斯生产函数的形式,具体生产函数为:

$$q(\omega_i) = \varphi f_i^{\beta} \prod_{j \neq i} f_j^{(1-\beta)/(m-1)}, \ \beta > 1/m \qquad (3-3)$$

其中, f_i 表示 i 要素投入量, φ 表示企业生产率,从式(3-3)中可以看出,同一类型要素是同质的,企业的利润函数为:

$$\pi(\varphi;i) = \left(\alpha_i EP_i^{\sigma-1} \right)^{1/\sigma} \left[\varphi f_i^{\beta} \prod_{j \neq i} f_j^{(1-\beta)/(m-1)} \right]^{1-1/\sigma} - \sum_{i=1}^{m} w_i f_i - f_0 \qquad (3-4)$$

其中, w 表示要素价格,企业通过决定其价格水平以及要素投入水平最大化其利润水平,从而可知:

$$p(\varphi;i) = \frac{\sigma}{\sigma-1} \frac{w_i^{\beta} \prod_{j \neq i} w_j^{(1-\beta)/(m-1)}}{\varphi \beta^{\beta} (1-\beta)^{1-\beta}} \qquad (3-5)$$

从式(3-5)中可以看出,企业的生产率水平越高,要素价格水平越低,企业的产品价格也就越低,这与梅利茨(2003)、梅利茨和奥塔维亚诺(2008)等异质性企业分析框架中的结论一致,即企业的边际生产成本越低(生产率水平越高、要素价格水平越低),企业的产品价格也就越低。从式(3-5)中还可以看出,所有企业的加成率完全一致,这也是采用常数替代弹性效用函数分析框架的必然结果。结合式(3-5)可知企业的利润函数,式(3-4)可以改写为:

$$\pi(\varphi;i) = A \alpha_i EP_i^{\sigma-1} \left[w_i^{\beta} \prod_{j \neq i} w_j^{(1-\beta)/(m-1)} \right]^{1-\sigma} \varphi^{\sigma-1} - f_0,$$

$$\qquad (3-6)$$

$$A \equiv \sigma^{-\sigma} \left[(\sigma-1) \beta^{\beta} \left(\frac{1-\beta}{m-1} \right)^{1-\beta} \right]^{\sigma-1}$$

由式(3-6)可知,企业生产率越高,要素价格越低,企业的利润也就越高,并且对于不同部门而言,企业利润的不同要素价格弹性存在一定差异,该部门密集使用要素的弹性要高于其他要素。同时,式(3-6)也意味着不同部门有

着不同生产率进入门槛,即:

$$\underline{\varphi}_i = \left(\frac{f_0}{A\alpha_i E} \right)^{1/(\sigma-1)} \frac{w_i^{\beta} \prod_{j\neq i} w_j^{(1-\beta)/(m-1)}}{P_i} \tag{3-7}$$

从而可知市场自由进出条件可以表示为:

$$\int_{\underline{\varphi}_i}^{\infty} A\alpha_i E P_i^{\sigma-1} \left[w_i^{\beta} \prod_{j\neq i} w_j^{(1-\beta)/(m-1)} \right]^{1-\sigma} \varphi^{\sigma-1} - f_0 dG_i(\varphi) = f_E \tag{3-8}$$

也就是说,企业在进入市场前的企业利润与进入成本一致,即市场进入成本与企业的机会成本相同。在企业生产率分布函数确定情况下,可以求出市场进入门槛等相关变量。本章将沿用麦尔(Thierry Mayer)等的企业生产率分布函数假设,即各部门的企业生产率均服从帕累托分布,具体函数形式为:

$$G_i(\varphi) = 1 - (\varphi_{\min}/\varphi)^{k_i}, k_i > \sigma, \varphi \in [\varphi_{\min}, \infty), \forall i \tag{3-9}$$

其中,$\varphi_{\min}$表示企业的生产率下界,该形式与麦尔等的具体形式存在一定差异,原因在于他们所指的是企业边际成本的分布函数,两者实质是一致的,具体而言:

$$G(c) = prob(x < c) = prob(1/x > 1/c) = 1 - prob(\varphi < 1/c)$$
$$= 1 - G(1/c) = [c/(1/\varphi_{\min})]^k = (c/c_M)^k$$

从而可知市场存活企业的条件概率分布函数为:

$$G_{i,s}(\varphi) = 1 - (\underline{\varphi}_i/\varphi)^{k_i}, \varphi \in [\underline{\varphi}_i, \infty), \forall i \tag{3-10}$$

结合式(3-8)可以求出各部门的企业进入门槛$\underline{\varphi}_i$。

三、要素需求

结合式(3-4),由企业利润最大化可知,处于i部门并且企业生产率为φ的企业各要素需求函数为:

$$f_i(\varphi;i) = (\sigma-1)A\alpha_i E P_i^{\sigma-1} \left[w_i^{\beta} \prod_{j\neq i} w_j^{(1-\beta)/(m-1)} \right]^{1-\sigma} \varphi^{\sigma-1} \frac{\beta}{w_i}$$

$$f_j(\varphi;i) = (\sigma-1)A\alpha_i EP_i^{\sigma-1}\left[w_i^{\beta}\prod_{j\neq i}w_j^{(1-\beta)/(m-1)}\right]^{1-\sigma}\varphi^{\sigma-1}\frac{1-\beta}{(m-1)w_j}$$

$$(3\text{-}11)$$

由式(3-11)可知,当任意要素价格上升时,所有要素的绝对需求量均将有所下降,原因在于:对于价格上升的要素而言,一方面其价格上升使得厂商在生产中倾向于使用其他要素替代该要素,从而该要素的相对需求量下降,这可以从式(3-12)中看出,i部门产品任意两要素的相对需求函数为:

$$\frac{f_i(\varphi;i)}{f_j(\varphi;i)}=\frac{w_j\beta(m-1)}{w_i(1-\beta)},\frac{f_m(\varphi;i)}{f_j(\varphi;i)}=\frac{w_j}{w_m},\forall j,m\neq i \qquad (3\text{-}12)$$

即相对要素价格的上升会使得相对要素需求下降。另外要素价格的上升会使得产品价格上升,导致消费者对产品的需求量下降,要素的引致需求也相应下降,两者共同作用,使得要素的需求下降;对于价格保持不变的要素而言,一方面其他要素价格上升会使得该要素的相对需求上升,但另一方面产品需求量的下降使得要素需求下降,后者的效应高于前者,因此要素的需求下降。由式(3-11)可知各要素总需求为:

$$D_i = \frac{(\sigma-1)E}{\sigma(m-1)^{(1-\beta)(\sigma-1)}w_i}\left(\beta\alpha_i+\sum_{x\neq i}\frac{1-\beta}{m-1}\alpha_x\right) \qquad (3\text{-}13)$$

从式(3-13)中可以看出,要素总需求与消费者收入水平、消费者对密集使用该要素的产品的相对偏好呈正相关关系,与该要素价格呈负相关关系。值得注意的是,要素总需求与各部门企业数不相关,原因在于虽然部门企业数增加在单个企业要素需求不变的情况下会增加要素需求,但其增加了企业间的竞争效应,从而降低了单个企业的要素需求,两者完全抵消。

四、要素供给

为简化分析,本章假设所有消费者集中决定要素价格,并且在决定要素价格的过程中遵循消费者效用最大化原则,而由式(3-1)可知,消费者的效用最大化可以表示为：

$$\max_{w_i,n_i,n_{i,E}} :U = \sum_{i=1}^{m}(w_iF_i + n_if_0 + n_{i,E}f_E)\Big/\prod_{i=1}^{m}P_i^{\alpha_i}$$

$$\text{s.t.}\ \frac{(\sigma-1)E}{\sigma(m-1)^{(1-\beta)(\sigma-1)}w_i}\Big(\beta\alpha_i + \sum_{x\neq i}\frac{1-\beta}{m-1}\alpha_x\Big) \leqslant F_i,\ \sum_{i=1}^{m}n_if_0 + n_{i,E}f_E \leqslant$$

$$F_0,\forall i \tag{3-14}$$

其中，F_i 表示 i 要素的总禀赋，F_0 表示固定投入与市场进入投入要素的总禀赋，n_i 和 $n_{i,E}$ 分别表示 i 部门企业数与潜在进入企业数，从而可知各要素价格和各部门企业数分别为：

$$w_i = \begin{cases} \dfrac{\beta}{1-\beta}\dfrac{\alpha_iF_0}{F_i},\alpha_i < \dfrac{(1-\beta)/(m-1)}{B+(1-\beta)/(m-1)} \\[4mm] \dfrac{(\sigma-1)\Big(\beta\alpha_i + \sum_{x\neq i}\dfrac{1-\beta}{m-1}\alpha_x\Big)F_0}{\sigma(1-\beta)(m-1)^{(1-\beta)(\sigma-1)}F_i},\alpha_i > \dfrac{(1-\beta)/(m-1)}{B+(1-\beta)/(m-1)} \end{cases}$$

$$B \equiv \Big[\frac{\sigma(m-1)^{(1-\beta)(\sigma-1)}}{\sigma-1}-1\Big]\beta,\forall i$$

$$\tag{3-15}$$

从式（3-15）中可以看出，当消费者对某一部门的相对偏好足够高时，该部门密集使用的要素将出现供不应求的情况；反之，则会出现供大于求的情况。由于消费者偏好并非本书所分析的重点，为简化分析，本书有着以下假设：

假设 1：$\alpha_i = \dfrac{(1-\beta)/(m-1)}{B+(1-\beta)/(m-1)} = \dfrac{1}{m},\forall i$

假设 1 确保了不存在消费者对某一部门的产品存在相对偏好的情况。结合市场进入条件式（3-8）可知：

$$\underline{\varphi}_i = \varphi_{\min}\left[\frac{\dfrac{f_E}{f_0}-\dfrac{\beta}{(\sigma-1)(1-\beta)}+\sqrt{\Big(\dfrac{f_E}{f_0}-\dfrac{\beta}{(\sigma-1)(1-\beta)}\Big)^2 + \dfrac{f_E}{f_0}\dfrac{4\beta}{(\sigma-1)(1-\beta)}}}{2\dfrac{\beta}{(\sigma-1)(1-\beta)}\dfrac{f_E}{f_0}}\right]^{1/k_i}$$

为简化分析,并确保市场自由进出机制能有效发挥作用,本章对市场进入成本与固定投入进行以下假设。

假设 2: $\dfrac{f_E}{f_0} = \dfrac{\beta}{(1-\beta)(\sigma-1)} < 1$

在假设 2 下,均衡时的市场进入门槛以及企业数分别为:

$$\underline{\varphi}_i = \varphi_{\min}\left[\frac{(1-\beta)(\sigma-1)}{\beta}\right]^{1/k_i}, n_i = \frac{F_0}{2mf_0}, n_{i,E} = \frac{F_0}{2mf_E}, \forall i \qquad (3-16)$$

五、封闭经济一般均衡分析

在满足假设 1 和假设 2 的情况下,根据前面的分析可知,封闭经济下均衡时消费者福利水平以及各要素价格为:

$$V = \frac{m(\sigma-1)(1-\beta)^{1-\beta}\left(\prod\limits_{i=1}^{m}F_i\right)^{1/m}(F_0)^{\sigma-1}\prod\limits_{i=1}^{m}f_0^{1/k_i}[k_i^{1/m(\sigma-1)}(\varphi_{\min})^{1/m}]}{\sigma\beta^{1-\beta}(2mf_0)^{1/(\sigma-1)}\prod\limits_{i=1}^{m}f_E^{1/k_i}[k_i-(\sigma-1)]^{1/m(\sigma-1)}}, w_i =$$

$$\frac{\beta}{1-\beta}\cdot\frac{F_0}{mF_i}, \forall i \qquad (3-17)$$

从式(3-17)中可以看出,在封闭情况下,消费者福利水平由各要素禀赋、固定投入、市场进入成本、各部门生产率分布情况所决定,要素禀赋越丰裕,部门生产率水平越高,消费者福利水平越高。由式(3-2)、式(3-3)、式(3-11)、式(3-15)可知 i 部门的总产出为:

$$Q_i = \frac{A\sigma^{\sigma-1}[k_i-(\sigma-1)]\underline{\varphi}_iF_i^{\beta}\prod\limits_{j\neq i}F_j^{(1-\beta)/(m-1)}}{(m-1)^{1-\beta}(1-\beta)^{\sigma(1-\beta)}\beta^{\sigma\beta+1}(\sigma-1)^{\sigma}(k_i-\sigma)}, \forall i \qquad (3-18)$$

从式(3-18)中可以看出,任意要素禀赋增加,所有部门的总产出均会有所增加,而并非罗伯津斯基定理中所指出的那样,"在其他要素禀赋保持不变的情况下,一种要素禀赋的增加将会使得密集使用该要素生产的产品产量增加,而其他产品的产量将有所下降"。这是因为罗伯津斯基的结论是建立在要素和商品价格保持不变的情况下,而事实上,要素价格与商品价格作为本书一般均衡模型中的内生变量,会受到要素禀赋变动的影响,从而使得罗伯津斯基的结论无法成立。

第二节　开放经济情况分析

本节将在第一节基础上引入商品与要素跨国流动,以分析要素跨国流动的经济效应。为简化分析,本节开放经济情况将仅考虑两国模型,为与封闭经济相区分,将在所有变量上引入上标用以刻画不同国家,上标 H 表示本国相关变量,上标 F 表示外国相关变量,而对于一些与流动相关的变量,将采用两个上标来刻画其流动方向,如 $q_i^{HF}(\omega)$ 则表示 i 部门中产品种类为 ω 的产品从本国出口至外国的产品数量。为方便与封闭经济情况进行对比,上标 au 则表示封闭经济下的相关变量。正如第一节分析中所指出的,由于消费者偏好并非本章所分析的重点,本节关于消费者偏好假设与第一节一致,即消费者对各部门产品的偏好完全相同,并且假设本国与外国有着完全相同的消费者偏好。还假设两国相同部门的产品生产函数形式相同,但两国企业生产率分布函数可以存在一定差异。

一、商品与要素跨国自由流动

在商品跨国流动上,借鉴克鲁格曼、梅利茨和奥塔维亚诺、麦尔等的相关假设,以冰山贸易成本 τ 来刻画商品跨国流动的相关贸易成本。即对于企业而言,当 τ 单位产品出口时,仅能获得 1 单位产品的出口销售额,$\tau-1$ 单位产品作为贸易成本耗散在运输过程中,其中包括运输成本、关税等相应贸易成本。在商品跨国流动上,首先确定国外生产要素进入本国企业生产函数的形式,假设开放条件下本国 i 部门产品的生产函数采用柯布-道格拉斯-常数替代弹性嵌套生产函数形式,具体形式为:

$$q^H(\omega_i) = \varphi \left[(f_i^{HH})^\rho + (f_i^{FH})^\rho \right]^{\frac{\beta}{\rho}} \prod_{j \neq i} \left[(f_j^{HH})^\rho + (f_j^{FH})^\rho \right]^{\frac{1-\beta}{\rho(m-1)}}, \rho \leq 1, \rho \neq 0$$

$$(3-19)$$

其中，ρ 表示国内外生产要素的替代弹性，当 $\rho = 1$ 时，国内外生产要素为完全替代品，即本国在生产中使用国内外要素完全无差异。从式（3-19）中可知国内外要素间的替代弹性为 $1/(1-\rho)$，当 $0 < \rho < 1$ 时，替代弹性大于 1，而当 $\rho < 0$ 时，替代弹性小于 1，并且当 $\rho \to -\infty$ 时，生产函数可以改写为：

$$\lim_{\rho \to -\infty} q^H(\omega_i) = \lim_{\rho \to -\infty} \varphi \left[(f_i^{HH})^\rho + (f_i^{FH})^\rho \right]^{\frac{\beta}{\rho}} \prod_{j \neq i} \left[(f_j^{HH})^\rho + (f_j^{FH})^\rho \right]^{\frac{1-\beta}{\rho(m-1)}}$$

$$= \lim_{\rho \to -\infty} \varphi \exp\left\{ \frac{\beta}{\rho} \ln\left[(f_i^{HH})^\rho + (f_i^{FH})^\rho \right] + \sum_{j \neq i} \frac{1-\beta}{\rho(m-1)} \ln\left[(f_j^{HH})^\rho + (f_j^{FH})^\rho \right] \right\}$$

$$= \lim_{\rho \to -\infty} \varphi \exp\left[\beta \frac{(f_i^{HH})^\rho \ln f_i^{HH} + (f_i^{FH})^\rho \ln f_i^{FH}}{(f_i^{HH})^\rho + (f_i^{FH})^\rho} + \frac{1-\beta}{m-1} \sum_{j \neq i} \frac{(f_j^{HH})^\rho \ln f_j^{HH} + (f_j^{FH})^\rho \ln f_j^{FH}}{(f_j^{HH})^\rho + (f_j^{FH})^\rho} \right]$$

$$= \varphi \left[\min(f_i^{HH}, f_i^{FH}) \right]^\beta \prod_{j \neq i} \left[\min(f_i^{HH}, f_i^{FH}) \right]^{(1-\beta)/(m-1)}$$

由此可见，生产函数变为柯布—道格拉斯—里昂惕夫嵌套生产函数形式。

从式（3-19）可以看出，在生产中国内要素与国外要素并无区别，这与消费者消费国内外商品所获得的无差异效用相似。实际上，在生产过程中也是如此，不同国家的相同要素在生产中的效果几乎一致，但与商品流动相似的是，要素流动同样存在流动成本，国外要素流动至本国需要支付额外成本，而这流动成本则是本国要素与外国要素在生产过程中的唯一差异。本章将借鉴雷丁的方法，以冰山贸易成本 θ 刻画要素跨国流动的流动成本。

二、开放条件下的均衡分析

由第一节分析可知，开放条件下产品需求函数与封闭条件下一致，结合式（3-2）和式（3-19）可知，本国企业利润最大化条件下的本国市场和外国市场上的产品价格以及利润函数分别为：

$$p^{HH}(\varphi;i) = \frac{\sigma}{\sigma-1} \frac{(w_i^H)^{\beta} \prod_{j \neq i} (w_j^H)^{(1-\beta)/(m-1)}}{\varphi \beta^{\beta} (1-\beta)^{1-\beta}},$$

$$p^{HF}(\varphi;i) = \frac{\sigma \tau^{HF}}{\sigma-1} \frac{(w_i^F)^{\beta} \prod_{j \neq i} (w_j^F)^{(1-\beta)/(m-1)}}{\varphi \beta^{\beta} (1-\beta)^{1-\beta}},$$

$$\pi^{HH}(\varphi;i) = \frac{AE^H (P_i^H)^{\sigma-1} \varphi^{\sigma-1}}{m} \left[(w_i^H)^{\beta} \prod_{j \neq i} (w_j^H)^{(1-\beta)/(m-1)} \right]^{1-\sigma} - f_0,$$

$$\pi^{HF}(\varphi;i) = \frac{AE^F (P_i^F)^{\sigma-1} \varphi^{\sigma-1}}{m} \left[\tau^{HF} (w_i^F)^{\beta} \prod_{j \neq i} (w_j^F)^{(1-\beta)/(m-1)} \right]^{1-\sigma} - f_{ex},$$

$$w_i^H \equiv \left[(w_i^{HH})^{-\frac{\rho}{1-\rho}} + (w_i^{FH})^{-\frac{\rho}{1-\rho}} \right]^{-\frac{1-\rho}{\rho}}, \forall i$$

$$(3-20)$$

其中，f_{ex} 表示出口固定投入，与固定投入、市场进入成本使用相同要素禀赋，w_i^H 和 w_i^F 分别表示要素 i 在本国与国外的价格指数，由本国要素、外国要素分别在两国市场的价格构成。根据已有研究，相对于内销企业而言，出口企业有着更高生产率水平，并且在梅利茨（2003）、梅利茨和奥塔维亚诺（2008）、麦尔等理论框架中均有出口企业生产率水平较高的相关假设，本章将继续沿用这一假设，即：

假设3：$f_{ex} > \tau^{1-\sigma} f_0$

假设3确保了对本国与外国而言，只有生产率水平较高的企业才会出口。从式（3-20）中可以求出开放条件下各部门中企业进入和企业出口的生产率门槛分别为：

$$\varphi_i^H = \left(\frac{mf_0}{AE^H} \right)^{1/(\sigma-1)} \frac{(w_i^H)^{\beta} \prod_{j \neq i} (w_j^H)^{(1-\beta)/(m-1)}}{P_i^H}, \underline{\varphi}_{i,ex}^H = \tau^{HF} \left(\frac{f_{ex}}{f_0} \right)^{1/(\sigma-1)} \underline{\varphi}_i^H, \forall i$$

$$(3-21)$$

式（3-21）基本与封闭经济条件下式（3-7）一致，但区别在于，开放经济条件下各内生变量的值可能发生了变化，如收入水平 E、要素价格水平 w、物

价水平 P 等,因此市场进入门槛也可能发生变化。结合式(3-21)可知开放条件下的市场自由进出条件为:

$$\int_{\underline{\varphi}_i^H}^{\infty} \pi^{HH}(\varphi;i)dG_i^H(\varphi) + \int_{\underline{\varphi}_{i,ex}^H}^{\infty} \pi^{HF}(\varphi;i)dG_i^H(\varphi) = f_E,\ \forall i \qquad (3-22)$$

与封闭经济条件下的式(3-10)相比,开放经济条件下企业的期望利润增加了出口市场部分,结合式(3-11)和式(3-20)可知企业的要素需求为:

$$f_i^{HH}(\varphi;i) = \begin{cases} \Gamma_i (w_i^{HH})^{-\frac{1}{1-\rho}},\varphi < \underline{\varphi}_{i,ex}^H \\ [1+(\tau^{HF})^{1-\sigma}]\,\Gamma_i (w_i^{HH})^{-\frac{1}{1-\rho}},\varphi \geqslant \underline{\varphi}_{i,ex}^H \end{cases}$$

$$f_i^{FH}(\varphi;i) = \begin{cases} \Gamma_i (w_i^{FH})^{-\frac{1}{1-\rho}},\varphi < \underline{\varphi}_{i,ex}^H \\ [1+(\tau^{HF})^{1-\sigma}]\,\Gamma_i (w_i^{FH})^{-\frac{1}{1-\rho}},\varphi \geqslant \underline{\varphi}_{i,ex}^H \end{cases}$$

$$\Gamma_i \equiv \frac{(\sigma-1)A\beta E^H (P_i^H)^{\sigma-1}\varphi^{\sigma-1}}{m[(w_i^{HH})^{-\frac{\rho}{1-\rho}}+(w_i^{FH})^{-\frac{\rho}{1-\rho}}]}\left[(w_i^H)^{\beta}\prod_{j\neq i}(w_j^H)^{(1-\beta)/(m-1)}\right]^{1-\sigma},\ \forall i$$

$$(3-23)$$

由式(3-23)可知,对于同一企业而言,本国市场上本国要素与外国要素的相对投入量与相对价格成反比,国内外要素相对价格越高,其相对投入量就越低,并且其弹性为 $1/(1-\rho)$。另外,在要素绝对投入量上,当本国要素价格上升时,本国要素投入量下降,外国要素投入量上升,当外国要素价格上升时,本国要素投入量上升,外国要素投入量下降。从式(3-23)中还可以看出,开放条件下的各要素总需求为:

$$D_i^{HH} = \frac{\beta E^H (w_i^H)^{\frac{\rho}{1-\rho}}}{m (w_i^{HH})^{\frac{1}{1-\rho}}},\ D_i^{FH} = \frac{\beta E^H (w_i^H)^{\frac{\rho}{1-\rho}}}{m (w_i^{FH})^{\frac{1}{1-\rho}}},\ \forall i \qquad (3-24)$$

其中,D_i^{HH} 和 D_i^{FH} 分别表示本国企业对本国要素的总需求以及本国企业对外国要素的总需求(外国要素流入本国的总量)。开放经济条件下基于消费者效用最大化的要素价格决定过程可以表示为：

$$\max_{w_i, n_i} U = \sum_{i=1}^{m} \left(w_i^{HH} F_i^{HH} + \frac{w_i^{HF} F_i^{HF}}{\theta} + n_i^H f_0 + n_{i,ex}^H f_{ex} \right) \bigg/ \prod_{i=1}^{m} \left(P_i^H \right)^{1/m}$$
$$(3-25)$$

$$\text{s.t.} \quad F_i^{HH} + F_i^{HF} \leqslant F_i^H, \sum_{i=1}^{m} \left(n_i^H f_0 + f_{ex} n_{i,ex}^H + n_{i,E}^H f_E \right) \leqslant F_0^H, \forall i$$

为简化分析，将采用梅利茨中镜像国家的假设，即本国与外国的相关变量完全一致，如要素禀赋、贸易成本、要素流动成本、生产率分布等相关变量，用上标来区分两国变量也将毫无意义。因此在接下来的分析中，除刻画两国间流动的相关变量，如要素价格、产品价格等，其他变量将全部隐去上标。在镜像假设下可知各要素价格为：

$$w_i^{HH} = \frac{\beta F_0}{m(1-\beta)\left[1 + \theta^{-\rho/(1-\rho)}\right] F_i}, w_i^{HF} = \frac{\beta \theta F_0}{m(1-\beta)\left[1 + \theta^{-\rho/(1-\rho)}\right] F_i}$$
$$(3-26)$$

从式(3-26)中可以看出，本国要素在国外市场上的价格要高于国内市场，这是因为要素流动成本的存在使得流动至国外的要素价格必须高于国内市场，以弥补其流动成本，要素才会存在跨国流动的激励。在本章模型中，与商品流动相似，同一种类的要素存在双向要素流动情况，即同一种类的要素既存在从本国流向国外的情况，也存在从国外流向本国的情况。另一方面，从式(3-26)中还可以看出，i 要素的总体价格水平为：

$$w_i = \frac{\beta}{1-\beta} \frac{F_0}{mF_i} \left[1 + \theta^{-\rho/(1-\rho)}\right]^{-1/\rho}$$
$$(3-27)$$

各部门进入门槛、出口门槛为：

$$\underline{\varphi}_i = \frac{\varphi_{\min}}{(f_E/f_0)^{1/k_i}} \left[1 + \frac{(f_0)^{k_i/(\sigma-1)}}{\tau^{k_i} (f_{ex})^{k_i/(\sigma-1)}}\right]^{1/k_i}$$
$$(3-28)$$

$$\underline{\varphi}_{i,ex} = \tau \left(\frac{f_{ex}}{f_0}\right)^{1/(\sigma-1)} \underline{\varphi}_i, \forall i$$

从而可知开放经济条件下的消费者福利水平为：

$$V = s(\theta) res(\tau) \frac{m(\sigma - 1)(1 - \beta)^{1-\beta} \left(\prod_{i=1}^{m} F_i\right)^{1/m} (F_0)^{\sigma-1} \prod_{i=1}^{m} f_0^{1/k_i} \left[k_i^{1/m(\sigma-1)} (\varphi_{\min})^{1/m}\right]}{\sigma \beta^{1-\beta} (2mf_0)^{1/(\sigma-1)} \prod_{i=1}^{m} f_E^{1/k_i} \left[k_i - (\sigma - 1)\right]^{1/m(\sigma-1)}}$$

$$s(\theta) = \beta + (1 - \beta)\left[1 + \theta^{-\rho/(1-\rho)}\right]^{1/\rho}, res(\tau) = \prod_{i=1}^{m} \left[1 + \frac{(f_0)^{k_i/(\sigma-1)}}{\tau^{k_i} (f_{ex})^{k_i/(\sigma-1)}}\right]^{1/mk_i}$$

$$(3-29)$$

其中，$s(\theta)$ 表示开放经济条件下本国居民的相对收入水平。

三、开放经济与封闭经济的对比分析

随后本节将对开放经济与封闭经济各均衡变量进行比较，为区分两者，本节将使用上标 op 与 au 分别表示开放经济条件与封闭经济条件下的变量。首先将分析各部门进入门槛间的差异，由式(3-16)与式(3-28)可知：

$$\underline{\varphi}_i^{op} = \left[1 + \frac{(f_0)^{k_i/(\sigma-1)}}{\tau^{k_i} (f_{ex})^{k_i/(\sigma-1)}}\right]^{1/k_i}, \underline{\varphi}_i^{au} > \underline{\varphi}_i^{au} \qquad (3-30)$$

从式(3-30)中可以看出，开放经济条件下各部门的市场进入门槛均高于封闭经济情况，这与梅利茨(2003)、梅利茨和奥塔维亚诺(2008)的研究相一致。开放经济条件下本国企业在面临国外企业的竞争时，资源更集中于高生产率企业，在封闭经济中原本能存活的低生产率企业由于竞争加剧退出市场。从式(3-30)中还能看出，当贸易成本趋于无穷时，开放经济条件下市场进入门槛与封闭经济条件下的情况完全一致。随后将分析开放经济与封闭经济条件下消费者福利水平的对比情况，从式(3-17)、式(3-29)中可以看出：

$$V^{op} = s(\theta) res(\tau) V^{au} > V^{au} \qquad (3-31)$$

即开放经济条件下的消费者福利水平要高于封闭经济，开放经济条件下消费者福利水平的提升主要源于两个方面：一是商品贸易所带来的资源优化配置效应 $res(\tau)$，即市场进入门槛中提及的资源更集中于高生产率企业，总体生产效率得以提升,这与梅利茨(2003)、梅利茨和奥塔维亚诺(2008)等的研究一致,并且当贸易成本趋于无穷时,该效应将不存在;二是要素跨国流动带来的真实收入水平提升效应 $s(\theta)$,这也是本章模型与梅利茨(2003)、梅利茨和奥塔维亚诺(2008)的差异所在,并且当要素流动成本趋于无穷时,开放经济与封闭经济下消费者的真实收入水平一致。在本章模型中,开放经济的福利效应同时来源于商品贸易与要素跨国流动,只有当贸易成本与要素流动成本同时趋于无穷时,开放经济才与封闭经济情况完全一致。

值得注意的是,从式(3-15)与式(3-26)中可以看出, $w_i^{au} > w_i^{HH}$,也就是说相对于封闭经济而言,开放经济条件下本国要素在本国市场上的价格有所下降,本国要素在本国市场上的总体收益有所下降,但本国要素在国外市场上的收益足以弥补这一收入损失。总体而言,本国消费者的收入水平有所上升。对比式(3-15)和式(3-27),开放经济下厂商所面临的要素总体价格水平要低于封闭经济,也就是说国外要素促使本国市场的要素价格有所下降,在企业生产率不变的情况下,厂商边际生产成本同样会由于开放所带来的竞争而相应下降。

第三节　贸易自由化与要素跨国流动自由化

本节将分析贸易自由化与要素跨国流动自由化对均衡情况的影响。在分析前,本节先对贸易自由化与要素跨国流动自由化进行界定,在接下来的分析中,贸易自由化指的是冰山贸易成本 τ 下降,要素跨国流动自由化指的是要素跨国流动成本 θ 下降,由于镜像国家假设,本节中贸易自由化与要素跨国流动自由化所指的均为双边贸易自由化与要素跨国流动自由化。

一、贸易自由化

从式(3-26)中可以看出,贸易自由化并不会影响本国与外国要素在两个市场上的价格。而从式(3-23)和式(3-29)中可以看出：

$$\frac{\partial \ln f_i^{HH}}{\partial \tau} = \frac{\partial \ln f_i^{FH}}{\partial \tau} = \begin{cases} \dfrac{(\sigma - 1)(f_0/f_{ex})^{k/(\sigma-1)}}{\tau[\tau^{k_i} + (f_0/f_{ex})^{k/(\sigma-1)}]} > 0, \varphi < \underline{\varphi}_{i,ex} \\[4mm] -\dfrac{(\sigma-1)\tau^{-\sigma}}{1 + \tau^{1-\sigma}} + \dfrac{(\sigma-1)(f_0/f_{ex})^{k/(\sigma-1)}}{\tau[\tau^{k_i} + (f_0/f_{ex})^{k/(\sigma-1)}]} < 0, \varphi \geqslant \underline{\varphi}_{i,ex} \end{cases}, \forall i$$

$$(3-32)$$

从式(3-32)中可知,随着贸易成本的下降,内销企业对本国要素与外国要素的需求均有所下降,这是因为对内销企业而言,贸易自由化使得其面临来自国外企业更为激烈的竞争,产品产量有所下降,因此其对要素的需求量也随之下降。而出口企业对本国要素与外国要素的需求均有所上升,一方面出口企业在国内市场上的产量由于来自国外企业的竞争加剧而有所下降,国内外要素需求均有所下降,这与内销企业相同;但另一方面出口企业在外国市场上竞争力有所增强,因此出口量会上升,国内外要素需求也均有所上升,后者效应要高于前者,因此出口企业对国内外要素的总体需求会上升。

在产品价格上,从式(3-20)中可以看出,贸易自由化并不会对本国存活企业在本国市场上的产品价格造成影响,但对于出口企业而言,贸易自由化会使得其出口产品价格有所下降。在贸易自由化对各部门企业进入生产率门槛以及出口生产率门槛的影响上,由式(3-28)可知：

$$\frac{\partial \ln \underline{\varphi}_i}{\partial \tau} = -\frac{(f_0/f_{ex})^{k_i/(\sigma-1)}}{\tau[\tau^{k_i} + (f_0/f_{ex})^{k_i/(\sigma-1)}]} < 0, \quad \frac{\partial \ln \underline{\varphi}_{i,ex}}{\partial \tau} = \frac{1}{\tau} + \frac{\partial \ln \underline{\varphi}_i}{\partial \tau} > 0, \forall i$$

$$(3-33)$$

从式(3-32)可知,贸易自由化使得各部门的进入门槛上升,但出口门槛下降,从而可知贸易自由化使内销企业数下降,而出口企业数增加。结合式(3-31)可知,随着贸易成本下降,对于内销企业而言,各部门存活企业数及其产品产量均有所下降,而对于出口企业而言,各部门存活企业数及其出口产品产量均有所上升,但其内销产品数有所下降。而对于本国产品的国内消费总量而言,从式(3-32)和式(3-33)中可以看出,无论是内销企业还是出口企业,贸易自由化均使得单个企业的内销产品产量有所下降,并且各部门内销企业和出口企业的企业总数也随之下降,因此各部门产品的国内消费总量均下降;对于本国产品的出口总量而言,从式(3-32)、式(3-33)中可以看出,各部门出口企业数以及单个企业的出口产品总量均随着贸易成本的下降而上升,因此各部门产品的出口总量会上升。

在消费者福利水平的影响上,由式(3-29)可知:

$$\frac{\partial \ln V}{\partial \tau} = - \sum_{i=1}^{m} \frac{(f_0/f_{ex})^{k_i/(\sigma-1)}}{m\tau[\tau^{k_i} + (f_0/f_{ex})^{k_i/(\sigma-1)}]} < 0 \qquad (3-34)$$

从式(3-34)中可以看出,随着贸易成本的下降,消费者的福利水平不断上升。结合前面的分析可知,贸易自由化一方面使得本国消费者所消费的国内产品种类数与消费量均有所下降,不利于消费者福利水平提升;但另一方面会使得本国消费者所消费的国外产品种类数与消费量均上升,促进了消费者福利水平提升,并且后者的效应要高于前者,从而使得消费者福利水平上升,这一作用机制与梅利茨(2003)的分析相一致。

总体而言,贸易自由化主要作用于商品市场,使得消费者的消费结构与生产者的生产结构均发生变化,消费者所消费的本国产品种类数以及各产品总量随着贸易成本的下降而下降,国外进口产品种类数以及各进口产品消费总量则随着贸易成本的下降而上升,内销厂商数以及各厂商所生产的内销产品量均随着贸易成本的下降而下降,出口企业数以及各出口企业所生产的出口产品量则均随着贸易成本的下降而上升,资源更集中于高生产率企业,从而优化资源配置情况,使得消费者福利水平上升。

二、要素跨国流动自由化

在要素流动自由化对要素价格的影响上,从式(3-26)、式(3-27)中可知：

$$\frac{\partial \ln w_i^{HH}}{\partial \theta} = \frac{\rho \theta^{-\rho/(1-\rho)}}{\theta(1-\rho)[1+\theta^{-\rho/(1-\rho)}]} > 0,$$

$$\frac{\partial \ln w_i^{HF}}{\partial \theta} = \frac{1}{\theta} + \frac{\rho \theta^{-\rho/(1-\rho)}}{\theta(1-\rho)[1+\theta^{-\rho/(1-\rho)}]} > 0,$$

$$\frac{\partial \ln w_i}{\partial \theta} = \frac{\theta^{-\rho/(1-\rho)}}{\theta(1-\rho)[1+\theta^{-\rho/(1-\rho)}]} > 0, \forall i \qquad (3-35)$$

从式(3-35)中可以看出,随着要素流动成本的下降,本国市场上的本国要素、国外要素的价格以及要素总体价格水平均有所下降。对于本国要素而言,要素流动自由化使得本国要素在本国市场上面临国外要素更为激烈的竞争,因此其价格有所下降,而外国要素则除了相同的竞争效应外,还受到其直接流动成本下降的影响降低其在本国市场的价格,这些效应在贸易自由化过程中均无法体现。

在要素流动自由化对要素投入的影响上,由式(3-23)可知：

$$\frac{\partial \ln f_i^{HH}}{\partial \theta} = -\frac{(1-\beta)[1+\theta^{-\rho/(1-\rho)}]^{(1-\rho)/\rho}\theta^{-1/(1-\rho)}}{(1-\rho)s(\theta)} - \frac{\sigma \theta^{-\rho/(1-\rho)}}{\theta(1-\rho)[1+\theta^{-\rho/(1-\rho)}]} < 0,$$

$$\frac{\partial \ln f_i^{FH}}{\partial \theta} = -\frac{(1-\beta)[1+\theta^{-\rho/(1-\rho)}]^{(1-\rho)/\rho}\theta^{-1/(1-\rho)}}{(1-\rho)s(\theta)} - \frac{(\sigma+1)\theta^{-\rho/(1-\rho)}+1}{\theta(1-\rho)[1+\theta^{-\rho/(1-\rho)}]} < 0, \forall i$$

$$(3-36)$$

从式(3-36)中可以看出,随着要素流动成本的下降,无论是内销企业还是出口企业,其对本国要素与外国要素的需求均有所上升。其作用机制在于,消费者的收入水平随着要素流动成本的下降而上升,从而使得本国企业对本国要素的需求上升,而对于外国要素而言,除了收入效应外,其直接流动成本的下降同样提升了本国企业对外国要素的需求。

在要素流动自由化对产品价格的影响上,由式(3-20)可知：

$$\frac{\partial p^{HH}}{\partial \theta} = \frac{\partial p^{HF}}{\partial \theta} = \frac{\partial \ln w_i}{\partial \theta} = \frac{\theta^{-\rho/(1-\rho)}}{\theta(1-\rho)[1+\theta^{-\rho/(1-\rho)}]} > 0, \forall i \qquad (3-37)$$

从式(3-37)中可以看出,随着要素流动成本的下降,无论是内销产品还是出口产品的价格均有所下降,这主要是因为要素流动成本的下降使得厂商所使用的要素价格下降和企业边际生产成本下降,从而促使企业产品价格下降。

在要素流动自由化对各部门企业进入生产率门槛以及出口生产率门槛的影响上,由式(3-27)可知,要素流动成本不会对各部门企业进入生产率门槛以及出口生产率门槛产生影响,这意味着要素流动自由化不会对企业间的资源配置情况造成影响,也不会影响潜在进入企业、内销企业、出口企业三类企业之间的相对数量,这与贸易自由化所带来的效应有较大差异。

在消费者福利水平的影响上,由式(3-29)可知:

$$\frac{\partial \ln V}{\partial \theta} = -\frac{(1-\beta)\left[1+\theta^{-\rho/(1-\rho)}\right]^{(1-\rho)/\rho}\theta^{-1/(1-\rho)}}{(1-\rho)s(\theta)} < 0 \qquad (3-38)$$

从式(3-38)中可以看出,与贸易自由化类似,随着要素流动成本的下降,消费者的福利水平不断上升。但与贸易自由化不同之处在于,其福利效应并非来源于国外产品消费对国内产品消费的替代效应,而是来源于消费者收入水平的提升。结合前文分析可知,在企业间资源配置保持不变的情况下,要素流动自由化会使得消费者对国内产品与国外产品的消费量同比上升,两者间的相对比例保持不变。

总体而言,要素流动自由化主要作用于要素市场,各类要素在国内市场、国外市场的价格均有所下降,在国内市场、国外市场的投入量均有所上升。而在商品市场的影响上,要素流动自由化仅对产品价格造成影响,无论是内销产品还是出口产品,其价格均有所下降,而不会影响各部门企业进入生产率门槛以及出口生产率门槛,并且不会改变资源配置情况。但要素流动自由化能提升消费者的收入水平,并且在不改变国内消费与国外消费相对状况情况下,提升消费者的福利水平,同时增加国内消费总量。

第四节　要素跨国自由流动有利于本国福利提升

本章在异质性企业的框架下,引入要素流动情况,通过对两国多部门多要素模型的分析,主要得到以下结论:

第一,要素禀赋与产出间的关系并非如罗伯津斯基定理中所指出的"一种要素禀赋的增加将会使得密集使用该要素生产的产品产量增加,而其他产品的产量将有所下降",某一要素禀赋的增加会使得该要素的价格下降,在本章的一般均衡框架中,所有部门的总产出均会有所增加,但密集使用该要素生产的产品的相对产量会有所增加。

第二,贸易自由化与要素流动自由化均会使得消费者福利水平上升,但两者的作用机制存在较大差异。贸易自由化主要作用于商品市场,通过资源配置优化效应,即淘汰低生产率企业并将资源集中于高生产率企业,促使消费者福利水平提升;要素流动自由化主要作用于要素市场,通过收入效应,即增加消费者的国外要素收入水平,促使消费者福利水平提升。

第三,贸易自由化对内销企业与出口企业的各均衡变量影响存在差异,并且会降低本国消费者对本国产品的需求,从而使得本国内销产品的产量下降;要素流动自由化对内销企业与出口企业的影响不存在差异,并且会提升本国消费者对本国产品的需求,从而使得本国内销产品的产量上升。

第四章　要素跨国自由流动条件下的
外贸战略指标体系重构

　　要素跨国自由流动实现了以商品为边界的比较优势向以要素为边界的竞争优势的转变,这一理论演进对我国经贸发展起到重要的指导作用。随着要素成本不断提高,依赖于廉价要素的贸易模式在全球化背景下难以为继,以要素跨区域、跨国别分工提高全球价值链分工的层次和质量将通过要素的流动、优化和升级得以重构,"要素合作型国际专业化"已经成为当前国际贸易与投资的现代特征(张幼文,2017),这表明了贸易规模和贸易结构的提高和优化并不能完全反映我国贸易真实竞争力。一般来说,要素跨国自由流动不仅意味着最终品的生产将由分布在不同区域的中间环节组成,还表明全球生产网络下产品生产具备跨区域"要素组合"的实践基础,也就说明传统意义上的原产地属性、贸易平衡度、国际收支统计量等概念已经很难准确刻画现阶段我国贸易质量和竞争力。在要素跨国流动背景下我们生产什么、进口什么和出口什么已经不是需要重点关注的命题,而应该更加注重以什么样的要素、什么质量的产品参与什么层次的国际分工,对整个价值链的控制能力有多强(方勇等,2012)。因此,推动我国外贸战略重构应从"奖出限入"转向"优进优出",主动融入全球要素分工体系,更加注重贸易的质量和效率,既在要素禀赋上优化调整,也通过"吸收""整合"高级要素推进产品质量转型升级,逐步破解全球价值链低端锁定,不断提高中国产品的市场势力和赢利水平,推动我国实现贸易大国向贸易强国转型。

第一节　要素跨国自由流动推动外贸战略转型的作用机理

基于比较优势的传统贸易在提高中国出口规模和优化贸易结构的同时,也使得"低质量、低价格、低利润、低分工地位"成为改革开放 40 多年中国外贸发展不可否认的现实,一方面随着全球贸易保护主义抬头,中国面临的贸易壁垒和贸易摩擦频繁加剧,甚至一些领域也面临着较大的反倾销风险;另一方面,尽管资本和技术密集型产品出口价格和国际分工地位有所提升,但总体上对国内增加值贡献较少,中国贸易收益核算存在"虚高"现象。在要素跨国自由流动条件下,本国比较优势要素和国际高端要素"组合重生"而成的战略机遇,将对中国产业结构转型升级和全球价值链地位提升产生有利契机,生产过程升级、垂直差异化升级、赢利能力升级和国际分工地位升级是全球要素分工推动外贸战略转型的重要渠道。

一、要素跨国自由流动推动生产过程升级

要素跨国自由流动决定的全球要素分工是比较优势激发和创造的新特征,通过要素流动升级、优化配置过程,推进比较优势向竞争优势转化,核心在于全要素生产率升级。以跨国公司为主体、国际直接投资为载体的要素跨国自由流动是经济全球化的本质特征,主要通过投资将源自不同国家的不同要素进行深度融合,基本形式是高级易流动要素向低级不易流动要素所在的区域流动。随着中国经济体制改革不断推进,外部高级要素的涌入与我国未被有效配置的劳动力、土地、技术、资本等闲置要素相结合,一方面通过激发闲置要素使得我国生产要素发挥学习效应、溢出效应得以优化配置而提高效率;

另一方面也提高了流出国要素的边际生产率,改善了全球要素优化配置效率。这就意味着原本没有比较优势的闲置要素可能在要素跨国自由流动条件下重新被"激活"甚至"升级"而产生新的比较优势,全球要素分工也不再要求在完整的产品链上具备比较优势,而只需要在生产某件产品的某个环节或特定阶段具有比较优势,世界经济的分工结构就能逐步从产业间分工、产业内分工、产品内分工向要素分工转变。因此,要素跨国自由流动伴随的要素激活、融合和优化过程将在比较优势向竞争优势转化中产生更强的效率增进效应,以降低单位要素成本为核心的国际竞争策略成为企业在要素跨国自由流动条件下生产过程升级的重要表现。

二、要素跨国自由流动推动垂直差异化升级

要素跨国自由流动降低了落后经济体参与国际分工的"门槛",不仅体现在要素禀赋上的优化调整,更在于要素质量上的升级,以要素升级推进产品升级是形成竞争优势的基础。根据要素质量等级可以将要素分为低级要素和高级要素,一般来说,土地、劳动力、自然资源等禀赋丰裕但收益较低的传统要素为低级要素,而资本、技能、品牌、管理经验等相对稀缺且收益高的经济要素为高级要素。以发达国家跨国公司通过外商直接投资方式或者原始设备制造商/原始设计制造商等外包方式实现的要素分工,不仅将以往在产品为界限的分工条件下不具备完整产品链比较优势的国家或地区融入全球分工,还可以通过稀缺高级要素的引进、学习、吸收、再创新,提高远离前沿或准前沿经济体的要素质量等级,为产品质量升级提供要素质量基础。例如,外商直接投资影响本土企业产品质量具有三种途径:一是可以通过人员流动、示范和竞争效应、垂直专业化关联效应等途径形成技术外溢,进而影响本土企业的生产效率降低生产的边际成本(Wang 和 Blomstrom,1992);二是外商直接投资伴随的研发设计创新和广告品牌效应可以通过提高本土企业的研发效率或广告效率而降低生产的固定成本,对产品质量提升提供了固定成本优势(蒋殿春和夏良科,2005);

三是外资具备的资本优势会缓解本土企业的融资约束,进而有利于企业进行产品质量改进。另外,在全球价值链分工体系下进口低成本、高质量、多元化的中间品,在降低自身生产成本和提升全要素生产率的同时,也会扩大研发空间和产品创新能力,从而提高出口产品质量(田巍和余淼杰,2014)。

三、要素跨国自由流动推动赢利能力升级

以跨国公司为载体的要素跨国自由流动促进了国际高端要素供给,使本土企业有效学习、吸收、转化和运用而嵌入全球生产链,进而通过行业内溢出和行业间溢出效应作用于企业赢利水平。按照要素分工理论,全球生产链的要素形成机制在于可流动要素追逐不易流动要素而进行的全球生产重组过程,这一过程不仅有利于跨国公司在全球范围内进行资源配置,而且将技术、标准、品牌等稀缺高级要素与丰裕的闲置要素相结合,可以给要素流入国带来较大的发展机遇。企业加成率反映的是产品价格对边际成本的偏离程度,是企业赢利能力的衡量指标,任何影响产品价格和边际生产成本的因素都至少在短期内影响加成率水平。要素尤其是高级要素跨国流动通常会从两种渠道对本土企业加成率产生影响:第一,行业内溢出渠道。高级要素进入会加剧本土要素市场竞争,一方面本土企业会降低要素的市场价格,另一方面会迫使企业削减生产规模而提高边际生产成本。但与此同时,高级要素进入也会产生示范作用引起同行业的本土企业进行先进技术和管理理念的学习、吸收、运用(毛其淋和许家云,2016)。第二,行业间溢出渠道,具体包括前向关联和后向关联。从前向关联来看,高级要素流入不仅会使得下游行业本土企业可获得的中间品种类和质量更高,从而降低产品的需求弹性和垄断势力而提高生产效率、降低边际生产成本,还会因上游行业竞争加剧而获得价格更低的中间产品(Kugler 和 Verhoogen,2012)。从后向关联来看,外商投资企业进入会考虑贸易成本因素而加大对上游本土企业的中间品需求,从而为上游本土企业提供定价空间。为了获得符合外资企业生产的中间品,外资企业可能对本土供

应商在原材料、中间品生产等方面提供技术支持,从而更有利于本土企业的生产效率和赢利水平提升。

四、要素跨国自由流动推动国际分工地位升级

拥有要素产权的主体才是要素收益的所有者,提高贸易真实利益的根本在于国内增加值率的提升,关键是升级要素结构。在要素跨国自由流动的条件下,一国的出口是源于多个国家要素投入的组合,往往体现的是内外全要素生产率的综合表现,基于出口规模和结构的贸易质量统计方法忽略了低价竞争的客观现实,以"属地"原则计算贸易利得存在用外资高级要素收益掩盖低级要素收益的事实,从而对真实贸易收益认识有偏。根据要素分工理论,要素结构决定了国际分工地位,高级要素引入会通过要素升级而主导全球价值链分工,并获得较高的要素收益。推进贸易竞争力和贸易收益提升,主要有两种方式:一种是以要素引进促进要素培育。发挥要素的集聚效应、溢出效应和关联效应提升要素层级,并结合投资、研究和开发实现要素创新,从而推动要素结构和质量动态升级。另一种是以跨国并购实现要素流动到产权流动。不仅可以迅速获得外资企业的高级要素,并且可以实现产权转移。也就是说,要素结构升级的过程是覆盖人才集聚、产品创新、管理升级和跨国公司行为的系统化建构(张幼文,2015)。在面临发达国家"高端回流"和其他发展中国家"低端分流"的"高低挤压"竞争背景下(诸竹君等,2018),通过升级要素结构改变全球价值链分工地位进而提升中国出口国内增加值率成为新的命题。

第二节　外贸战略转型代理指标的
构建依据及逻辑关联

中国外贸发展在要素跨国自由流动下不断升级而呈现出新的共生规律:一是要素分工成为国际分工的主要形式,突破了不同要素丰裕度国家之间进

行产品内贸易的要素制约;二是要素合作成为提升外贸竞争力的重要途径,尤其在全球价值链分工体系下,要素转移、融合、创新在经济全球化背景下为创造新型竞争优势提供了可能。因此,基于本土要素和生产力结构的比较优势论及要素禀赋论已经不再能指导全球要素分工合作下的外贸发展战略。在面临要素跨国自由流动的重要契机时,以"规模扩张、价格竞争、低加成率、低出口国内增加值率"为特点的粗放式外贸增长模式亟须转向以"效率提升、质量竞争、高加成率、高出口国内增加值率"为标志的开放型、集约型、创新型增长,以充分发挥要素流动的正外部性作用。

一、外贸战略转型代理指标的构建依据

要素跨国自由流动改变了传统意义上以比较优势理论为基础的外贸发展导向和模式,更加注重以要素转化升级推动外贸发展的质量和效益,实现外贸格局从低质量、低价格、低利润向高质量、高价格、高利润转变。因此,本节主要从规模扩张转向效率提升的发展导向、从价格竞争转向质量竞争的竞争策略、从低加成率陷阱转向优质优价的赢利模式、从混合收益转向产权收益的收益结构四个方面系统构建外贸战略转型的指标体系。

(一)发展导向转型:从规模扩张转向效率提升

改革开放 40 多年来,坚持以"出口导向"为标志的贸易模式使我国对外贸易迅猛发展,但 2008 年全球金融危机后出口增速大幅放缓,以市场渗透力度量的出口竞争力优势面临着趋势性下降,"低质量、低价格、低利润"成为我国外贸发展难以去除的标签。根据国家统计局数据,2017 年中国制造业企业增加值率为 27.46%,而美国高达 37.29%,并且劳动生产率仅为美国的14.17%、德国的 17.19%和日本的 19.04%,这寓示着我国对外开放的发展导向迫切需要从规模扩张转向效率提升。全要素生产率反映的是要素投入的单位产出水平,一般反映的是投入转化为最终产出的总体效率。随着新一轮信

息通信革命的发展和全球经济一体化的推进,资本、技术、品牌、标准等生产要素在全球范围内加速流动,国际分工体系越来越走向精细化、专业化、高端化,如何把握好要素国际分工带来的发展机遇、全面提升全要素生产率水平是当前外贸战略转型的核心任务。一般来说,以跨国公司为载体的要素流动、重组、优化和配置影响本土企业生产率主要通过四种途径:一是通过要素转移获得高质量的供应链网络,依托庞大的销售市场、多样的中间投入品、精细的工艺水平提高要素配置效率和产品质量水平;二是通过溢出效应和关联效应影响本土企业的无形资产规模、研发和培训支出,进而提高企业生产率和绩效水平;三是通过要素的相对价格差异影响生产要素投入比例,以产品的要素密集度升级提高要素配置效率;四是通过外商直接投资缓解本国企业的融资约束,进而利用规模经济效应、创新研发效应和竞争逃避效应等提高生产率水平。

(二)竞争策略转型:从价格竞争转向质量竞争

"中国出口奇迹"的创造大部分原因可归结于中国出口产品的价格优势,即中国出口产品的价格明显低于国外同类产品甚至国内销售的同类产品价格,但实际上未能达到参与国际竞争的"质量门槛"。在中国各地区开放型经济增长竞争政策的引导下,企业是否出口不仅取决于自身的生产成本和市场竞争能力,还要看是否能通过某种渠道获得廉价生产要素,并且如何将这种低成本优势转化为出口优势(张杰等,2013)。尽管这种模式在一段时期内推动了我国外贸的迅速发展,但随着劳动力、资本、土地、环境等要素成本不断上升,外资企业与本土企业的竞争力差距越来越大,出口企业面临出口越多收益越低的尴尬困境,亟须扭转对廉价生产要素的过度依赖,逐步实现出口方式和竞争策略的转型升级。产品升级是企业价值链地位提升的关键内涵,而产品质量的提高是产品升级的重要方面。一方面,在要素跨国自由流动的逻辑框架下,上游外商直接投资带来的高品质要素流入可能通过"竞争机制""溢出机制""质量机制""多元化机制"影响产品质量的提高和种类增加,不仅能够以模仿、学习、转化获得国际技术溢出效应,更能发挥要素市场质量竞争效应而实现产品质量升级和边际成本下降的"双重"福利效应。另一方面,优质的要素融合还会加深本土企业的专业化分工程度,进而引导企业将资源合理配置到更高效的生产环节,为更新设备、技能培训、研发创新等质量升级行为创造剩余空间。因此,从价格竞争转向质量竞争表面上是企业在要素国际分工体系下的利润最大化的市场行为,但其实质体现的是比较优势向竞争优势转换过程中企业竞争策略的转型。

(三)赢利模式转型:从低加成率陷阱转向优质优价

"中国企业低价出口之谜"是对我国贸易发展的客观描述,其特殊性在于伴随生产率的提高,出口产品的加成率却在下滑。按照梅利茨的新新贸易理论,出口企业一般具有较高的生产率,通过克服出口固定成本进入出口市场,因此出口企业的加成率一般应高于非出口企业。尽管学界从出口退税、加工贸易占比过高、产品质量阶段性选择等视角对这一有悖于贸易理论的特殊现象进行了解释,却对如何跨越"低加成率陷阱"并提高出口企业加成率缺乏充分的理论和实证探讨。但不可否认的是,贸易赢利是衡量贸易竞争力的重要指标,赢利水平低不仅体现了产品在定价和成本上的生产"劣势",还在于产品质量难以符合消费者的质量需求,难以在产品市场上形成差异化竞争优势,而最为本质上的原因在于生产要素结构和配置效率不具备价值链分工优势。然而,在国内要素层级和要素质量较低的情况下,要素跨国流动为激活要素结构和重构要素配置机制提供了条件,以要素引进调整要素禀赋、以要素培育形成创新动能、以要素整合构建产品竞争力成为企业提高赢利能力的有效途径。具体来说,以企业加成率衡量的赢利模式转型意味着产品要在定价水平和边际生产成本上进行动态调整:一方面,国外高级要素流入通过加剧市场竞争而优化要素配置,从而促进企业边际成本节省而增加"价格边际成本指数",以取得"成本优势"提高企业绩效;另一方面,要素激活重组可以抵消要素边际报酬的不利影响,逐步实现在工艺、效率、性能、功能中的动态升级而提高产品质量,进而取得"价格优势"提高企业赢利水平。

(四)收益结构转型:从混合收益转向产权收益

现行以"原产地"与"跨境"为原则的统计体系无法较好地反映跨国公司经营的主要特征,在公司内贸易盛行的内部贸易模式下,不仅使发起外商直接投资的母国能在国际贸易中规避各种壁垒,而且能在现行贸易统计体系的掩护下装扮成"经济脆弱"的贸易逆差国形象,这同时也意味着外资引入国的贸易顺差可能存在"统计假象"。以苹果手机生产为例,中国创造的总价值达到19亿美元,但国内收入仅占总价值的3.84%,原因在于中国主要从事的是零部件生产和加工组装等低技能、低质量、低附加值环节。在要素跨国自由流动下形成的要素合作型出口海关值不仅不能反映真实贸易竞争力,就连本土增加值也属于国内要素和国外要素共同作用下的混合收益,这表明现行贸易统计体系已经越来越无法真实反映跨国公司资本要素及服务要素在世界范围内自由流动所获取的真实贸易利得。脱离本国收益的外贸竞争力不是真实的竞争力,特别是基于中国这种以低价低质量要素参与全球价值链分工的国家,更要理性认识低质量要素与低收益之间的关系、高质量要素与高收益之间的关系。由于基于所有权的贸易差额统计体系能够区分属权,通过要素升级推动本地要素质量提升,从而实现贸易收益结构转型成为强化外贸竞争力的核心任务,而关键在于培育高质量要素体系。出口国内增加值率是衡量要素收益结构的重要指标,不仅能反映国内要素收益占要素收益总额的比重,更能体现本国参与全球价值链分工的要素结构和质量。

二、外贸战略转型代理指标的逻辑关联和目标导向

(一)"点—线—面—体"外贸竞争优势的逻辑关联

培育外贸竞争力是我国外贸战略转型的首要任务,其内涵覆盖了要素成

本效率(全要素生产率)、质量优势(出口产品质量)、赢利能力(加成率)和国内分工地位(出口国内增加值率)四个不同维度。其中,全要素生产率表现的是要素配置比例、结构优化过程中的成本效率优势,尽管在测算中呈现的是企业指标,但其实质体现的是微观要素层面的要素"点"竞争优势,也可理解为"内核"优势;产品质量是原材料采购质量、产品生产质量、技术升级质量和品牌服务质量的最终呈现,根据产品垂直化差异以不同线状质量结构构筑起企业内部"核心—边缘"产品体系,形成以培育高质量发展的劳动力、资本、技术要素为支撑,以满足消费质量升级为重点的产品"线"竞争优势;而加成率是衡量企业赢利能力的综合"面"指标,集合了要素"点"上的成本效率优势和产品"线"上的质量优势,能够较好地反映出企业定价能力和市场势力。在全球价值链的分解下,中国产业发展的"专业化"和"高度化"离前沿经济体仍具有较大差距,以出口国内增加值率衡量的贸易收益不仅能反映真实贸易利得,还能表现出国内生产要素在全球要素分工体系内的竞争能力和地位水平。因此,将出口国内增加值率作为衡量企业"体"竞争优势,既具有数学逻辑上的意义,也具有实际经济学价值。综合来看,这四个方面并非相互独立,而是在相互关联、相互影响中以"点—线—面—体"四维立体架构动态提升外贸发展的"量"和"质",从而有效推动我国贸易竞争力转型升级。

(二)外贸战略转型的梯度升级目标导向

外贸战略转型的目标导向在于贸易竞争力进行"点—线—面—体"上的梯度升级。产品价值链的全球分解一般取决于三个方面:一是生产分割技术的发展,产品生产过程的分割和调整随科学技术的发展而呈现不同特征,生产分割技术越细化,生产的迂回程度和特定环节也越复杂;二是全球交易成本的变化,价值链的分割和配置不仅会受到不同阶段要素密集度、不同国家和地区要素密集度的影响,交易成本也会直接影响生产分割后的要素或生产环节的最优配置区域;三是要素整合的能力,尤其在跨国公司"逆向创新"的战略机遇期,积极承接创新活动整合优质生产要素是提升竞争力的重要窗口。按照全球分工理论,跨国公司在"归核化"战略的驱动下,越来越可能将技术密集度和信息密集度更高的生产环节、服务内容配置到非前沿经济体,为包括中国在内的国家或地区通过产业重组、外资引进、要素转移和技术合作集聚优质要素和发挥要素整合融合的绝对优势促进创新研发,在根本上提高全要素生产率和产品质量奠定了坚实基础。而这种要素重组的"自然演进"模式,不仅区别于传统商品贸易理论的作用机制,还基本上扭转了"陷入比较优势陷阱"的可能规律,通过创造比较优势形成竞争优势提高企业的赢利水平。进一步地,当本土企业通过学习、吸收或并购等形式实现要素所有权转移时,这种相对的比较优势也将转化为绝对的贸易利得,从而为产业结构升级和全球价值链攀升提供优质的发展动力和要素支撑。

第三节　外贸战略转型的指标体系构建:
测算框架与比较分析

在德沃克和沃辛斯基(De Loecker J.和 Warzynski F.)结构方程模型下,试图纳入斯提亚布和维卡帕(Stiebale J.和 Vencappa D.)的有益扩展,在统一框架下测算企业生产率、加成率和出口产品质量。其中生产率和加成率的测算主要通过供给端假设成本最小化问题求解,而出口产品质量通过需求端的效用最大化问题求解。首先,对需求函数进行设定,较为一般性地测算出上述变量。其次,通过"需求残差"法计算出口产品质量对照分析。

一、生产率和加成率的测算体系构建

（一）基于收入法的逻辑框架

借鉴德沃克和沃辛斯基的做法,采用结构方程模型的方法对中国制造业

企业生产率和加成率进行估算。该方法的建构主要采用主流的半参数生产函数估计方法（Levinsohn 和 Petrin，2003；Olley 和 Pakes，1996），通过构建成本最小化问题，在相对较少的模型假设基础上，在统一体系内求解企业生产率和加成率。考虑特定行业 j 中企业的生产函数是：

$$y_{ijt} = \omega_{ijt} F(M_{ijt}, K_{ijt}, V_{ijt}) \tag{4-1}$$

其中，y_{ijt} 表示企业的实际产出（physical output），M_{ijt}、K_{ijt}、V_{ijt} 分别表示企业的投入要素集合：中间品投入、资本和其他要素（主要包含劳动力投入 l 和出口虚拟变量 $expdum$）。德沃克和沃辛斯基采取的方法的基本原理是通过构造成本最小化问题求解企业加成率，其表达式为：

$$\mu_{ijt} = \theta_{ijt}^{X} (\varpi_{ijt}^{X})^{-1} \tag{4-2}$$

其中，θ_{ijt}^{X} 表示企业某种投入要素 X 的产出弹性，ϖ_{ijt}^{X} 表示该种投入要素占企业总产出的比重。按照德沃克和沃辛斯基的方法，该种投入要素需要企业可以充分调整，但中国实际情况是劳动力未能实现充分流动，因此，选取中间品投入作为估计企业产出弹性的投入要素（Lu 和 Yu，2015）。使用超越对数生产函数进行参数估计，其优点是可以保证参数估计具有较好柔性（De Loecker 和 Warzynski，2012；Lu 和 Yu，2015）。具体设定如下：

$$y_{ijt} = \beta_l l_{ijt} + \beta_k k_{ijt} + \beta_m m_{ijt} + \beta_{ll}(\tfrac{l}{ijt})2 + \beta_{kk}(\tfrac{k}{ijt})2 + \beta_{mm}(\tfrac{m}{ijt})2\beta_{lk} l_{ikt} k_{ijt}$$
$$+ \beta_{lm} l_{ijt} m_{ijt} + \beta_{km} k_{ikt} m_{ijt} + \beta_{lkm} l_{ijt} k_{ijt} m_{ijt} + \omega_{ijt} + \varepsilon_{ijt} \tag{4-3}$$

其中，ω 和 ε 分别表示企业生产率、不可预期冲击的误差项。首先估计 ω，根据阿克伯格-卡夫-弗雷泽法（Ackerberg D.A.、Caves K. 和 Frazer G.，ACF 法）构造中间品投入需求函数，其中 V_{ijt} 包括可能影响中间品投入需求的变量（从业人数 l 和出口虚拟变量 $expdum$）。中间品投入关于 ω 是严格增函数，生产率可表示为：

$$\omega_{ijt} = f^{-1}(m_{ijt}, k_{ijt}, V_{ijt}) \tag{4-4}$$

采用两步估计法对式（4-3）进行估计：第一步采用生产率代理变量对模型进行估计，得到预期产量 $\psi_t(m_{ijt}, k_{ijt}, V_{ijt})$ 估计值（$\hat{\psi_t}$）和第一步残差项 $\hat{\varepsilon}_{ijt}$；

第二步使用广义矩估计法对式(4-3)进行参数估计。其中第二步为估算生产函数系数,假设 ω_{ijt} 满足下列一阶马尔科夫过程(Markov process):

$$\omega_{ijt} = g_t(\omega_{ij,t-1}, expdum_{ij,t-1}) + \xi_{ijt} \tag{4-5}$$

根据现有文献上一期企业出口状态可能会影响下一期的生产率(De Loecker,2011), ξ_{ijt} 表示异质性生产率冲击。中间品投入产出弹性估计值的表达式为: $\theta_{ijt}^m = \beta_m + 2\beta_{mm}m_{ijt} + \beta_{lm}l_{ijt} + \beta_{km}k_{ijt} + \beta_{lkm}l_{ijt}k_{ijt}$ 。由此可估计企业的加成率 μ_{ijt} 。具体测算时需要对中间品投入产出弹性和投入比例的估计值进行调整。方法如下:结合生产函数估计结果可得中间投入产出弹性估计值 $\hat{\theta}_{ijt}^m$ 。根据对式(4-4)第一步估计的结果可得残差项 $\hat{\varepsilon}_{ijt}^m$,进而调整中间品投入比例:

$$\hat{\omega} = p^x X / [pY/exp(\hat{\varepsilon}_{ijt})] \tag{4-6}$$

(二)基于数量法的逻辑框架

德沃克等依赖的生产函数估计框架使用产品收入而非产品数量,这不可避免地会产生所谓的"价格偏差"(price bias)问题,即平减企业收入用到的行业价格指数(PPI)可能与企业的投入相关,从而导致生产函数的有偏估计(Foster,2008;De Loecker,2011)。这里进一步使用德沃克等的方法将估算框架构建于基于数量(Quantity-based)的生产函数估计之上,从而避免了"价格偏差"的产生,同时将研究的关注点转移至产品层面而非企业层面,因为微观企业所面临的企业需求环境是不可观测的,加总至企业层面显然是非常不精确的。

考虑如下生产 j 产品的 f 企业在 t 期的生产函数:

$$Q_{fjt} = F_{jt}(V_{fjt}, K_{fjt})\Omega_{ft} \tag{4-7}$$

其中, Q 为产出数量, V 表示企业可变投入向量, K 表示存在调整成本的固定投入向量, Ω_{ft} 为企业生产率,企业生产一系列不连续的产品 J_{ft} 。我们将可变投入与固定投入放入向量 X，$X = \{V, K\}$，W_{fjt}^{v} 表示可变投入 $v = \{1, \cdots, V\}$ 价格，W_{fjt}^{k} 表示固定投入 $k = \{1, \cdots, K\}$ 价格。为了得到加成率的估计表达，引入以下假设：

假设1：一种产品对应一种生产技术（生产函数）。从式（4-7）中可以看到，生产函数 $F(.)$ 下标中包含产品代码 j。这意味着单产品企业与多产品企业在生产同种产品时使用相同的技术，尽管他们的生产率 Ω_{ft} 可能不同。

假设2：$F_{jt}(.)$ 连续并且二阶可微（关于所有或者至少一种可变投入可微）。这保证了企业能够通过调整某一可变要素投入来改变产出，同时也意味着企业成本最小化能够导出至少一种可变生产投入的一阶条件。

假设3：技术进步生产率 Ω_{ft} 为希克斯中性且对数可加（logadditive），一个企业对应一个生产率。该假设意味着多产品企业在生产其所有产品时拥有相同的生产率，这个设定与之前刻画多产品企业生产率的文献是一致的（Bernard 等，2011）。

假设4：企业所有投入可在产品间分配。该假设意味着产品 j 上投入 X 的支出可以表示为 $W_{fjt}^{X} X_{fjt} = \tilde{\rho}_{fjt} \sum_{j} (W_{fjt}^{X} X_{fjt})$，其中 W_{fjt}^{X} 为投入 X 的价格，$\tilde{\rho}_{fjt}$ 为产品 j 上投入要素的支出比例，并且 $\sum \tilde{\rho}_{fjt} = 1$，这里，$\tilde{\rho}_{fjt}$ 无法在数据中观测到。

假设5：企业状态变量为：

$$s_{ft} = \{J_{ft}, K_{f,j=1,t,\ldots}, K_{f,Jft,t}, \Omega_{ft}, G_f, r_{fjt}\}$$

状态变量包括生产的产品数量（J_{ft}）、所有产品的动态投入（K_{ft}）、生产率（Ω_{ft}）、位置信息（G_f）以及所有与利润相关的序列相关变量。

假设6：给定 t 期产出与投入要素价格 W_{fjt} 之下，企业最小化短期成本。企业面临的可变投入要素价格 $W_{fjt}^{v} = W_{t}^{v}(v_{fjt}, G_f, a_{fjt-1})$ 取决于产品 j 的质量 v_{fjt}、外生要素 G_f（例如地理环境）和 t 期之前企业/产品层面的决策 a_{fjt-1}，后者可以通过合同来刻画协议前的投入价格。这里重要的假设是企业可变投入的价格独立于投入数量，排除要素市场势力静态来源。

在上述假设之上,我们考虑企业成本最小化问题,针对单一产品最小化企业成本,产品 j 在 t 期的拉格朗日方程如下:

$$L(V_{fjt}, K_{fjt}, \lambda_{fjt}) = \sum_{v=1}^{V} W_{fjt}^{v} V_{fjt}^{v} + \sum_{k=1}^{K} W_{fjt}^{k} V_{fjt}^{k} + \lambda_{fjt} [Q_{fjt} - Q_{fjt}(V_{fjt}, K_{fjt}, \Omega_{fjt})]$$

$$(4-8)$$

得到产品 j 任意一个可变投入 V^v 的一阶条件:

$$\frac{\partial L_{fjt}}{\partial V_{fjt}^{v}} = W_{fjt}^{v} - \lambda_{fjt} \frac{\partial Q_{fjt}(.)}{\partial V_{fjt}^{v}} = 0 \qquad (4-9)$$

由于 $\frac{\partial L_{fjt}}{\partial Q_{fjt}} = \lambda_{fjt}$,给定产出水平的边际生产成本为 λ_{fjt}。整理式(4-9),两

边同乘以 $\frac{V_{fjt}^{v}}{Q_{fjt}}$ 得到:

$$\frac{\partial Q_{fjt}(.)}{\partial V_{fjt}^{v}} \frac{V_{fjt}^{v}}{Q_{fjt}} = \frac{1}{\lambda_{fjt}} \frac{W_{fjt}^{v} V_{fjt}^{v}}{Q_{fjt}} \qquad (4-10)$$

式(4-10)左边表示可变投入要素 V_{fjt}^{v} 的产出弹性。定义成本加成率

(markup) $\mu_{fjt} \equiv \frac{P_{fjt}}{\lambda_{fjt}}$,重新整理产品 j 的成本最小化条件得到:

$$\mu_{fjt} = \theta_{fjt}^{v} \left(\frac{P_{fjt} Q_{fjt}}{W_{fjt}^{v} V_{fjt}^{v}} \right) = \theta_{fjt}^{v} (\alpha_{fjt}^{v})^{-1} \qquad (4-11)$$

其中, θ_{fjt}^{v} 表示可变投入 V_{fjt}^{v} 的产出弹性, α_{fjt}^{v} 表示产品 j 上投入 V^v 的支出比例。式(4-11)与德沃克和沃辛斯基中的结果较为相似却有一个极为重要的不同点:所有变量都加有下标 j。德沃克等关注于企业层面的加成率值,并且使用的是基于收入的生产函数估计方法,没有考虑多产品企业存在的问题,其企业层面的投入支出比例可以从数据中直接获得,通过使用行业价格指数平减后的收入来估计企业层面的生产函数,从而获得投入产出弹性。相反,这里利用了产品层面价格和数量的信息,从而使得我们将分析细化到产品层面。在多产品背景下,式(4-11)中的两个组件都是无法观测的,各个公司生产不

同产品的产出弹性 α_{fjt}^{v} 需要分别测算；另外，由于企业没有报告投入支出分配比例 $\tilde{\rho}_{fjt}$ ，所以产品层面的支出比例无法从数据中直接得到。接下来的估算框架将就解决这两个问题，对得到最终所需要的制造业企业加成率估计值进行说明。

首先，对式（4-7）两边取对数，考虑测量误差和未知冲击（ ε_{fjt} ），产出 $q_{fjt} = \ln[Q_{fjt}EXP(\varepsilon_{fjt})]$ ，令 x_{fjt} 为对数化投入向量， $x_{fjt} = \{v_{fjt}, k_{fjt}\}$ ， ω_{ft} 为 $\ln(\Omega_{ft})$ ，得到：

$$q_{fjt} = f_{jt}(x_{fjt};\beta) + \omega_{ft} + \varepsilon_{fjt} \tag{4-12}$$

通过将生产函数的形式写成产出数量而不是收入，充分利用了数据中数量和价格的信息，式（4-12）中产品数量的使用消除了因使用行业价格指数平减收入所导致的价格误差。这里，本书生产率的估计采用莱文森-佩特林法（Levinsohn J.和 Petrin A.，2003，LP 法），同时借鉴了阿克伯格等的方法在第二阶段估计所需的参数。由于产品层面投入数据的缺失，估计式（4-12）存在两个挑战：（a）无法观察到多产品企业中各产品的投入分配情况；（b）数据中只有平减后的企业投入支出金额而不是企业投入数量，由于企业使用差异化的投入品得到差异化产出，实物投入与产出在企业间往往是不可比的。为说明这两个问题，令 $\tilde{x}_{ft}$ 表示行业价格指数平减后的投入支出向量，由假设 4 可知，产品层面的投入数量为 $\bar{x}_{fjt}$ ，考虑了企业层面的支出后为：

$$x_{fjt} = \rho_{fjt} + \tilde{x}_{ft} - w_{fjt}^{x} \tag{4-13}$$

其中， $\rho_{fjt} = \ln\tilde{\rho}_{fjt}$ 为对数化后的产品 j 上的投入支出比例， w_{fjt}^{x} 表示产品层面投入价格与行业层面投入价格指数分别对数化后的差，将式（4-13）代入式（4-12），定义 w_{fjt} 为对数化企业产品层面的投入价格向量，我们有：

$$q_{fjt} = f_{jt}(\tilde{x}_{ft};\beta) + A_t(\rho_{fjt},\tilde{x}_{ft},\beta) + B_t(w_{fjt},\rho_{fjt},\tilde{x}_{ft},\beta) + \omega_{ft} + \varepsilon_{fjt} \tag{4-14}$$

与式（4-12）相比，式（4-14）多了两个额外的未知变量，$A_t(.)$ 中的产品投入分配比例 ρ_{fjt} 以及 $B_t(.)$ 中产品层面的投入价格 w_{fjt} 。$A(.)$ 和 $B(.)$ 的具体形式取决于$f(.)$的函数形式,这里的具体估计使用超越对数(Translog)生产函数形式,由于两项中都与平减后的投入支出$\tilde{x}_{ft}$相关,这会导致生产函数估计的有偏,$A(.)$引起的偏误为"投入分配"偏误,$B(.)$引起的偏误为"投入价格"偏误。进一步将分步解决这里提到的问题,具体讲,前者通过单产品企业样本来解决,后者则通过利用产出价格等变量代理投入价格进行非参数估计解决。

1.投入分配偏差的解决:单产品企业样本

根据假设1和假设4,多产品企业与单产品企业在生产同种产品时使用的技术相同,这里使用单产品企业样本来估计产品层面的生产函数,从而避免了多产品企业需要考虑的投入分配问题。具体来讲,对于单产品企业,根据定义知$\tilde{\rho}_{fit}=1$,所以$A(.)=0$。由于我们将估计建立在单产品企业样本之上,接下来部分忽略产品下标j。

简化式(4-14)得到:

$$q_{ft}=f_t(\tilde{x}_{ft};\beta)+B_t(w_{ft},\tilde{x}_{ft},\beta)+\omega_{ft}+\varepsilon_{ft} \tag{4-15}$$

限于样本容量,我们估计不随时间变化的生产函数,从而去掉了下标t,考虑平减后的投入支出向量$\tilde{x}_{ft}$中三种要素投入:劳动力($\tilde{l}$)、中间投入($\tilde{m}$)和资本($\tilde{k}$)[①]。为了得到生产函数的一致估计,从式(4-15)中可知,仅再需要在估计过程中考虑企业的投入价格$B(w_{ft},\tilde{x}_{ft},\beta)$和企业层面的生产率($\omega_{ft}$)。

2.未知投入价格的控制

根据假设6,企业投入价格的变化由当地的投入市场(G_f)和投入品质量(f_{ft})的外生变化引起,这意味着同一地区生产的同行业两家企业在购买相同投入质量的产品时所面临的投入品价格相同,基于此,德沃克等提出了一个非参数方法利用可观测变量的信息,包括(但不仅是)产出品价格来控制无法观

---

① 显然,该方法可以有任意数量的投入品,但由于我们的数据中主要为这三种要素投入品,所以我们这里仅考虑含有这三种要素投入的生产函数。

要素跨国自由流动与外贸战略转型

测的投入品价格,其基于的原理是产出品价格往往包含投入品价格信息。这里主要的前提就是高质量产品的生产需要高质量的投入品,并且高质量的投入品价格也更高。进一步讲,这里假设了互补性(complementarity):生产高质量的产品需要高质量原料、劳动力以及资本投入的混合(Verhoogen,2008;Kugler 和 Verhoogen,2011)。互补性意味着企业所有投入品的价格都可以用一个简单的产品质量指数来表示,且在这个设定下投入品价格是产品质量的增函数,因而对不同的企业我们可以使用产出品质量来控制投入品价格。给定投入品价格是投入品质量的增函数,而后者又是产出品质量的增函数,就可以使用代理产出品质量的变量(如产出品价格、市场份额和产品虚拟变量)来代理投入品价格。将投入价格 w_{ft}^x 写成产出品质量 ν_{ft} 和企业地域 G_f 的函数:

$$w_{ft}^x = \omega_t(\nu_{ft}, G_f) \tag{4-16}$$

在投入品质量互补性的假设下,不可观测的投入价格变动可以用一个简单的控制方程描述,具体的控制方程为:

$$w_{ft}^x = w_t(p_{ft}, ms_{ft}, EXP_{ft}) \tag{4-17}$$

其中, p_{ft} 为企业产品价格, ms_{ft} 为市场份额向量, D_f 为产品虚拟变量向量, EXP_{ft} 表示企业出口状态。最后,我们将投入品价格控制方程(4-17)代入 $B(w_{ft}, \tilde{x}_{ft}, \beta)$ 中的 w_{ft} ,得到:

$$B(w_{ft}, \tilde{x}_{ft}, \beta) = B[(p_{ft}, ms_{ft}, EXP_{ft}) \times \tilde{x}_{ft}^c; \beta, \delta] \tag{4-18}$$

由于函数 $B(.)$ 含有 w_{ft} 以及 w_{ft} 与 $\tilde{x}_{ft}$ 交叉项,我们定义 $\tilde{x}_{ft}^c = \{1, \tilde{x}_{ft}\}$ 将其引入式(4-17)。

3. 未知生产率的控制

为了得到式(4-15)的估计结果,还需要解决生产率 ω_{ft} 估计过程中可能存在的内生性和共线性问题。根据莱文森和佩特林的观点,假设投入需求方程为:

$$m_{it} = m_t(k_{it}, \omega_{it}, Z_{it}) \tag{4-19}$$

096

所有假设 5 中的状态变量（包括生产率和所有额外影响企业原料需求的变量）放入式（4-18）的 Z_{it} 中作为解释参数，包括地域（G_f，我们使用 6 位码市县虚拟变量）、产品价格（p_{ft}）、产品虚拟变量（D_f，我们使用 5 位码产品虚拟变量）、产品市场份额（ms_{ft}）、投入品价格 $[w_t(.)]$、企业出口状态（EXP_{ft}）、投入关税（τ_{it}^{input}）和产出关税（τ_{it}^{output}）。从式（4-16）可知，投入品价格 $[w_t(.)]$ 本身就是产品价格、产品市场份额和产品虚拟变量的函数，因此投入需求方程给定如下：

$$\widetilde{m}_{ft} = m_t(\omega_{ft}, \tilde{k}_{ft}, G_f, p_{ft}, D_f, ms_{ft}, EXP_{ft}, \tau_{it}^{input}, \tau_{it}^{output}) \tag{4-20}$$

将除投入品和生产率外所有决定中间品投入需求的变量放入 z_{ft} 中，$z_{ft} = \{G_f, p_{ft}, D_f, ms_{ft}, EXP_{ft}, \tau_{it}^{input}, \tau_{it}^{output}\}$，投入产出关税下标 i 代表企业所在行业，最终得到生产率控制方程：

$$\omega_{ft} = h_t(\tilde{k}_{it}, \widetilde{m}_{it}, z_{ft}) \tag{4-21}$$

4. 估计条件的构建与识别

使用阿克伯格等的方法和基于生产率冲击的矩条件得到参数向量 β 和向量 δ 的估计值[①]，考虑以下生产率运动方程：

$$\omega_{ft} = g(\omega_{ft-1}, \tau_{it-1}^{output}, \tau_{it-1}^{input}, EXP_{ft-1}) + \xi_{ft} \tag{4-22}$$

我们在生产率运动方程中加入了贸易相关变量，原因在于这些变量被认为会通过出口和进口两个渠道影响生产率。大量文献已经针对"干中学"（"Learning by exporting"）进行了相关研究；另一方面，贸易学家也假设了出口关税的降低会加剧进口竞争，结果导致更加先进的管理方式的实行，结论就是出口关税的减少会导致生产率的提升。而投入品方面，进口关税的减少会促使更加先进的中间投入品的进口，同样提高了企业的生产率。为了构造基于生产率冲击的矩条件，将生产率 ω_{ft} 表示为变量和参数的函数，并且把式

---

① 由于生产率的非参数方程可能影响投入需求，对劳动投入系数的识别可能是有偏的，所以我们沿用了阿克伯格-卡夫-弗雷泽法放弃第一阶段对参数进行识别。

(4-18)中投入价格调整和式(4-21)中的生产率代入式(4-15)生产函数方程,得到最终的估计方程:$q_{ft} = \varphi_t(\tilde{x}_{ft}, z_{ft}) + \varepsilon_{ft}$。

估计分两阶段:第一阶段,OLS 估计以下方程:

$$q_{it} = \varphi_{it} + \varepsilon_{it} \tag{4-23}$$

其中$\varphi_{it} = f_{it}(\tilde{x}_{it}; \beta) + B[(p_{it}, ms_{it}, D_f, G_f, EXP_{it},) \times \tilde{x}_{it}^c; \beta, \delta] + \omega_{it}$,以此得到预期产出的估计值($\tilde{\varphi}_{ft}$)以及误差项($\varepsilon_{it}$),为了在第二阶段得到参数$\beta$的估计值,将生产率$\omega_{ft}$设定为:

$$\omega_{ft}(\beta, \delta) = \tilde{\varphi}_{ft} - f(\tilde{x}_{ft}; \beta) - B[(p_{ft}, ms_{ft}, D_f, G_f, EXP_{ft}) \times \tilde{x}_{ft}^c; \delta] \tag{4-24}$$

进一步在式(4-22)生产率运动方程的基础上构造生产率冲击ξ_{ft}的矩条件,将式(4-22)的生产率冲击ξ_{ft}表示为未知参数形式:

$$\xi_{ft}(\beta, \delta) = \omega_{ft}(\beta, \delta) - E[\omega_{ft}(\beta, \delta) | \omega_{ft-1}(\beta, \delta), \tau_{it-1}^{output}, \tau_{it-1}^{input}, EXP_{ft-1}]$$

$$\tag{4-25}$$

构建矩条件:$E[\xi_{ft}(\beta, \delta) Y_{ft}] = 0$。根据文献,假设企业提前一期决定资本量,所以其当期值可以用于构建矩条件,同时,工资和中间投入价格被假设为序列相关,且两者在不同企业之间有所变化,因此,将两者的滞后值引入矩条件方程。此外,遵循德洛克等的方法,将滞后的产品价格、市场份额、出口状态、投入关税、产出关税以及他们与相关滞后投入的交叉项作为构建矩条件的变量。

第二阶段,我们在矩条件的基础上,利用数据中的单产品企业样本使用广义矩估计方法估计生产函数,遵循德沃克和沃辛斯基的做法,估计超越对数(Translog)形式生产函数:

$$q_{it} = \beta_l l_{ft} + \beta_k k_{ft} + \beta_m m_{ft} + \beta_{ll} l_{ft}^2 + \beta_{kk} k_{ft}^2 + \beta_{mm} m_{ft}^2$$
$$+ \beta_{lk} l_{ft} k_{ft} + \beta_{lm} l_{ft} m_{ft} + \beta_{mk} m_{ft} k_{ft} + \beta_{lmk} l_{ft} m_{ft} k_{ft} + \omega_{it} + \varepsilon_{it} \tag{4-26}$$

其中,小写字母表示对应大写字母的对数形式;ω_{it}表示企业生产率;ε_{it}为独立同分布的误差项。对每个二位码行业分别估计得到$\hat{\beta} = (\hat{\beta}_l, \hat{\beta}_k, \hat{\beta}_m, \hat{\beta}_{ll},$

$\hat{\beta}_{kk}, \hat{\beta}_{mm}, \hat{\beta}_{lk}, \hat{\beta}_{lm}, \hat{\beta}_{km}, \hat{\beta}_{lkm}$)后,计算企业中间投入品的产出弹性, $\hat{\theta}_{it} = \hat{\beta}_m + 2\hat{\beta}_{mm}m_{it} + \hat{\beta}_{lm}l_{it} + \hat{\beta}_{km}k_{it} + \hat{\beta}_{lkm}l_{it}k_{it}$ 。

需要说明的是:第一,式(4-26)的估计不仅需要产出(q_{it})的数量值,也要求三种投入为数量值,但囿于数据所限,资本和中间投入只有金额值可得,我们使用固定资产净值和中间投入值作为资本和中间投入,利用布兰特等提供的价格指数对两者进行平减从而倒推出对应的数量值,特别地,我们使用了非参数方法控制了投入价格,如上文所述,主要通过使用产品价格、市场份额、出口状态以及这些变量与企业投入之间的交互项构建控制方程代理投入价格①。第二,我们对一组单产品企业样本进行回归从而避免了多产品企业的投入分配偏差问题。第三,在得到生产函数参数的估计值后,我们假设同行业内多产品企业与单产品企业使用的技术相同,从而将单产品企业的技术应用到多产品企业,得到企业—产品层面的加成率值,将其平均后得到企业层面的加成率值。第四,在估计生产函数的过程中,我们控制了需求和供给两方面带来的冲击,包括产品价格、5 位码产品虚拟变量、地区虚拟变量、产品市场份额、出口状态、行业层面的投入及产出关税。第五,该方法适用于利用企业任一没有调整成本的可变投入(variable input)来计算加成率值,但我们的数据中只包含了企业使用的三种投入,分别为中间投入(intermediate input)、资本(capital)和劳动力(labor)。一方面,由于在中国,国有企业往往因维稳保就业的需要而被要求维持一定水平的就业率,所以企业的劳动力投入被认为不能自由选择②;另一方面,企业的资本投入往往被认为是一个动态投入(dynamic input),所以本书使用中间投入作为最后估计加成率值的投入变量。第六,我们剔除了样本中的烟草业,原因在于烟草属于政府控制的高度垄断行业,而且

---

① 作为影响投入价格的因素之一,德洛克等(2014)在控制方程中还引入了地区和产品信息,然而这会使得估计方程的参数超过 5000 个,超过了我们 314421 个样本所能提供的计算能力。

② 例如,在 2008—2009 年全球金融危机期间,胡锦涛同志公开表示国有企业不能裁员,而应尽力扩大就业。

样本量稀少。此外,由于阿克伯格-卡夫-弗雷泽法测算企业生产率相比莱文森-佩特林法和奥利-帕克斯法(Olley G.和 Steven Pakes Ariel,OP 法)更好地解决了内生性、联立性问题,为了验证本书研究的稳健性,我们分别测算了三种方法下的企业层面生产率供实证分析。

5. 支出份额的获得

在得到生产函数估计结果之后,由式(4-11)可知,为了得到加成率最后的估算值还需要计算投入要素在特定产品上的支出比例。对于单产品企业而言,其产品层面支出比例即为企业层面的支出比例,即 $\alpha_{ft}^m = \alpha_{ft}^m$;而对于多产品企业,其企业层面的加成率值为产品加成率的加总均分,所以这里直接加总其投入要素支出比例,得到:

$$\alpha_{ft}^m = \frac{input_{ft}^m}{output_{ft}} \tag{4-27}$$

其中, $input_{ft}^m$ 为中间投入支出, $output_{ft}$ 为企业总产出, α_{ft}^m 即为企业层面中间投入的支出比例,中间投入的产出弹性与其支出比例的比值即得到了企业加成率值。

(三)测算使用数据的说明

这里使用的数据主要来自 1998—2007 年《中国工业企业年度调查数据库》,包含了所有规模以上国有和非国有企业信息(年产值在 500 万元人民币以上)。样本企业数量从 1998 年的 14 万个到 2007 年的 31 万个,十年共 201 万个样本量,涵盖了 29 个二位码(或 164 个三位码,464 个四位码)制造业企业,分布于 31 个省、自治区和直辖市,344 个城市以及 2829 个县市。样本数据提供了本书所需的微观企业经营数据包括行业及地域归属以及会计报表中所有经营科目包括产出、中间投入、固定资产账面净值等数据。

使用的关税数据来自世界贸易组织网站,其提供了《商品名称及编码协调制度》(International Convention for Harmonized Commodity Description and

Coding System,HS)6 位码层面的产品关税种类、从价税的最大最小值、平均值等项目,持续期为 1996 年、1997 年以及 2001 年至今。由于世界贸易组织网站上 1998—2000 年关税数据缺失,我们从世界银行(World Bank)下属的世界综合贸易方案(World Integrated Trade Solution,WITS)网站上得到了关税数据 1998—2000 年的补充值。同时,鉴于 2002 年前后使用的商品名称及编码制度的代码不同,我们使用标准商品名称及编码制度索引表将 1996 年商品名称及编码制度代码(用于 1997—2001 年关税数据)匹配到了 2002 年商品名称及编码制度代码(用于 2001—2007 年关税数据)。由于我们的关税数据只能计算至行业层面,需要将商品名称及编码制度产品层面的关税加总到行业层面。首先,使用中国国家统计局发布的索引表将商品名称及编码制度分类系统匹配到中国行业代码。然后,加总得到中国行业代码三位码行业层面的投入关税,再根据投入—产出表利用已经计算得到的投入关税估算得到产出关税。

最后,样本期间中国行政区划经过几次变动,从而导致数据集中县级城市代码的变动。例如,新县城设立的同时,已有县城被合并入更大的县城或者撤县改市。我们使用 1999 年国家标准(1998 年年底发布,称为 GB/T 2260-1999)将所有企业的地区代码转换为基准代码以保证整个样本期间地区代码的一致性。此外,一套新的行业代码分类体系(GB/T 4754-2002)于 2003 年启用以代替旧的从 1995 年开始使用的分类体系(GB/T 4754-1994),为了获得整个样本期间(1998—2007 年)行业代码的一致性,将 1998—2002 年数据中的行业代码转换为了新的分类体系。

本书估算加成率的关键一步为基于数量的生产函数估计,而此步骤需要企业层面产品数量等数据值,由于实物产出数量值不能从中国工业企业数据库中获得,我们使用了中国国家统计局中国工业企业产品产量数据库。中国工业企业产品产量数据库包含了 2000—2006 年中国 20 多万家工业企业,包括企业产品价格、产品数量、产品种类(代码)等微观产品数据。鉴于其与中国工业企业数据库使用相同的企业代码,我们可以轻松地将两者匹配,将产品产量数据库中单产品企业的产品(企业)层面数据加入中国工业企业数据库。

表4-1　数据库匹配结果

年份	企业总样本数量(个)	单产品企业样本数量(个)
1998	146537	0
1999	143397	0
2000	144944	43693
2001	154642	42510
2002	165060	48221
2003	179726	49712
2004	246647	33167
2005	242014	45108
2006	278702	52010
2007	312336	0

这里估计数量法加成率用到的主要变量有:q,单产品企业产品产量;p,单产品企业产品价格;l,企业从业人员数量;k,企业固定资产净值;e,企业出口状态虚拟变量,企业当期出口大于0取值1,其他则取值0;m,企业中间投入金额;it,企业投入品关税;ot,企业产出品关税;ms,企业产品市场份额。其中,企业产品市场份额(ms)的计算方法为,在三位码行业层面加总企业产出,以此为分母,单个的产出为分子计算得到单个企业的市场份额;另外,由于中国工业企业数据库只提供了企业固定资产的当期账面净值(初始购置价格减去累计折旧),而这些账面值为企业各期固定资产名义值的累加值,非实际固定资产净值,在不同年份与企业之间不可比。为了避免使用名义值所导致的系统性误差,我们使用布兰特等(2012)的方法将企业名义资本存量转换为了实际值。投入产出关税来源前文已作说明,其余数据则可以直接从我们的数据库中得到。表4-2是我们估计过程中用到的主要变量描述性统计,小写字母表示对应变量的对数值。

表 4-2　变量描述性统计

变量	样本量	均值	中位数	标准差
企业产品产量(q)	314421	8.009	7.991	2.845
企业中间投入金额对数(m)	1985295	9.478	9.383	1.450
企业从业人员数量对数(l)	2011750	4.744	4.673	1.162
企业产品价格对数(p)	314230	2.056	2.100	2.602
企业固定资产净值对数(k)	1955934	8.748	8.674	1.718
企业出口状态虚拟变量(e)	2014005	0.271	0.000	0.444
企业投入品关税对数(it)	1681271	2.383	2.312	0.436
企业产出品关税对数(ot)	1670891	2.471	2.513	0.667
企业产品市场份额(ms)	2014005	0.001	0.000	0.004

(四)基于测算结果的比较分析

1. 分行业产出弹性

表 4-3 为中国制造业企业 28 个二位码行业中间投入品产出弹性估计结果,五个项目分别表示每个行业内企业中间投入品产出弹性的均值、25%分位数、50%分位数、75%分位数和标准差。从结果中可以看到,化学纤维制造业拥有所有行业中最高的中间投入品产出弹性均值(1.174),食品制造业的中间投入品产出弹性最低,其弹性值(0.521)不到前者的一半。总体来看,不同行业内企业的中间投入品产出弹性差异较大,而同一行业内企业的中间投入品产出弹性较为接近,这也说明了我们分行业估计生产函数的合理性。在得到分行业中间投入品产出弹性后,加上数据中可直接得到的中间投入品支出比例值,我们就得到了最终衡量企业赢利能力企业—产品层面的加成率值。进一步,我们不仅列示了估计得到的结果,也加入了其他用来反映企业赢利能力的三个指标进行了比较。三个指标分别为使用会计法计算得到的企业层面加成率值(Markup_ac),其用到的数据为企业增加值、工资支出和中间投入支

出,计算方法为 PCM =（Value Added − Payroll）/（Value Added + Cost of Materials），之后再通过反推得到加成率值,另外两个指标为常用的净资产回报率（ROE）和总资产回报率（ROA）。特别地,为消除异常值的影响,我们计算四个指标均值时剔除了上下 0.5% 分位数之外的异常值。

表 4-3　中间投入品产出弹性

行业名称	均值	p25	p50	p75	标准差
农副食品加工业	0.742	0.703	0.745	0.784	0.067
食品制造业	0.521	0.476	0.530	0.572	0.078
酒、饮料和精制茶制造业	0.845	0.790	0.851	0.910	0.098
纺织业	0.910	0.852	0.912	0.974	0.104
纺织服装、服饰业	0.580	0.533	0.579	0.625	0.075
皮革、毛皮、羽毛制鞋业	0.900	0.822	0.900	0.984	0.143
木材加工及制品业	0.640	0.623	0.639	0.655	0.028
家具制造业	0.859	0.750	0.868	0.981	0.196
造纸和纸制品业	1.028	0.971	1.029	1.094	0.107
印刷和记录媒介复制业	0.922	0.886	0.930	0.963	0.062
文教体育和娱乐用品制造业	0.856	0.801	0.863	0.920	0.104
石油加工、炼焦和核燃料加工业	0.873	0.826	0.868	0.914	0.076
化学原料和化学制品制造业	0.949	0.884	0.953	1.020	0.116
医药制造业	0.872	0.816	0.876	0.936	0.099
化学纤维制造业	1.174	0.902	1.101	1.353	0.437
橡胶和塑料制品业	0.955	0.879	0.951	1.031	0.137
非金属矿物制品业	0.999	0.925	1.001	1.083	0.140
黑色金属冶炼和压延加工业	0.879	0.828	0.880	0.933	0.082
有色金属冶炼和压延加工业	0.930	0.898	0.927	0.958	0.052
金属制品业	0.973	0.926	0.970	1.020	0.074
通用设备制造业	0.952	0.900	0.954	1.011	0.101
专用设备制造业	0.852	0.814	0.859	0.900	0.078
汽车制造业	0.755	0.726	0.757	0.788	0.054
铁路、船舶等其他设备制造业	0.924	0.874	0.923	0.981	0.101

续表

行业名称	均值	p25	p50	p75	标准差
计算机通信设备制造业	0.867	0.807	0.869	0.935	0.114
仪器仪表制造业	0.934	0.883	0.930	0.985	0.092
其他制造业	0.849	0.797	0.851	0.908	0.101
废弃资源综合利用业	0.641	0.613	0.641	0.668	0.046

2.企业生产率和赢利能力时间变化趋势结果比较

将用奥利-帕克斯法、莱文森-佩特林法和阿克伯格-卡夫-弗雷泽法计算的生产率三个指标(对数形式)和收入法、数量法、会计法、净资产回报率(ROE)、总资产回报率(ROA)计算的赢利能力五个指标的年度平均值列示在了表4-4之中,从年份变化的角度来看,基于收入法和数量法测算的加成率与其他三个指标较为一致地反映了我国制造业企业的赢利能力变化情况:从1998年到2007年,我国企业的赢利能力总体上呈随生产率上升而逐步提升的趋势。

表4-4　企业生产率和赢利能力时间变化趋势

年份	tfp_lp	tfp_op	tfp_acf	mkp_r	mkp_q	mkp_ac	ROE	ROA
1998	5.809	2.180	3.513	1.226	1.181	1.238	0.150	0.036
1999	5.897	2.241	3.589	1.236	1.181	1.245	0.143	0.038
2000	5.989	2.401	3.695	1.238	1.178	1.249	0.148	0.045
2001	6.072	2.541	3.800	1.250	1.178	1.253	0.151	0.050
2002	6.192	2.686	3.930	1.259	1.186	1.258	0.158	0.056
2003	6.314	2.854	4.057	1.272	1.195	1.265	0.171	0.064
2004	6.445	2.973	4.152	1.274	1.206	1.266	0.177	0.063
2005	6.602	3.114	4.276	1.288	1.219	1.279	0.208	0.078
2006	6.740	3.295	4.395	1.294	1.233	1.286	0.227	0.087
2007	6.929	3.467	4.558	1.300	1.254	1.296	0.261	0.102

3.不同方法加成率结果比较

在表4-5中,简单比较了本书计算的加成率值与其他生产函数方法(包括收入法和数量法)计算的加成率值。可以看到的是四种方法得到的企业加成率均值和中位数具有明显差异。其中,未控制投入价格的加成率中位数小于1,德洛克等指出,通过使用基于收入的生产函数估计可以一定程度上避免结果偏差,但往往会另外引入"价格偏差"问题,最好的解决办法显然就是使用控制投入价格的估计方法(Q-TL-IP 方法)。

表4-5　不同方法加成率结果比较

测算方法	样本量	均值	中位数	标准差
Q-TL-IP	1927553	1.503	1.171	38.289
Q-TL	1836773	1.418	0.886	103.149
R-CD	1925619	1.134	1.097	0.623
R-TL	1914904	1.226	1.227	0.408

注:第一行为调整了投入价格,使用产出数量的超越对数生产函数估计结果,Q-TL 为未经投入价格调整,使用产出数量的超越对数生产函数估计结果,R-CD 为使用收入的柯布-道格拉斯生产函数估计结果,R-TL 为使用收入的柯布-道格拉斯生产函数估计结果。

二、企业出口产品质量的测算体系构建

(一)基于德沃克和沃辛斯基结构方程的改造调整

目前企业出口产品质量的测算主要方法有:单位价值法、需求残差法、AKF 法、结构方程模型法、SVF 法。其中需求残差法建立在对单位价格法改进基础之上,是目前较为主流的微观层面出口产品质量测算方法。但是存在的潜在问题是:由于企业加成率和生产率测算基于的结构方程模型与需求残差法的模型设定存在显著差异,不同体系内测算结果的可比性存疑。因此,本书尝试在德沃克和沃辛斯基的模型基础上,基于同一结构方程体系测算企业出口产品质量。具体设定如下:参考福拉尼等(Stiebale 和 Vencappa,2018)做

法,假设消费者对于某种产品的偏好程度(appreciation)是 Λ_i,并且满足以下性质:

$$\frac{\partial \ln p_i}{\partial \ln \Lambda_i} = \frac{\partial \ln p_i}{\partial y_i} + 1 \qquad (4-28)$$

其中,$\frac{\partial \ln p_i}{\partial y_i} = \frac{-1}{\eta_i}$,$\eta_i$ 表示消费者需求价格弹性,这一设定下可以在等弹性需求函数下推导企业产品质量和加成率之间的显性表达式。并且满足式(4-28)性质的需求函数是广义常数替代弹性函数(Spence,1976),代表性消费者通过该需求函数最大化自身效用水平:

$$\max_Y \left\{ \int i \in I \frac{\eta}{\eta - 1} (\Lambda_i Y_i)^{\frac{\eta_i - 1}{\eta_i}} d_i \right.$$

$$\text{s.t.} \int i \, P_i \, Y_i \, d_i = B \qquad (4-29)$$

其中,B 表示预算约束,通过上述问题的一阶条件可得:

$$P_i \kappa = \Lambda_i^{\frac{\eta_i - 1}{\eta_i}} Y_i^{-\frac{1}{\eta_i}} \qquad (4-30)$$

其中,κ 表示一阶条件的拉格朗日乘数(Lagrange multiplier),可得企业 i 的需求量:

$$Y_i = P_i^{-\eta_i} \Lambda_i^{\eta_i - 1} \kappa^{-\eta_i} \qquad (4-31)$$

同时根据利润最大化的原则,可得企业 i 的价格方程:

$$P_i = \mu_i \frac{\partial C_i}{\partial Y_i} \qquad (4-32)$$

根据式(4-32)可得企业的加成率关于需求弹性的表达式:

$\mu_i = \frac{\eta_i}{(\eta_i - 1)}$。在这种情形下可得产品质量关于加成率的近似显性表达式:

$$\ln \Lambda_i = quality \approx \mu_i p_i + (\mu_i - 1) y_i \qquad (4-33)$$

式(4-33)中 p 和 y 分别表示对数化的企业价格和需求量,由此可得企业产品质量的显性表达式。初步实现了在一个结构方程下对企业的生产率、加成率和出口产品质量的测算。

（二）基于需求残差法的逻辑框架

"需求残差法"测算出口产品质量是目前主流方法,首先,这里对需求残差法下的测算框架进行优化调整。基本思路是:企业的出口量是产品价格和产品质量的函数,控制其他变量不变的情况下,价格解释不了的部分可认定为产品质量。为了更细化地测度企业产品质量的异质性,将测度维度扩展至企业—出口国—年份—贸易方式—商品名称及编码制度 8 位码产品层面[①]。参考已有研究,采用常数替代弹性效应函数进行分析,可以得到需求函数:

$$\ln x_{fpdst} = - \upsilon \ln p_{fpdst} + \chi ni_{ft} + \delta_f + \delta_t + \varepsilon_{fpdst} \tag{4-34}$$

其中,x 表示出口量,p 为产品单位价值,δ_f 和 δ_t 分别表示企业和时间的固定效应,ni_{ft} 为企业对应出口目的国的收入水平,下标 f、p、d、s、t 分别表示企业、商品名称及编码制度 8 位码出口产品、出口目的国、贸易方式和时间,出口目的国收入水平数据来源于世界银行公布的世界发展指数(World Development Indicators,WDI)。因此,企业出口产品质量可根据式(4-35)计算:

$$quality_{fpdst} = \frac{(\delta_f + \delta_t + \varepsilon_{fpdst})}{\upsilon - 1} \tag{4-35}$$

$quality_{fpdst}$ 为出口产品质量,本书利用产品质量对数值进行实证分析。需要说明的是,测算替代弹性时,皮韦托和斯马格休采用企业进口中间品受进口国真实汇率变动的加权影响作为工具变量解决内生性问题,但对中间商而言,该工具变量与出口产品价格相关性并不高,在测算出口产品质量时需要剔除中间商数据,从而导致大量数据缺失。为了尽可能充分利海关数据库,克服中间商比例过大的影响,本书采用出口目的国市场未观测的需求变动为工具变

---

① 即表示同一企业在同一年以相同的贸易方式出口到同一目的国的相同商品名称及编码制度 8 位码层面的产品具有相同的产品质量,基于数据的可得性,这已是海关数据库能测算产品质量的最高层级。但是对于企业内部,同一商品名称及编码制度 8 位码产品可能存在质量差异,本书不考虑这种情况。

量,原因在于一方面出口目的国市场需求变动与出口产品价格相关,另一方面由于产品质量提升主要是企业自主行为,而市场需求变动无法预见,所以目的国市场需求变动与出口产品质量并不相关。本书目的国市场需求变动的具体形式为:

$$\Delta D_{ft} = \frac{\sum\limits_{d,p' \in M_{ft}} ex_{fdp't} \dfrac{ex_{fdp't}{}'}{IMPORT_{p'dt}}}{\sum\limits_{d,p' \in M_{ft}} ex_{fdp't}}, ex_{fdp't}{}' = \frac{ex_{fdp't}}{\sum\limits_{d,p' \in M_{ft}} ex_{fdp't}} IMPORT_{p'dt}{}^{CHINA} \quad (4-36)$$

$$\Delta D_{p't} = \frac{IMPORT_{p'dt}}{IMPORT_{dt}} \quad (4-37)$$

上式中,ΔD_{ft} 和 $\Delta D_{p't}$ 分别表示企业需求变动和产品需求变动,下标 p' 表示商品名称及编码制度 6 位码产品,$IMPORT$ 表示目的国商品名称及编码制度 6 位码层面产品进口总额,$ex_{fdp't}$ 表示商品名称及编码制度 6 位码层面产品出口额,$ex_{fdp't}{}'$ 表示调整后的商品名称及编码制度 6 位码层面产品出口额,$IMPORT_{p'dt}{}^{CHINA}$ 表示目的国从中国进口的商品名称及编码制度 6 位码产品的进口总额,M_{ft} 为企业产品集。另外,参考施炳展(2013)的研究,利用一般意义上需求残差法计算出相应的出口产品质量,该方法也假设企业面临常数替代弹性需求函数,根据一阶条件可得到:

$$q_i + \eta p_i = \alpha_p + \alpha_t + \varepsilon_i \quad (4-38)$$

其中,α_p 和 α_t 分别表示产品和年份固定效应,ε_i 表示需求函数回归方程的残差项。由此可得企业特定产品质量表达式:

$$quality_{gdt} = \frac{\hat{\varepsilon}_{gdt}}{\eta - 1} = \frac{y_{gdt} - \hat{y}_{gdt}}{\eta - 1} \quad (4-39)$$

对式(4-35)进行标准化可得出口产品的标准质量指数:

$$r\_quality_{gdt} = \frac{quality_{gdt} - \min quality_{gdt}}{\max quality_{gdt} - \min quality_{gdt}} \quad (4-40)$$

其中,$quality_{gdt}$ 表示 t 年产品 g 在 d 市场的质量,$\hat{\varepsilon}_{gdt}$ 表示质量方程回归

的残差项，q_{gdt} 和 $\hat{q}_{gdt}$ 分别表示产品的实际出口额和预计出口额。该种标准化方法保证产品质量指标介于 $[0,1]$ 之间，且不具有测度单位，便于进行加总分析和跨期比较。在此基础上，根据企业出口产品的销售额比例可得加权平均的企业出口产品质量 $quality_{it}$。

（三）基于测算结果的比较分析

本书将测算维度拓展至企业—出口国—年份—贸易方式—商品名称及编码制度8位码产品层面后的出口产品质量与德沃克-沃辛斯基法、坎德瓦尔-斯科特-魏法（Khandelwal Amit，Schott Peter K. 和 Wei Shang-Jin，2013，KSW 法）、最小二乘估计法及单位价值法测算的指标进行比较，相关系数见表4-6。一方面，从相关系数来看，根据需求残差法拓展维度后的出口产品质量与上述四种方法测算的出口产品质量存在正相关关系，其中与德沃克-沃辛斯基法测算的相关性最大，略高于单位价值法和坎德瓦尔-斯科特-魏法。从时间序列来看，整体上拓展维度后的出口产品质量与德沃克-沃辛斯基法、单位价值法、坎德瓦尔-斯科特-魏法三种方法测算的出口产品质量相关性程度呈逐年提升趋势，而与最小二乘估计法测算的相关性程度逐渐减弱，说明考虑出口目的国市场需求弹性对出口产品质量估计具有显著影响。另一方面，拓展维度后的出口产品质量与单位价值法测算呈负相关关系，这反映出单位价值估计出口产品质量虽然简单便捷，但并不能反映出口产品质量的真实情况，容易造成出口产品质量有偏估计。

表 4-6　与其他微观层面出口产品质量的相关性分析

年份	DLW	SHI	KSW	OLS	UV
2000	0.1785	0.1675	0.2421	0.1426	-0.3184
2001	0.1834	0.1194	0.2414	0.1296	-0.3167
2002	0.1872	0.1296	0.2441	0.1334	-0.3147
2003	0.1896	0.1417	0.2532	0.1278	-0.3217

年份	DLW	SHI	KSW	OLS	UV
2004	0.1921	0.1588	0.2547	0.1213	−0.3296
2005	0.2049	0.1952	0.2649	0.1057	−0.3371
2006	0.2381	0.2184	0.2697	0.1074	−0.3513
2007	0.2573	0.2372	0.2766	0.1115	−0.3498
2008	0.2484	0.2395	0.2805	0.1114	−0.3550
2009	0.2701	0.2481	0.2671	0.1037	−0.3555
2010	0.2887	0.2678	0.2760	0.1122	−0.3626
2011	0.3102	0.2736	0.2853	0.1128	−0.3567
2012	0.2973	0.2821	0.3215	0.0972	−0.2388
2013	0.3196	0.2893	0.2772	0.1199	−0.3813
2014	0.3320	0.2991	0.2889	0.1279	−0.3839
总计	0.3019	0.2876	0.2783	0.1125	−0.3445

三、出口国内增加值率的测算体系构建

（一）出口国内增加值率的建模思路

出口国内增加值率测算的基本建模思路:时期 t 企业 i 在第 s 类贸易方式下的出口国内附加值可以直观表述为 $DVAR_{ijts} = \dfrac{1 - M^I_{ijts}}{Y_{ijts}}$,其中 s 表示贸易方式,且 $s = \{pt, ot\}$, pt 表示加工贸易, ot 表示一般贸易(在海关数据库中,这两种贸易方式占进出口总额的95%以上)。 M^I_{ijts} 表示企业在第 s 类贸易方式下的中间品进口额, Y_{ijts} 表示总产出,上标 I 为进口中间投入品。为避免间接进口问题对测算结果造成影响,首先,参照张杰等(2013)的处理方法,通过识别贸易代理商并计算特定贸易方式 s 下商品名称及编码制度6位码产品贸易代理商的进口代理率进行修正。进一步考虑到具备进出口经营权资质的生产型企业同样能够充当贸易代理商的角色,借鉴已有研究,将过度进口企业与过度出

口企业从样本中予以删除。其次,由于不同行业—贸易方式层面下国内投入内含进口价值可能存在显著差异,因此不同于现有研究,参考库普曼和王的方法测算出我国分制造业行业的国内中间投入中所含的进口成分 δ_{jts}^{f}。再次,参考张杰等(2013)的研究,将进口资本品按 10.96% 的折旧率计提折旧 dep_{ijts}^{cap},并予以扣除。经过上述处理,将中国企业出口国内附加值率(Domestic Value Added Rate,DVAR)的测算表达式定义为:

$$DVAR_{ijts} = \begin{cases} 1 - \dfrac{M_{ijtpt}^{I,adj} + dep_{ijtpt}^{cap} + \delta_{jtpt}^{f}}{EX_{ijtpt}} & s = pt \\[3mm] 1 - \dfrac{M_{ijtot}^{I,adj} + dep_{ijtot}^{cap} + \delta_{jtot}^{f}}{EX_{ijtot}} & s = ot \\[3mm] \kappa_{ijtpt} \cdot (1 - \dfrac{M_{ijtpt}^{I,adj} + dep_{ijtpt}^{cap} + \delta_{jtpt}^{f}}{EX_{ijtpt}}) \\[3mm] + \kappa_{ijtot} \cdot (1 - \dfrac{M_{ijtot}^{I,adj} + dep_{ijtot}^{cap} + \delta_{jtot}^{f}}{Y_{ijtmix} - EX_{ijtpt}}) & s = mix \end{cases} \quad (4-41)$$

其中,κ_{ijts} 和 EX_{ijts} 分别表示两种贸易方式占比和加工贸易总额。运用中国工业企业数据库和海关贸易统计数据库的合并数据,可得到我国企业层面出口国内附加值率的准确测算。借鉴齐和唐的做法,将出口国内附加值率小于 0 或大于 1 的企业视为样本中异常点予以剔除。

（二）出口国内增加值率的描述性统计

表 4-7 汇报了企业层面 2000—2007 年的出口国内增加值率的描述性统计情况,基本可以发现企业的出口国内增加值呈逐年上升变化趋势,并且标准差逐年缩小,说明中国出口国内增加值逐步成为提升外贸竞争力的关键指标。从图 4-1 中显示的变化趋势对比图来看,尽管用不同方式测算的企业加成率和生产率均呈正向增长,但是出口国内增加值的增长速度明显低于加成率和生产率的增长速度,说明中国外贸发展的效率和赢利水平总体上取得了较快

发展,但是属于国内的真实贸易利得显著较低,以提高国内出口增加值率为导向的外贸战略转型具有较强的理论和现实意义。

表 4-7　出口国内增加值率的描述性统计

年份	均值	标准差	方差	偏度	峰度
2000	0.6523	0.2780	0.07727	−0.5716	2.1253
2001	0.6570	0.2796	0.0782	−0.6087	2.1365
2002	0.6851	0.2640	0.0697	−0.7649	2.4401
2003	0.6864	0.2598	0.0675	−0.8335	2.5395
2004	0.6766	0.2593	0.0673	−0.8453	2.5452
2005	0.6890	0.2465	0.0607	−0.9719	2.8429
2006	0.6965	0.2363	0.0558	−1.0731	3.1070
2007	0.6990	0.2247	0.0505	−1.1403	3.4374

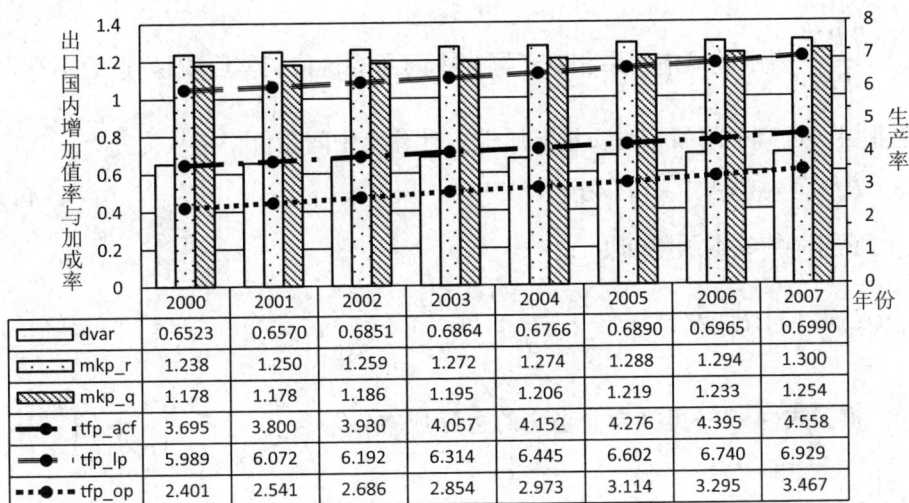

	2000	2001	2002	2003	2004	2005	2006	2007
dvar	0.6523	0.6570	0.6851	0.6864	0.6766	0.6890	0.6965	0.6990
mkp_r	1.238	1.250	1.259	1.272	1.274	1.288	1.294	1.300
mkp_q	1.178	1.178	1.186	1.195	1.206	1.219	1.233	1.254
tfp_acf	3.695	3.800	3.930	4.057	4.152	4.276	4.395	4.558
tfp_lp	5.989	6.072	6.192	6.314	6.445	6.602	6.740	6.929
tfp_op	2.401	2.541	2.686	2.854	2.973	3.114	3.295	3.467

图 4-1　企业出口国内增加值率与加成率、生产率的变化趋势对比图

第四节 外贸战略转型代理指标的
模型结构化和关联性

基本的决策环境是:国内企业 i 在 t 年的生产函数是一个规模报酬不变的柯布-道格拉斯函数,假设企业投入要素包括资本 K_{it}、劳动力 L_{it} 和中间品 M_{it},中间品包含国内(M_{it}^D)和进口(M_{it}^I)两部分。为简化研究,设定企业 i 生产率是外生给定的固定值 φ_i,资本、劳动力和中间品价格是外生给定的时间序列(r_t、w_t 和 P_t^M),企业 i 的决策变量包含投入要素和终品价格(P_{it})。具体的生产函数如下:

$$Y_{it} = \varphi_i K_{it}^{\alpha_K} L_{it}^{\alpha_L} M_{it}^{\alpha_M} \tag{4-42}$$

并且企业中间品的需求函数为:

$$M_{it} = [M_{it}^{D\frac{\sigma-1}{\sigma}} + (B_t M_{it}^I)^{\frac{\sigma-1}{\sigma}}]^{\frac{\sigma-1}{\sigma}} \tag{4-43}$$

式(4-43)中设定不同于齐和唐,其中 B_t 表示进口中间品相对质量因子,$A_t = \dfrac{B_t P_t^D}{P_t^I}$ 表示进口中间品相对于国内中间品的价格调整后质量,假设不存在企业层面进口中间品相对质量异质性。计算出中间品价格指数为:

$$P_t^M = [(P_t^D)^{1-\sigma} + (P_t^I/B_t)^{1-\sigma}]^{\frac{1}{1-\sigma}} \tag{4-44}$$

企业 i 的成本函数如下:

$$C_{it}(r_t, w_t, P_t^D, P_t^I, Y_{it}) = \frac{Y_{it}}{\varphi_i} \left(\frac{r_t}{\alpha_K}\right)^{\alpha_K} \left(\frac{w_t}{\alpha_L}\right)^{\alpha_L} \left(\frac{P_t^M}{\alpha_M}\right)^{\alpha_M} \tag{4-45}$$

根据式(4-20)可推导企业 i 的边际成本:$C_{it} = \dfrac{\partial C_{it}}{\partial Y_{it}} = \dfrac{1}{\varphi_i} \left(\dfrac{r_t}{\alpha_K}\right)^{\alpha_k} \left(\dfrac{w_t}{\alpha_L}\right)^{\alpha_L}$
$\left(\dfrac{P_t^M}{\alpha_M}\right)^{\alpha_M}$,所以企业的出口国外增加值率($FVAR$)可表示为:

$$FVAR_{it} = \frac{P_t^I M_{it}^I}{P_{it} Y_{it}} = \frac{P_t^I M_{it}^I}{P_t^M M_{it}} \frac{P_t^M M_{it}}{C_{it}} \frac{C_{it}}{P_{it} Y_{it}} = \alpha_M \mu_{it}^{-1} \frac{P_t^I M_{it}^I}{P_t^M M_{it}}$$,其中 μ 为企业加成率。

根据成本最小化问题可计算企业中间品使用比例,其优化问题为:

$$\min P_t^I M_{it}^I + P_t^D M_{it}^D$$

$$\text{s.t.} M_{it} = \left[\ ^+ \left(B_t M_{it}^I\right)^{\frac{\sigma-1}{\sigma}}\right]\frac{\sigma}{\sigma-1} \tag{4-46}$$

可计算出进口中间品使用比例为: $\dfrac{P_t^I M_{it}^I}{P_t^M M_{it}} = \dfrac{1}{1 + B_t^{1-\sigma}\left(P_t^I/P_t^D\right)^{\sigma-1}}$。该结

果表明进口中间品使用比例与相对价格和相对质量因子有关。进一步可得企

业 i 出口国内增加值率:

$$DVAR_{it} = 1 - FVAR_{it} = 1 - \alpha_M \mu_{it}^{-1}\frac{1}{1 + B_t^{1-\sigma}\left(P_t^I/P_t^D\right)^{\sigma-1}} \tag{4-47}$$

根据式(4-21),可得均衡条件下企业出口国内增加值率与加成率、进口

中间品相对质量和国外相对价格之间的关系,易得: $\dfrac{\partial DVAR_{it}}{\partial \mu_{it}} > 0, \dfrac{\partial DVAR_{it}}{\partial B_{it}} <$

$0, \dfrac{\partial DVAR_{it}}{\partial P_t^I/P_t^D} > 0$。即企业出口国内增加值率与加成率和国外相对价格正相关,

与进口中间品相对质量负相关。根据企业加成率的定义,即边际成本以上的

价格,可得企业的绝对加成率表达式: $\mu_{it} = \dfrac{P_{it}}{C_{it}}$。

第五章　加快资本要素跨国自由流动的外贸战略转型

　　20 世纪 70 年代末启动的对外开放通过对外贸易和引进外资,实现了社会和经济的快速发展,严格意义上来说并没有明确的"引进来"战略。2000 年"走出去"战略被提出,随后 2002 年"引进来"与"走出去"相结合的政策在党的十六大中被正式提出。2013 年在党的十八届三中全会中,进一步指出要推动"引进来"与"走出去"更好结合,促进国际国内要素有序自由流动、资源高效配置,摆脱"低端锁定"的局面,在全球价值链中占有一席之地。进入新常态后的中国经济,引进外资和发展本土企业对外直接投资并举,并成为其重要特征。对外开放的重点由先前的引进外资与对外贸易进一步拓展为引进外资、对外投资和对外贸易这三大支柱。面临开放新特征的到来,许多开放问题亟待解决。从三者关系来看,我们迫切需要厘清"引进来"与"走出去"对进出口贸易会产生何种影响,尤其是对进出口贸易战略转型的作用效果。本章通过考察双向外商直接投资对企业生产率、出口产品质量、加成率和出口国内增加值率的影响,明确双向资本流动与外贸战略转型之间的真实关系。

第一节　中国资本跨国自由流动的发展概况

一、我国引进外资的基本概况

改革开放以来,引进外资是中国对外开放的重要渠道,呈现出外商直接投资规模持续扩展的态势,外资也成为中国经济发展的重要部分。通过表 5-1 和图 5-1 中可以发现,2002—2017 年外商对中国直接投资的流量总体上逐年稳定上升,从 2002 年的 527.43 亿美元增长到了 2017 年的 1363.20 亿美元,16 年间增长了 835.77 亿美元,年均增长 10%。规模持续增长的同时,中国引进外资的流量在世界排名中较为稳定,且除 2007 年以外,中国长期位于世界前五大外资流入国,居发展中国家首位。当然,受到 2008 年全球金融危机等外部冲击的影响,2009 年外商对华直接投资流量略有下降,但仍居世界第二位,这主要是世界经济基本面不佳导致。值得注意的是,除了 2003 年中国超过美国成为世界第一大外商直接投资流入国外,其余年份外商对美投资规模

表 5-1　2002—2017 年外商对华直接投资情况

年份	流量(亿美元)	流量排名	年份	流量(亿美元)	流量排名
2002	527.43	3	2010	1147.34	2
2003	535.05	1	2011	1239.85	2
2004	606.30	2	2012	1210.80	3
2005	724.06	4	2013	1239.11	2
2006	727.15	4	2014	1285.00	2
2007	835.21	7	2015	1356.10	4
2008	1083.12	3	2016	1337.10	3
2009	950.00	2	2017	1363.20	2

资料来源:2003—2018 年联合国贸易与发展会议出版的《世界投资报告》。

远超中国,因此中美之间还存在较大差距。随着"负面清单"以及《中华人民共和国外商投资法》的落地,公平和透明的营商环境将吸引更多的外资流入中国,外商对华投资规模将进一步扩大。

（单位：亿美元）

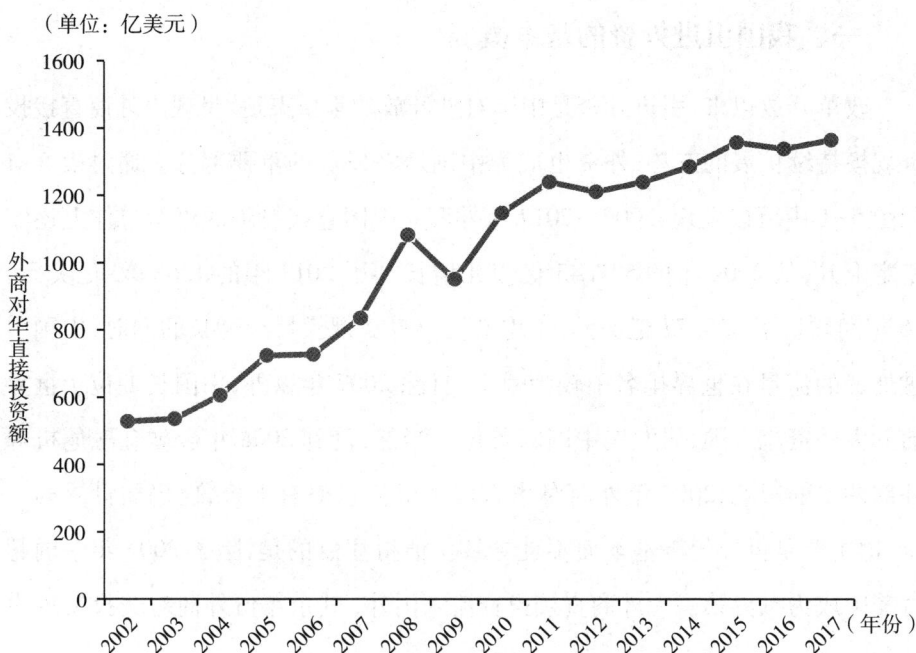

图 5-1　2002—2017 年外商对华直接投资情况

　　外商对华直接投资的作用体现在"三驾马车"对经济的影响。外商对华直接投资不仅提高了居民收入和扩大了投资规模,而且显著推动了中国进出口贸易的发展。从表 5-2 中可知,外资企业出口额由 2002 年的 1699.85 亿美元,增加到 2017 年的 9775.59 亿美元,16 年间增长了 4.75 倍,年均增长 29.69%,外资企业出口规模持续扩张。同时,中国出口额从 3255.96 亿美元增长到 22633.71 亿美元,增长了 5.95 倍,年均增长 37.19%。外资出口的增长幅度小于中国出口增长幅度,但是 16 年间外资企业出口占比平均达到 51.88%,因此外资对中国出口贸易的重要性不言而喻。需要指出的是,外资企业对中国进出口贸易的影响还体现在进口贸易方面,外资企业在中国"两头在外"的经营模式一定程度上影响了进口贸易格局。

表5-2　2002—2017 年中国三类企业出口情况

年份	外资企业出口额(亿美元)	外资出口占比(%)
2002	1699.85	52.21
2003	2403.06	54.84
2004	3386.07	57.07
2005	4441.83	58.30
2006	5637.79	58.18
2007	6953.71	57.10
2008	7904.93	55.25
2009	6720.74	55.93
2010	8622.29	54.65
2011	9952.27	52.43
2012	10226.20	49.92
2013	10437.24	47.25
2014	10746.20	45.88
2015	10046.14	44.19
2016	9167.67	43.70
2017	9775.59	43.19

资料来源:《中国统计年鉴》。

二、我国对外直接投资基本概况

2002—2017 年中国对外直接投资流量从 27.0 亿美元增至 1582.9 亿美元,全球排名从第 26 位跃至第 3 位。虽在 2017 年略微回落,在这 16 年间中国对外直接投资存量基本处于稳步上升状态,全球存量排名从第 25 位逐步上升至第 2 位,这意味着中国在国际投资的舞台上正扮演着重要角色(史恩义和张瀚文,2018)。从表5-3 和图5-2 中可以看出,中国对外直接投资流量在 2017 年同比下降 19.3%,呈现两年连降的逆势。主要原因在于为进一步引导和规范对外投资方向,2017 年商务部等部委对房地产和娱乐业等对外投资加大监管力度,市场主体对外投资更趋成熟和回归理性。根据2018年《世界投资报告》显示，2017年全球外商直接投资流出达1.43万亿美元,中国对外直接投资占比为11.1%。流量位列按全球国家(地区)排名的第3位,占比较上年下降2.4个百分点,存量由2016年的第6位跃升至第2位,占比提升0.7个百分点。

　　无论是来自发达经济体还是发展中经济体,就投资动机而言,一般包括资源寻求型(有形资源和无形资源,后者为技术等)、市场寻求型和效率寻求型等(Dunning,1982)。有形资源寻求型是指母国企业旨在获得东道国生产要素,如矿物、农产品、劳动力等;市场寻求型是指母国企业旨在开拓新市场,克服贸易障碍,或者跟随竞争者的脚步在国外进行投资,提高自身竞争力,与竞争对手相抗衡;效率寻求型是指企业出于降低成本、提高效率的原因而进行对外直接投资,例如,面对诸如贸易壁垒以及国内较高的生产成本,通过规避贸易壁垒或者利用当地的各类优势资源在东道国生产,有助于提高生产效率。以往的研究主要以发达经济体为研究对象,母国企业可以在海外利用自身优势,因此被称为"资产利用型外商直接投资"。但随着发展中国家对外直接投资行为研究的深入,学界渐渐将目光集中到技术寻求型动机中,通过学习和吸收东道国的先进技术实现逆向技术溢出,这一途径已成为中国获取技术和提升创新能力的重要途径(揭水晶等,2013)。

表5-3　2002—2017年中国对外直接投资情况

年份	流量(亿美元)	流量排名	存量(亿美元)	存量排名
2002	27.0	26	299.0	25
2003	28.5	21	332.0	25
2004	55.0	20	448.0	27
2005	122.6	17	572.0	24
2006	211.6	13	906.3	23
2007	265.1	17	1179.1	22
2008	559.1	12	1839.7	18

续表

年份	流量(亿美元)	流量排名	存量(亿美元)	存量排名
2009	565.3	5	2457.5	16
2010	688.1	5	3172.1	17
2011	746.5	6	4247.8	13
2012	878.0	3	5319.4	13
2013	1078.4	3	6604.8	11
2014	1231.2	3	8826.4	8
2015	1456.7	2	10978.6	8
2016	1961.5	2	13573.9	6
2017	1582.9	3	18090.4	2

资料来源:《中国对外投资统计公报》。

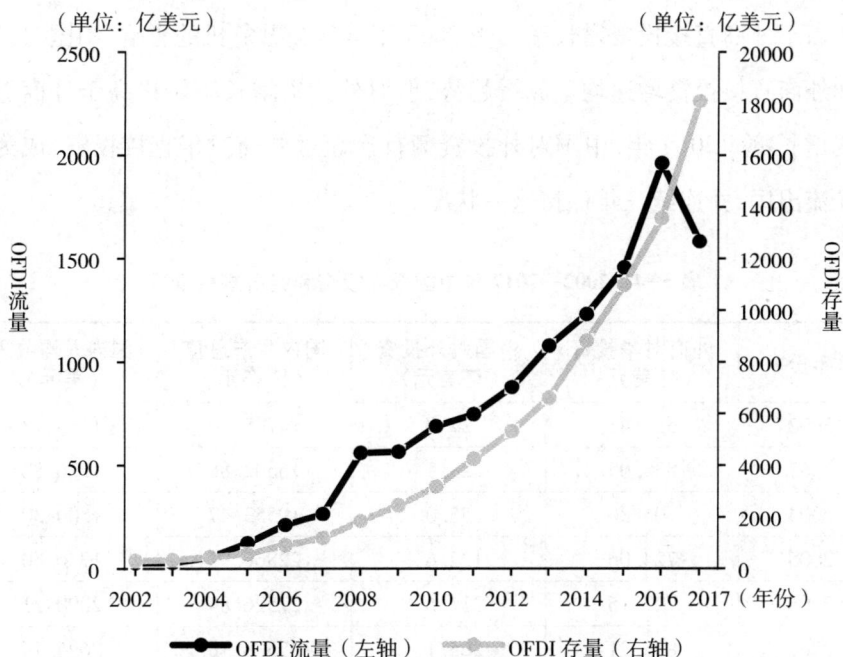

图5-2 2002—2017年中国对外直接投资情况

随着中国对外直接投资稳步增长,不少国内外学者将目光集中到中国对外直接投资的动机研究中来。有学者指出,中国企业对外直接投资还存在三个特殊影响因素:一是较国内而言,国外资本市场较为完善,驱使中国企业"走出去"以寻求更好发展;二是中国跨国企业在企业优势方面,尤其是技术、管理、营销方面落后于西方企业,因此战略寻求型对外直接投资是中国企业对外投资的重要动机;三是对外直接投资制度因素,中国政府管制程度相对较高,因此东道国制度环境可能会对中国企业国际化决策产生重要影响。

三、引进外资与对外直接投资的协调发展

由表5-4可知,在"引进来"与"走出去"相结合政策的推动下,从2002年起,外商对华直接投资和中国对外投资量均逐年递增,且对外直接投资增长率明显高于外商直接投资增长率。受2008年全球金融危机的影响,中国对外投资和外商直接投资增速均呈放缓趋势,但对外投资增长率始终高于外商直接投资增长率。2015年,中国对外投资额首次超过外商对华直接投资,成为资本净流出国,并连续三年保持这一状况。

表5-4 2002—2017年中国双向投资和经济规模情况

年份	外商对华投资 (亿美元)	中国对外投资 (亿美元)	国内生产总值 (亿美元)	国内人均收入 (美元)
2002	527.43	27.0	14705.50	1133.18
2003	535.05	28.5	16602.88	1276.88
2004	606.30	55.0	19553.47	1500.30
2005	724.06	122.6	22866.91	1736.50
2006	727.15	211.6	27526.84	2090.21
2007	835.21	265.1	35538.18	2695.75
2008	1083.12	559.1	46005.89	3485.77
2009	950.00	565.3	51102.53	3822.94
2010	1147.34	688.1	61013.41	4530.70

续表

年份	外商对华投资 （亿美元）	中国对外投资 （亿美元）	国内生产总值 （亿美元）	国内人均收入 （美元）
2011	1239.85	746.5	75757.20	5570.43
2012	1210.80	878.0	85602.76	6307.39
2013	1239.11	1078.4	96112.58	7006.14
2014	1285.00	1231.2	104833.95	7674.03
2015	1356.10	1456.7	110630.68	8017.69
2016	1337.10	1961.5	111946.99	8063.68
2017	1363.20	1582.9	122503.88	8788.29

资料来源：2003—2018 年联合国贸易与发展会议出版的《世界投资报告》；2002—2017 年商务部、国家
　　　　统计局、国家外汇管理局发布的《中国对外投资统计公报》；2003—2018 年国家统计局发布
　　　　的《中国统计年鉴》。

中国双向投资呈现周期性波动。早期以引进外资为主,随后对外直接投资规模不断扩大,最终对外投资超过引进外资,类似于邓宁的投资发展周期理论。该理论认为一国双向投资的变化取决于经济发展水平。随着经济发展水平的提高,引进外资与对外投资呈现周期性变化,四个经济发展不同阶段的双向投资关系存在显著差异。中国双向投资虽然呈现了周期性变化,但是这一变化趋势并非是渐进式的。自 2013 年中国对外直接投资首次突破 1000 亿美元以来,2015 年便实现了资本净输出。而在这一过程中,无论是国内生产总值还是人均收入并没有明显的突破(见表 5-4),总体水平较为稳定。2014 年和 2015 年国内人均收入虽然分别同比增长 667.89 美元和 343.66 美元,且 2015 年突破 8000 美元,但是与之前的增长幅度相比并没有实质的变化。因此可以发现邓宁的投资发展周期理论很难解释中国对外投资行为,这与中国整体经济实力和国内外政治经济环境密不可分。一方面,投资发展周期理论只考虑了净对外直接投资额,没有考虑外资流入和外资流出之间的内在关联;另一方面,中国作为经济规模最大的发展中国家,其发展的路径与邓宁所考察的国家或地区存在较大差异,特别是随着中国对外开放程度的持续提高,双向

投资的关系将会更复杂多变。这与中国当前处于"新常态",深化对外开放实现全球价值链地位提升存在密切关系。

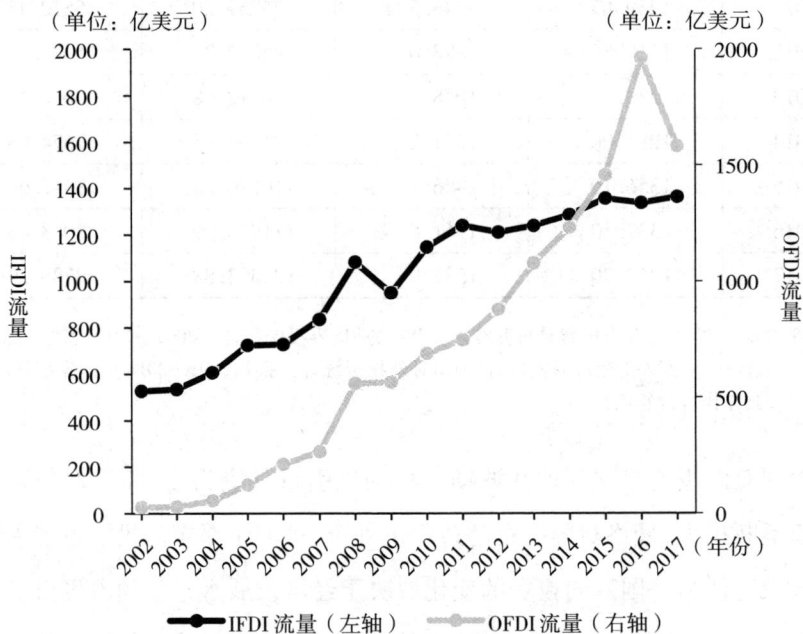

图 5-3　2002—2017 年中国双向投资和经济规模情况

资料来源:《世界投资报告》《中国对外投资统计公报》《中国统计年鉴》。

中国双向投资的周期性变化是否意味着引进外资已经趋于萎缩呢?邓宁的理论并没有归纳出第四阶段及其之后引进外资的变化趋势,该理论认为第四阶段对外直接投资的规模将会扩大。从中国的现实来看,中国 2015 年及之后的对外投资额虽然反超外商对华投资额,但总体上中国的外商对华投资额仍在扩大。从经济基础、自然资源、市场规模、产业配套体系、外商政策等多方面来看,中国对外资依然具有很大的吸引力。首先,中国经济在未来依旧是世界经济增长的引擎。随着国内外改革的进一步深化以及国内产业结构转型升级的推进,未来中国经济增长将趋于稳步增长态势。其次,中国拥有巨大的市场,人均收入水平不断提高,消费能力逐步提高,这对于市场寻求型的外商投资来说具有很大吸引力。再次,良好的产业集聚,吸引各类要素聚集,而外商直接投资作为要素流动的推动者,必将加大对中国的投资以实现更优资源配置效率。最后,构建开放型经济新体制的进一步落实以及国内各项制度性改革成果的推广营造了良好的营商环境,同时加大了对外商投资企业合法权益的保护。2020 年 1 月 1 日实施《中华人民共和国外商投资法》,该投资法有利于营造公平、透明的外商投资环境,鼓励了外商投资,使外资流入规模始终维持在较高水平。作为类比,美国早已实现资本净流出,成为世界最大的对外直接投资国和世界最大的外商投资目的地,且外商对美投资规模仍在持续增加。这主要是由于美国在创新能力、科技支撑、高等教育及培训方面优势明显,对于技术寻求型的外商投资颇具吸引力。美国的消费市场以及资本市场的优势,也是大量企业对其投资的主要原因。随着中国对外开放的进一步深化,包括"一带一路""16+1""10+1"、自由贸易试验区先行先试和经验推广等一系列国内和国际改革以及"中国制造 2025"等的推进,中国双向投资的发展将更具空间。

从 2003—2017 年中国对外直接投资流量行业分布情况表(见表 5-5)可以看出,中国对外投资主要流向制造业、金融业、租赁和商务服务业、批发和零售业、采矿业。这体现了中国对外投资流向的行业分布广泛,尤其是第三产业备受青睐。2003—2017 年,批发和零售业的投资呈现稳定上涨态势;金融业投资呈现波动上升趋势;租赁和商务服务业也呈现稳定上升趋势,但在 2017 年稍有回落;制造业投资总体呈现大幅增长趋势;采矿业自 2003—2015 年一直占中国对外直接投资较大比重,但是 2014 年开始对外投资量急剧下降,且 2017 年首次出现负流量。

从 2004—2017 年外商对华直接投资流量行业分布情况表(见表 5-6)可以看出,外商对华直接投资主要流向制造业,房地产业,金融业,租赁和商务服务业,交通运输、仓储和邮政业,住宿和餐饮业等。这体现了外商对华投资流向的行业分布也较为广泛,尤其是第二产业备受青睐。2003—2017 年,制造

表 5-5 2003—2017 年中国对外直接投资流量行业分布情况

(单位:亿美元)

行业分类＼年份	2003	2004	2005	2006	2007	2008	2009	2010	2011	2012	2013	2014	2015	2016	2017
农、林、牧、渔业	0.81	2.89	1.05	1.85	2.72	1.72	3.43	5.34	7.98	14.61	18.13	20.35	25.72	32.87	25.08
采矿业	13.79	18.00	16.75	85.40	40.63	58.24	133.43	57.15	144.46	135.44	248.08	165.49	112.53	19.30	-37.02
制造业	6.24	7.56	22.80	9.07	21.27	17.66	22.41	46.64	70.41	86.67	71.97	95.84	199.86	290.49	295.07
电力、热力、燃气及水的生产和供应业	0.22	0.78	0.08	1.19	1.51	13.13	4.68	10.06	18.75	19.35	6.80	17.65	21.35	35.36	23.44
建筑业	0.23	0.48	0.82	0.33	3.29	7.33	3.60	16.28	16.48	32.45	43.64	33.96	37.35	43.92	65.28
批发和零售业	3.57	8.00	22.60	11.14	66.04	65.14	61.36	67.29	103.24	130.49	146.47	182.91	192.18	208.94	263.11
交通运输、仓储和邮政业	0.77	8.29	5.77	13.76	40.65	26.56	20.68	56.55	25.64	29.88	33.07	41.75	27.27	16.79	54.68
住宿和餐饮业	0.01	0.02	0.08	0.03	0.10	0.30	0.75	2.18	1.17	1.37	0.82	2.45	7.23	16.25	-1.85
信息传输、软件和信息技术服务业	0.09	0.31	0.15	0.48	3.04	2.99	2.78	5.06	7.76	12.40	14.01	31.70	68.20	186.60	44.30
金融业	—	—	—	35.30	16.68	140.48	87.34	86.27	60.71	100.71	151.05	159.18	242.46	149.18	187.85
房地产业	-0.13	0.09	1.16	3.84	9.09	3.39	9.38	16.13	19.74	20.18	39.53	66.05	77.87	152.47	67.95
租赁和商务服务业	2.79	7.49	49.42	45.22	56.07	217.17	204.74	302.81	255.97	267.41	270.56	368.31	362.58	657.82	542.73
科学研究和技术服务业	0.06	0.18	1.29	2.82	3.04	1.67	7.76	10.19	7.07	14.79	17.92	16.69	33.45	42.38	23.91
水利、环境和公共设施管理业	0.06	0.01	0.00	0.08	0.03	1.41	0.04	0.72	2.55	0.34	1.45	5.51	13.68	8.47	2.19
居民服务、修理和其他服务业	0.02	0.88	0.63	1.12	0.76	1.65	2.68	3.21	3.29	8.90	11.29	16.52	15.99	54.24	18.65

续表

年份 行业分类	2003	2004	2005	2006	2007	2008	2009	2010	2011	2012	2013	2014	2015	2016	2017
教育	—	—	—	0.02	0.09	0.02	0.02	0.02	0.20	1.03	0.36	0.14	0.62	2.85	1.34
卫生和社会工作	0.00	0.00	—	0.00	0.01	0.00	0.02	0.34	0.06	0.05	0.17	1.53	0.84	4.87	3.53
文化、体育和娱乐业	0.01	0.01	0.00	0.01	0.05	0.22	0.20	1.86	1.05	1.96	3.11	5.19	17.48	38.69	2.64
公共管理、社会保障和社会组织	—	0.00	0.02	—	—	—	—	—	—	—	—	—	0.02	—	
合计	28.54	54.99	122.62	211.66	265.07	559.08	565.30	688.10	746.53	878.03	1078.40	1231.20	1456.60	1961.40	1582.80

表 5-6　2004—2017 年外商对华直接投资流量行业分布情况

（单位：亿美元）

年份 行业分类	2004	2005	2006	2007	2008	2009	2010	2011	2012	2013	2014	2015	2016	2017
农、林、牧、渔业	11.14	7.18	5.99	9.24	11.91	14.29	19.12	20.09	20.62	18.00	15.22	15.34	18.98	10.75
采矿业	5.38	3.55	4.61	4.89	5.73	5.01	6.84	6.13	7.70	3.65	5.62	2.43	0.96	13.02
制造业	430.17	424.53	400.77	408.65	498.95	467.71	495.91	521.01	488.66	455.55	399.39	395.43	354.92	335.06
电力、热力、燃气及水的生产和供应业	11.36	13.94	12.81	10.73	16.96	21.12	21.25	21.18	16.39	24.29	22.03	22.50	21.47	35.21
建筑业	7.72	4.90	6.88	4.34	10.93	6.92	14.61	9.17	11.82	12.20	12.39	15.59	24.77	26.19
批发和零售业	12.73	18.12	19.85	20.07	28.51	25.27	22.44	31.91	34.74	42.17	44.56	41.86	50.89	55.88
交通运输、仓储和邮政业	9.16	10.15	10.70	14.85	27.75	22.47	24.87	26.99	33.58	28.81	27.55	38.36	84.42	209.19
住宿和餐饮业	7.40	10.39	17.89	26.77	44.33	53.90	65.96	84.25	94.62	115.11	94.63	120.23	158.70	114.78

续表

行业分类 \ 年份	2004	2005	2006	2007	2008	2009	2010	2011	2012	2013	2014	2015	2016	2017
信息传输、软件和信息技术服务业	8.41	5.60	8.28	10.42	9.39	8.44	9.35	8.43	7.02	7.72	6.50	4.34	3.65	4.19
金融业	2.52	2.20	2.94	2.57	5.73	4.56	11.23	19.10	21.19	23.30	41.82	149.69	102.89	79.21
房地产业	59.50	54.18	82.30	170.89	185.90	167.96	239.86	268.82	241.25	287.98	346.26	289.95	196.55	168.56
租赁和商务服务业	28.24	37.45	42.23	40.19	50.59	60.78	71.30	83.82	82.11	103.62	124.86	100.50	161.32	167.39
科学研究和技术服务业	2.94	3.40	5.04	9.17	15.06	16.74	19.67	24.58	30.96	27.50	32.55	45.29	65.20	68.44
水利、环境和公共设施管理业	2.29	1.39	1.95	2.73	3.40	5.56	9.09	8.64	8.50	10.36	5.73	4.33	4.22	5.70
居民服务、修理和其他服务业	1.58	2.60	5.04	7.23	5.70	15.86	20.53	18.84	11.65	6.57	7.18	7.21	4.90	5.67
教育	0.38	0.18	0.29	0.32	0.36	0.13	0.08	0.04	0.34	0.18	0.21	0.29	0.94	0.77
卫生和社会工作	0.87	0.39	0.15	0.12	0.19	0.43	0.90	0.78	0.64	0.64	0.78	1.43	2.54	3.05
文化、体育和娱乐业	4.48	3.05	2.41	4.51	2.58	3.18	4.36	6.35	5.37	8.21	8.23	7.89	2.67	6.98
公共管理、社会保障和社会组织	0.02	0.04	0.07	0.00	0.00	0.00	—	0.01	0.00	0.00	0.09	—	—	0.31
合计	606.29	603.24	630.20	747.69	923.97	900.33	1057.37	1160.14	1117.16	1175.86	1195.60	1262.66	1259.99	1310.35

业和房地产业始终是外商对华投资的重点。其中,制造业是外商对华投资的主导产业;租赁和商务服务业,交通运输、仓储和邮政业,住宿和餐饮业发展较为迅猛,虽然个别年份呈下降态势,但总体上发展较为迅猛。需要注意的是,科学研究和技术服务业发展稳中有进,金融服务业 2014 年后发展态势良好,这与中国经济社会总体发展水平和制度改革密切相关。

从表 5-5 和表 5-6 中可知,双向投资的行业存在重叠,如制造业、租赁和商务服务业、批发和零售业等。这意味着两者不仅在规模上存在周期性变化,而且在投资行业中也存在耦合性。需要注意的是,科学研究和技术服务业虽然占双向投资比例不高,但存在同时扩大的趋势,可以预期的是未来该产业将是双向投资的重点。当然,我们也可以看到诸如制造业等产业在双向投资中的变化趋势,该类产业一直是外商对华投资的重点,而且在中国对外投资的发展中地位逐步提升,进一步表明双向投资在产业协调发展中的地位显著。内外产业联动,双向投资耦合将是未来中国发展的强大驱动力,是迈向"高端制造"和"智能制造"的助推器。这一过程必然助推中国对外贸易战略转型升级,实现全球价值链地位提升。

第二节　资本跨国自由流动与外贸战略转型的理论分析

现有研究重点关注引进外资或对外投资各自对东道国企业或母国企业的影响,对于双向投资如何对企业产生作用的研究较为缺乏,尤其是对外贸战略转型的影响。本节重点研究双向投资对出口企业生产率、出口产品质量、出口加成率以及出口增加值率的影响机理,理顺双向投资对外贸战略转型的作用机理。已有的研究往往通过溢出效应视角考察行业内和行业间的外资作用,包括示范效应、技术溢出、出口溢出效应等,研究结果表明行业内溢出效应的作用并不确定,且行业间溢出效应有利于企业经营,主要是因为行业内存在负向竞争效应或是受制于企业自身欠缺的吸收能力。对外直接投资的主要研究领域是逆向技术溢出效应以及溢出效应的产生条件,企业往往因为各种主客观的约束而难以从对外直接投资中获利。本书试图构建引进外资与对外投资之间的桥梁,理顺双向投资对外贸战略转型的影响。

跨国公司在东道国的经营活动往往会产生知识和技术的溢出效应。行业内的溢出效应主要通过"示范效应"和"技术溢出效应"促使东道国企业创新能力和产品竞争力的提升,并通过"竞争效应"弱化引进外资的作用。而对于出口企业的影响主要体现在"示范效应"和"技术溢出效应";"竞争效应"对出口企业的作用较弱。出口企业的竞争主要来自国际市场。国内企业对外商直接投资的技术溢出能否有效地吸收和转化极为重要,吸收能力对于现实溢出效应起到了决定性作用(赵伟等,2006)。对外直接投资对国内企业的作用,主要依赖于对外直接投资的逆向溢出效应,即企业在东道国市场学习和获得资源反哺母公司。两者互动发展的基础是"互补性"发展,即企业通过对外投资提升自身能力和倒逼跨国公司在东道国利用和研发先进技术,从而实现高质量的溢出效应。

无论是引进外资("出口溢出效应")还是对外投资("互补效应"),其研究重点在于企业是否出口的情况,并没有考察对出口产品质量、加成率以及国内增加值率的影响。与引进外资或对外投资单独作用不同的是,双向投资对出口企业的作用主要是通过"溢出效应"和"逆向溢出效应"实现的。已有的研究表明,由于企业自身吸收能力有限,难以消化和吸收外资企业的管理和技术水平,因此弱化了溢出效应的产生。同时,考虑到市场制度等一系列情况,跨国公司往往不愿意利用先进技术在东道国生产,从而抑制了"溢出效应"的产生。而对外直接投资活动能够使企业充分接触到先进技术并嵌入到产业链之中,有助于企业深入理解和学习相关技术,在提升自我实力的同时通过"逆向溢出效应"促进国内出口企业模仿和吸收先进的技术(Shiu 和 Heshmati,2006)。需要指出的是,对外投资企业的竞争迫使外资企业利用更为先进的技术生产。通过内外互动,国内出口企业能够更好地学习和利用外资企业的各类优势,实现技术能力的提高。在双向投资提高企业生产率的同时,也有助于企业优化生产经营方式来提高生产效率。由于企业生产率的提高来自效率和技术进步,据此提出假设 1。

假设 1:双向投资对于出口企业生产率的提高具有促进作用,即出口企业生产率水平随着双向投资互动水平的提高而增加。

出口产品质量的提高一方面来自双向投资带来的技术进步,另一方面则是企业能够有效获得市场信息(包括消费者和供应商)。出口企业在国际市场经营能够获得需求方的反馈信息,但这种信息传导主要是通过进口方实现的。企业对出口市场的了解,尤其是对产品在出口市场的反馈并不完全清楚。而对外直接投资直接面对东道国市场,能够更好地把握消费者对产品的真实需求,进而对产品进行升级和优化。同时,能够更好地与当地供应商沟通交流,通过对上游产品的深入学习,实现"行业间溢出效应"。需要特别指出的是,产品质量的提高不仅与技术、需求等有关,也与市场环境密切相关。高标准和严格的产品质量标准有利于推动企业生产高质量的产品,对外投资能够将此类市场标准带回母国,有助于企业通过先进的标准生产高质量的产品进而出口,据此提出假设 2。

假设 2:双向投资对出口产品质量的提高有促进作用,即出口产品质量随着双向投资互动水平的提高而增加。

由于出口产品竞争力弱、国内竞争激烈等原因,中国出口产品的价格并不具备自主性,较为疲弱的出口价格不利于出口加成率的提高。主要的原因在于:中国企业出口依赖于加工贸易,一大部分利润空间被中间产品压榨,"两头在外"的模式不利于企业获得较高的利润空间。外资企业通过技术等优势,处于"微笑曲线"两端获得高额利润,对中国企业的示范效应较弱。通过对外直接投资,企业能够熟悉全产业链,进而在母国利用外资企业及其渠道培养自身优势,摆脱"模仿"或"低端制造"的束缚。另外,双向投资的互动促进新产品的产生和创新能力的提高,打破市场既有产品的垄断,增强产品市场差异化,进而制定相对较高的价格(毛其淋和许家云,2016)。同时,生产率通常会影响企业的边际生产成本,双向投资促进企业生产率的提高,企业边际生产成本越低,越具有较高的加成率,据此提出假设3。

假设3:双向投资互动对加成率具有正向影响,即加成率随着双向投资互动水平的提高而增加。

改革开放以来,中国企业出口主要依赖于一般贸易和加工贸易,后者对企业增加值率的作用较弱,其主要原因是企业更多利用中间品进行加工组装,随后进行出口,其附加值自然较低。纵使通过一般贸易方式的企业,受制于自身技术等制约,也难以提高附加值率。诚如前文所述,通过双向投资的互动能够为企业创造技术机会。新技术的利用和开发以及新产品的生产有助于企业逐步摆脱"低端锁定"的局面,使其在全球价值链中的地位上升。与此同时,对外直接投资使得企业能够更为深刻地认知产品的产业链各环节,包括研发、生产和销售,尤其是生产环节中中间品的生产和网络布局,有助于出口企业能够更好地嵌入到全球价值链中,如通过与对外投资企业或国外中间品厂商联动,上下游联动发展,实现附加值的提高,据此提出假设4。

假设4:双向投资互动对出口国内增加值率有正向影响,即出口国内增加值率随着双向投资互动水平的提高而增加。

第三节　资本跨国自由流动对外贸
战略转型的实证分析

利用中国工业企业数据库和中国海关数据库实证检验双向投资对外贸战略转型四个维度的影响,由于研究对象的不同,涉及的每个部分的因变量和控制变量存在差异。本书研究的样本区间范围为2003—2007年,主要的原因在于双向投资的衡量指标双向投资互动发展水平的测度区间始于2003年,主要解释变量的测度样本区间范围为 2003—2007 年,其中出口产品质量的样本区间范围为 2003—2006 年。本书重点考察双向投资的作用,借鉴黄凌云(2018)对制造业细分 27 个行业测算的双向投资互动发展水平指标。作为核心解释变量,$MutFDI_{jt}$ 是测度的 t 年的 j 行业的双向投资互动发展水平,四个模型中均用此变量指代,不在下文中重复提及。

一、资本跨国流动对生产率的影响

参照黄先海等(2016)对企业生产率的相关研究,我们将计量模型设定为:

$$TFP_{ijt} = \beta_1 + \beta_2 MutFDI_{jt} + \beta_3 \sum Control_{ijt} + \eta_j + \rho_p + \varepsilon_{ijt} \qquad (5-1)$$

其中,$Control$ 为控制变量,η_j 为行业固定效应,ρ_p 为省份固定效应,ε_{ijt} 为随机误差项。因变量:TFP_{ijt} 为所属行业 j 的企业 i 在 t 年的全要素生产率。参照莱文森-佩特林法,估计企业层面的生产率,以中间品投入作为企业生产率的代理变量。具体而言,企业对中间品使用量的决策取决于生产率、资本存量和劳动力存量,中间品的需求函数是:$\ln m_{ijt} = f(\omega_{ijt}, \ln k_{ijt}, \ln l_{ijt})$。中间品投入关于生产率是严格增函数,生产率可以表示为:$\omega_{ijt} = f^{-1}(\ln m_{ijt}, \ln k_{ijt}, \ln l_{ijt})$。

表 5-7　双向投资互动水平对企业生产率的影响

变量	(1)	(2)	(3)	(4)
双向投资	0.0025 ***	0.0016 ***	0.0018 ***	0.0018 ***
	(130.19)	(87.51)	(89.97)	(89.96)
企业规模	—	0.3696 ***	0.3687 ***	0.3685 ***
		(180.13)	(179.74)	(179.56)
资本密集度	—	0.0348 ***	0.0343 ***	0.0342 ***
		(31.44)	(30.97)	(30.88)

续表

变量	（1）	（2）	（3）	（4）
企业年龄	—	0.0496***	0.0492***	0.0492***
	—	（170.82）	（169.31）	（169.35）
所有制	—	−0.1662***	−0.1665***	−0.1660***
	—	（−12.50）	（−12.53）	（−12.49）
政府补贴	—	0.0515***	0.0516***	0.0515***
	—	（21.85）	（21.91）	（21.88）
出口	—	0.0653***	0.0658***	0.0657***
	—	（22.62）	（22.80）	（22.76）
融资能力	—	0.0002***	0.0002***	0.0002***
	—	（14.93）	（14.91）	（14.90）
行业固定效应	No	No	Yes	Yes
省份固定效应	No	No	No	Yes
常数项	8.1837***	5.9989***	6.0862***	6.8994***
	（4362.03）	（516.28）	（169.34）	（17.96）
观测值	108149	108149	108149	108149

注：*、** 和*** 分别表示10%、5%和1%显著性水平，括号内为 t 值。

控制变量：企业规模，用对数化企业总资产来表示；资本密集度，用总资产与职工数的比值取对数来表示；企业年龄，用企业成立年份差距来表示；所有制虚拟变量，国有企业为1，反之为0；政府补贴虚拟变量，有政府补贴为1，反之为0；出口虚拟变量，企业出口为1，反之为0；融资能力，用（流动资产−流动负债）/企业固定资产来表示。表5-7的实证结果表明，双向投资互动有助于企业生产率的提高，与假设1相符。也就是说，双向投资互动确实可能促进企业生产率的提高：一是通过内外互动企业自身技术等得以提高；二是企业自身能力得以提高从而具备较强的吸收能力；三是企业通过国内外布局实现资源的最优化。另外，企业规模、资本密集度、企业年龄、出口和融资能力等正向促进企业生产率的提高,与预期相符。相对于非国有企业而言,国有成分不利于企业生产率的提高,符合有研究的结果。

二、资本跨国自由流动对出口产品质量的影响

参照陈航宇(2017)的相关研究,将双向投资互动发展水平对企业出口产品质量的影响的计量模型设定为:

$$EXqual_{ijt} = \beta_1 + \beta_2 MutFDI_{jt} + \beta_3 \sum Control_{ijt} + \eta_j + \rho_p + \varepsilon_{ijt} \qquad (5-2)$$

其中,$Control$ 为控制变量,η_j 为行业固定效应,ρ_p 为省份固定效应,ε_{ijt} 为随机误差项。因变量是出口产品质量。根据哈拉克和西瓦达桑(2008)可知,企业的消费量为 $q_{imt} = (\frac{E_{mt}}{P_{mt}}) \times p_{imt}^{-\sigma} \times \lambda_{imt}^{\sigma-1}$。对式(5-2)两边取对数后得到:$\ln q_{imt} = (\ln E_{mt} - \ln P_{mt}) - \sigma \ln p_{imt} + (\sigma - 1)\ln\lambda_{imt}$。在考虑产品种类和内生性后得到企业—出口产品种类(6位码)—出口目的国—年份四个维度的出口产品质量:

$$quality_{imt} = \ln\hat{\lambda}_{imt} - \frac{\hat{\varepsilon}_{imt}}{\sigma-1} = \frac{\ln q_{imt} - \ln\hat{q}_{imt}}{\sigma-1} \qquad (5-3)$$

对式(5-3)的质量指标进行标准化处理,即为:

$$r - quality_{imt} = \frac{quality_{imt} - \min(quality_{imt})}{\max(quality_{imt}) - \min(quality_{imt})} \qquad (5-4)$$

根据中国海关数据库中每笔交易的总价值作为权重,将出口产品质量加总到企业层面,得到不同年份、不同企业的出口产品质量 $quality_{it}$。

控制变量:生产率,用莱文森-佩特林法测算;所有制类型,以实收资本中国有资本比例作为代理变量;政府补贴虚拟变量,有政府补贴为1,反之为0;企业规模,用企业资产总计取对数表示;企业年龄,用企业成立年份的差距表示;行业竞争度,以赫芬达尔指数作为企业行业层面竞争程度的代理变量;制度质量,构建 $Inst_d = market_d \times (1 - diseg_d)$ 为省际层面的制度测度指标,其中

$market_d$采用樊纲的中国市场化指数体系中分省际的总市场化指数;市场分割指标 $diseg_d$ 来源于陈敏等(2007)所构造的各省际地区的相对价格指数方法。

　　表5-8的实证结果表明,双向投资互动不利于产品质量的提高,与假设2不符。也就是说,双向投资互动不利于产品质量的提高,一是通过内外互动部分企业自身技术等得以提高产品质量,利用先行者优势垄断市场;二是出口企业可能难以有效满足市场需求,技术的提高难以转化为市场需求,反而抑制了现有产品质量的提高。另外,生产率、企业规模和制度质量等正向促进产品质量的提高,与预期相符。相对于非国有企业而言,国有成分不利于产品质量的提高,符合有研究的结果。行业竞争度也不利于产品质量的提高,可能的原因在于行业竞争度提高一定程度使得部分企业具备了垄断优势,抑制了多数企业产品质量的提高。

表5-8　双向投资互动水平对出口产品质量的影响

变量	(1)	(2)	(3)	(4)
双向投资	-0.01 ***	-0.01 ***	-0.00 ***	-0.00 ***
	(-11.66)	(-26.57)	(-3.26)	(-3.64)
生产率	—	0.03 ***	0.03 ***	0.03 ***
	—	(67.14)	(67.39)	(65.22)
所有制	—	-0.03 ***	-0.03 ***	-0.03 ***
	—	(-11.66)	(-10.65)	(-11.58)
政府补贴	—	-0.00	0.00	0.01 ***
	—	(-0.41)	(1.58)	(8.26)
企业规模	—	0.00 ***	0.01 ***	0.01 ***
	—	(16.31)	(19.40)	(20.48)
企业年龄	—	-0.00 ***	-0.00 ***	-0.00 ***
	—	(-10.25)	(-8.72)	(-9.33)

续表

变量	（1）	（2）	（3）	（4）
行业竞争度	—	−0.15***	−0.03	−0.09*
	—	(−8.12)	(−0.49)	(−1.66)
制度质量	—	0.01***	0.01***	0.00*
	—	(18.15)	(21.31)	(1.79)
行业固定效应	No	No	Yes	Yes
省份固定效应	No	No	No	Yes
常数项	0.71***	0.37***	0.35***	0.41***
	(1077.71)	(90.61)	(71.26)	(47.60)
观测值	84263	83880	83880	83880

注：*、**和***分别表示10%、5%和1%显著性水平，括号内为 t 值。

三、资本跨国流动对加成率的影响

计量模型的选取主要参照黄先海等（2016）的相关研究，具体设定为：

$$MarkUp_{ijt} = \beta_1 + \beta_2 MutFDI_{jt} + \beta_3 \sum Control_{ijt} + \eta_j + \rho_p + \varepsilon_{ijt} \qquad (5-5)$$

其中，$Control$ 为控制变量，η_j 为行业固定效应，ρ_p 为省份固定效应，ε_{ijt} 为随机误差项。因变量：$MarkUp_{ijt}$ 为所属行业 j 的企业 i 在 t 年的加成率，企业加成率（$MarkUp$）是企业产品价格与边际成本之比，主要用于测算企业赢利能力，本书采用基于生产函数的间接估算法，同时参照德洛克和沃辛斯基（2012）以及黄先海等（2018）的研究，准确测算企业层面加成率。

控制变量：出口强度，用出口交货值与销售总产值的比值表示；人均资产，用企业总资产与员工数之比；人均工资，使用企业工资支出与员工数之比表示；中间投入比，用中间投入与总产出的比值表示；资本产出比，用企业固定资产账面净值与企业总产出之比表示；企业规模，用对数化企业总资产来衡量；行业竞争度，用赫芬达尔指数来表示企业的行业层面的竞争程度。

表 5-9　双向投资互动水平对企业加成率的影响

变量	（1）	（2）	（3）	（4）
双向投资	0.0109***	0.0106***	0.0114***	0.0114***
	（12.16）	（12.73）	（12.76）	（12.76）
出口强度	—	-0.0168***	-0.0169***	-0.0169***
	—	（-9.04）	（-9.05）	（-9.05）
人均资产	—	0.0000***	0.0000***	0.0000***
	—	（39.53）	（39.56）	（39.56）
人均工资	—	-0.0018***	-0.0018***	-0.0018***
	—	（-73.03）	（-73.27）	（-73.28）
中间投入比	—	-0.4209***	-0.4209***	-0.4209***
	—	（-345.69）	（-345.71）	（-345.71）
资本产出比	—	-0.0002***	-0.0002***	-0.0002***
	—	（-9.23）	（-9.23）	（-9.23）
企业规模	—	0.0065***	0.0063***	0.0063***
	—	（13.42）	（13.05）	（13.06）
行业竞争度	—	-0.8889***	-2.3777***	-2.3826***
	—	（-2.90）	（-5.39）	（-5.40）
行业固定效应	No	No	Yes	Yes
省份固定效应	No	No	No	Yes
常数项	1.2692***	1.5597***	1.5706***	1.4602***
	（1527.12）	（366.70）	（118.87）	（8.11）
观测值	107011	106202	106202	106202

注：*、** 和 *** 分别表示 10%、5% 和 1% 显著性水平，括号内为 t 值。

表 5-9 的实证结果表明，双向投资互动有助于企业加成率的提高，与假设 3 相符。也就是说，双向投资互动确实可能促进企业加成率的提高，通过内外互动企业自身技术等得以提高以及国内外布局实现资源的最优化降低了边

际成本,从而提高了加成率。另外,企业规模正向促进加成率的提高,与预期相符。人均工资和中间品占比的提高不利于加成率的提高,主要的原因是两者提高了企业的生产成本,从而挤压了利润空间。另外,行业竞争度也不利于加成率的提高,可能的原因在于行业竞争度提高一定程度使得部分企业具备了垄断优势,挤压了多数企业的利润空间。

四、资本跨国流动对出口国内增加值率的影响

参照诸竹君等(2018)对企业出口增加值率的研究,本书的计量模型为:

$$DVAR_{ijt} = \beta_1 + \beta_2 MutFDI_{jt} + \beta_3 \sum Control_{ijt} + \{FE\} + \varepsilon_{ijt} \qquad (5-6)$$

其中,$Control$ 为控制变量,$\{FE\} = \{\gamma_t, \eta_j\}$ 表示年份和行业固定效应,ε_{ijt} 为随机误差项。因变量:$DVAR_{ijt}$ 为所属行业 j 的企业 i 在 t 年的出口国内增加值率,同时考虑中间商贸易、企业国内投入所含进口比率异质性以及资本品折旧等问题,对微观企业的出口国内附加值进行了准确衡量。

控制变量:生产率,用 LP 法计算得到;企业规模,以企业总资产的对数值表示;所有制类型,以样本企业实收资本中国有资本比例作为代理变量;资本劳动比,使用对数化资本存量和职工人数的比值代理这一指标;企业年龄,以企业成立年份差距来衡量;外部融资,使用利息率表示;行业竞争度,以赫芬达尔指数作为行业层面竞争程度的代理变量。

表 5-10　双向投资互动水平对出口国内增加值率的影响

变量	(1)	(2)	(3)	(4)
双向投资	−0.0380 ***	−0.0369 ***	−0.0417 ***	−0.0337 ***
	(−41.66)	(−39.16)	(−41.95)	(−35.05)
生产率	—	0.0188 ***	0.0169 ***	0.0071 ***
	—	(14.45)	(12.96)	(5.57)

续表

变量	（1）	（2）	（3）	（4）
企业规模	—	−0.0167***	−0.0154***	−0.0085***
	—	（−14.03）	（−12.94）	（−7.35）
所有制	—	0.1155***	0.1230***	0.0798***
	—	（16.43）	（17.50）	（11.58）
资本劳动比	—	0.0003	−0.0005	−0.0126***
	—	（0.37）	（−0.58）	（−15.60）
企业年龄	—	0.0072***	0.0054***	0.0119***
	—	（6.22）	（4.63）	（10.61）
外部融资	—	0.0012*	0.0012*	−0.0002
	—	（1.68）	（1.69）	（−0.21）
行业竞争度	—	0.1885***	0.2141***	0.1812***
	—	（3.90）	（4.43）	（3.90）
年份固定效应	No	No	Yes	Yes
省份固定效应	No	No	No	Yes
常数项	0.7251***	0.7212***	0.7183***	0.8068***
	（549.59）	（106.19）	（101.59）	（92.21）
观测值	86968	85997	85997	85997

注：*、** 和 *** 分别表示 10%、5% 和 1% 显著性水平，括号内为 t 值。

表 5-10 的实证结果表明，双向投资互动不利于企业增加值率的提高，与假设 4 不符。也就是说，双向投资互动不利于增加值率的提高，可能的原因是企业技术能力的提高并未推动其在产业链中地位的提升，同时与出口产品质量作用类似，企业可能难以有效满足市场需求，技术的提高难以转化为市场需求，迫使企业在原有价值链地位中生产。另外，生产率、企业年龄和外部融资等正向促进增加值率的提高，与预期相符。而企业规模的提高和较低行业竞争程度不利于增加值率的提升，可能的原因在于多数企业在行业中为谋求自

身利益进行生产,如规模经济降低生产成本,但不利于国内增加值率的提高。

第四节　以资本双向流动自由化推动外贸战略转型

中国引进外资与对外投资进入新常态,未来将呈现引进外资与对外投资同步增长的趋势,这一态势必然会对中国出口贸易产生显著影响。本章从理论上阐述了双向外商直接投资对出口企业生产率、出口产品质量、加成率以及国内增加值率的影响,并利用中国工业企业和海关层面微观数据进行实证分析,结果表明双向投资互动有利于出口企业生产率和加成率的提高,但不利于出口产品质量和出口增加值率的提高。这主要原因在于技术与产品以及市场需求的脱节,即双向投资难以促使技术的转化。随着"一带一路""16+1""10+1"等多边合作不断推进,中国对外直接投资将会进一步扩张。同时,诸如"负面清单"和《中华人民共和国外商投资法》等法律条规的制定和规范化,公平透明的营商环境将进一步吸引外商对华直接投资。作为政府,看到双向投资规模扩张的同时,更应注重双向投资对外贸战略转型的作用效果,通过深化"供给侧结构性改革"和对外开放,引导双向投资互动推动成果转换,进而提高企业和产业在全球价值链中的地位。

第六章　加快人力资本要素跨国自由流动的外贸战略转型

随着世界局势的缓和、国家间关系的改善与技术革命的发展,全球化进程进一步加快,其重要特征之一就是人力资本跨国流动越来越频繁:一方面,跨国劳动力流动的规模越来越大;另一方面,国际学生交流日益频繁。人力资本跨国流动的主线是从技术水平低的发展中国家流向技术水平高的发达国家。人力资本跨国流动因而也成为南北技术扩散的重要载体,影响着各国尤其是发展中流出国的技术水平和生产率,进而影响流出国出口产品质量。对流出国而言,人力资本跨国流动兼有"智力流出"和"智力流入"两种不同效应,现有研究莫衷一是。在现有文献研究的基础上,本章主要考察了国际移民和国际学生两种不同的人力资本流动对出口产品质量的影响。

第一节　人力资本跨国流动的内涵、趋势和现状

人力资本跨国流动涉及流入国和流出国两个国家,可以从流入国和流出国的角度分别进行讨论。本节首先从流入国视角和流出国视角分别概括人力资本的两种形式(国际移民和国际学生)的不同影响,然后着重从发展中流出国的角度分析人力资本流出的技术溢出效应。在此基础上,本节概括了人力资本跨国流动变化的历史趋势和发展现状。

一、人力资本跨国流动的内涵

（一）流入国视角中的人力资本流动

跨国人力资本流动对经济社会发展的影响较为复杂，并且对流入国和流出国也各不相同，迁入国往往是国际移民中的"赢家"。对于经济发达的流入国而言，从国外补充的劳动力能够在一定程度上弥补本国人口出生率较低的缺陷。优秀人才的涌入，包括卓越的国际学生毕业之后选择留在本国贡献才智，可以弥补本国教育体系、教育理念等方面的"短板"，对流入国形成持续正向影响。如今，美国西部"硅谷"的各大高科技公司和研究所中，随处可见亚裔尤其是华裔和印度裔的科学家，这些科学家或者是毕业之后继续留美工作的中国籍或印度籍留学生，或者是在美国接受高等教育的亚裔美国人。另一个例子就是，参加国际奥林匹克数学竞赛的历届美国队中，黄皮肤、黑头发的华裔队员占据了相当比例，这些队员多为美籍华裔子女，能够弥补美国教育体系中数理课程教学的不足。

事实上，移民不仅带去了劳动力和技能，也带去了不同的思维方式和理念，有助于一国的长期经济增长。哈佛大学著名经济学家阿莱西纳等人撰文考察了出生地多元化与经济繁荣之间的关系。他们按照人口中的出生地信息构造了各国人口多元化指数，并且将之分解为规模分量和多样化分量：前者用移民占比衡量，后者用移民多样化衡量。该项研究发现，出生地多元化总体上与民族、语言和基因多元化无关，但与经济繁荣正向相关。

然而，外来人口大量涌入也会直接影响本地的劳动力市场供求关系，消耗本地的教育资源和基础设施，影响治安环境、人文环境和宗教信仰，引发本地居民和移民之间的冲突，影响社会稳定。不仅如此，人力资本流动也会诱发发达国家政府关于核心技术机密外泄的担忧。这些国家担心尖端科技领域的留学生在学成回国之后，可能也带走了所学技术和诀窍，进而在母国创造出与流入国相竞争的行业和产品。正因为如此,发达国家往往对国外移民尤其是发展中国家的移民设置了较高的移民门槛,对来自特定国家的留学生设置了严格筛选条件。

(二)流出国视角中的人力资本流动

对流出国尤其是发展中流出国而言,人力资本跨国流动的效应远没有流入国清晰,研究结论分歧较大,政策争议更大。与没有迁移行为的居民相比,流出者往往具有较高的受教育水平或者拥有相当规模的个人财富,或者二者兼而有之。这部分人群的流失不仅意味着财富转移,更意味着人力资本流失,将直接降低本国的人力资本存量。赴发达国家深造的留学生往往平均水平较高,不少学生是国内教育系统培养、国内产业和科研系统亟须的尖子学生。这些学生在完成学业之后,被发达国家优越的生活环境和工作科研前景所吸引,可能并不会返回母国,而是继续留在发达国家工作和生活。事实上,落后国家往往是国际移民的净流出国,这些国家由于经济发展滞后、工资水平较低,在国际移民中沦为高技能劳动力的净流出国,这又反过来抑制了本国经济发展。这种智力流动已经在全球范围内造成了一种"马太效应",造成"强者恒强、弱者恒弱"的效果。

然而,由于发展中国家的技术水平较低,本国人才流出也会在近期或远期,通过多种方式形成有力的"智力回流"效应。总体而言,人力资本跨国流动主要包括国际移民和国际学生两个主要类别,这种类别的统计对象、影响机制、作用条件和影响效果并不相同,从而需要分别对待。首先,大部分留学生选择学成回国。许多国际学生出国留学仅仅是为了接受教育而非移民,即便是那些有移民倾向的留学生,由于发达国家的工作遴选条件比较苛刻,如美国发放给外国籍具有专业技能员工的工作签证(H-1B)的名额分配通过抽签方式进行,毕业生工作实习满一年后才有机会参与抽签,其身份转化条件也较为严格。持有签证者可以在美国工作六年,六年期满,如果持有者身份没有按条件转化就必须离开美国。近期,美国国土安全局提议修改专业职位(Specialty Occupation)的定义,"限制工作签证的申请和发放,旨在将工作签证发放给'最聪明、最优秀的外国人'"。这样一来,大部分留学生在修完学业之后,将会主动或被动选择陆续回国工作。这些人才掌握了发达国家的先进技术和管理理念,不仅会直接把所学技术和知识带回到母国,还会借助老师或同学网络,继续掌握对本国有用的科研动态和技术发展动态。

除了留学生以外,那些通过移民途径流出的高技能人才,或者最终选择"叶落归根"即返回祖国,或者发挥着技术扩散的中介功能。大量研究发现,部分高技能人才经过一段时间还会回到本国。部分移民即使最终选择不回国,也会通过多种途径和方式,如探亲交流、短期访学形成有利于本国的信息网络优势和知识扩散优势。这将有利于本国商品出口和对外投资企业降低信息成本。比如,这些人移居国外,仍然会与国内亲属或研究合作者保持联系,这将在国外也会形成一个关系网络,有利于本国产品"走出去"和本国研发创新。

二、人力资本跨国流动的历史趋势与发展现状

(一)人力资本流动的长期趋势

随着全球化加速,这两类人力资本跨国流动逐渐加速。第一,劳动力跨国流动的规模越来越大。移民主要是从人均收入低的发展中国家向着人均收入较高的发达国家流动,逆向流动的规模相对较少。以世界上最大的移民流入国美国为例,据美国"移民政策研究所"统计,1950—1955 年间的净迁入为 87 万人,1995—2000 年间的净迁入高达 869.2 万人,规模不断膨胀。第二,国际学生的交流越来越频繁。高等教育留学始终是国际学生的主体,方向主要从高等教育发育滞后的国家流向高等教育强国,尤其是英美等国。以美国为例,1979 年后亚洲赴美留学的国际学生飞速增长。2015—2016 年,美国吸引留学

生达到约 104.4 万人,其中来源于亚洲的留学生多达 68.95 万人,占 66%,来源于中东的留学生达 10.8 万人,占 10.3%。

（单位：万人）

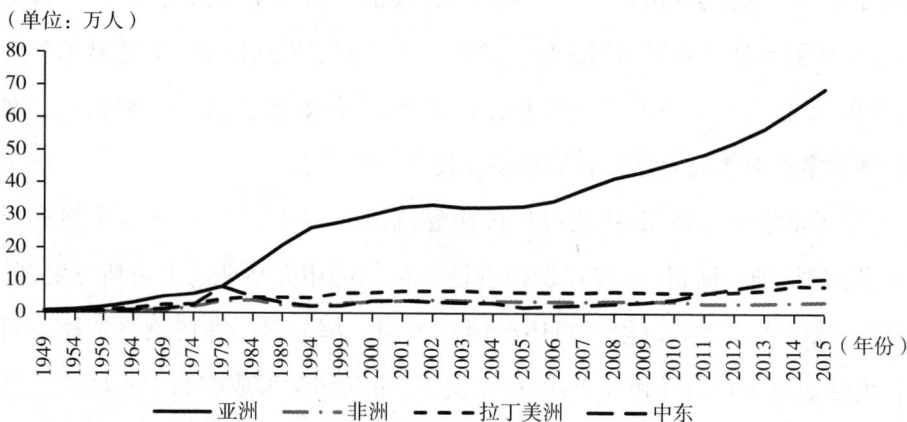

图 6-1　1949—2015 年若干地区在美留学生数①

资料来源:美国国际教育研究所的门户开放数据库。

（二）人力资本跨国流动的现状

1.关于人力资本跨国流动的统计说明

根据上文分析,人力资本跨国流动主要包括国际移民和国际学生。要把握人力资本跨国流动的现状,统计数据的搜集非常重要。然而,与国际贸易数据不同,移民和留学生的信息披露不够充分,不同来源的数据质量参差不齐。为了数据横向可比,我们选取经济合作与发展组织(Organization for Economic Cooperation and Development,OECD)的线上统计数据库,该数据库由各个经合组织成员的普查数据组成。其培训与教育子库和国际迁移子库分别报告了国际学生和国际移民数据,数据的具体说明如下:

第一,国际学生数据的说明。世界经合组织统计数据库的培训与教育子库提供了 2013—2016 年 35 个经合组织成员和 13 个非经合组织成员(包括中

---

① 包括国际学生和访问学者。

国)吸收全世界 223 个不同国家的留学生数据。根据研究需要,我们取 2013—2015 年三年数据的均值,其中留学生为高等教育学生,包括短周期高等教育(第五级)、学士或同等程度(第六级)、硕士或同等程度(第七级)、博士或同等程度(第八级),最终使用的国家层面留学生数据根据来源国加总而得。

第二,国际移民数据的说明。世界经合组织在线数据库中的国际迁移数据子库报告了 2000—2017 年成为经合组织成员的国家分性别的移民数据。按照数据库,经合组织成员共有 35 个,移民包括正常途径申请的移民,也包括国际难民。如一些国家如阿富汗政治环境复杂、国家动荡不安,这些国家的居民更倾向于申请难民以取得定居权。

2. 国际学生的分布现状

表 6-1 报告了 2013—2015 年世界主要国家吸引国际高等教育留学生的数量及比重数据,包括 35 个经合组织成员,也包括中国、俄罗斯、巴西等发展中大国,以及沙特、立陶宛、哥伦比亚等国。

表 6-1　2013—2015 年世界主要国家吸引国际高等教育留学生

国家	2013 年		2014 年		2015 年	
	人数	占比(%)	人数	占比(%)	人数	占比(%)
美国	784427	23.71	829412	23.27	907251	23.65
英国	416693	12.60	428724	12.03	430833	11.23
澳大利亚	249868	7.55	266048	7.46	294438	7.67
法国	228639	6.91	235123	6.60	239409	6.24
德国	196619	5.94	210542	5.91	228756	5.96
加拿大	151244	4.57	164274	4.61	171603	4.47
日本	135803	4.10	132685	3.72	131980	3.44
意大利	82450	2.49	87544	2.46	89964	2.34
荷兰	68943	2.08	70692	1.98	86189	2.25
土耳其	54387	1.64	48183	1.35	72178	1.88

续表

国家	2013 年		2014 年		2015 年	
	人数	占比（%）	人数	占比（%）	人数	占比（%）
奥地利	70852	2.14	65165	1.83	67691	1.76
新西兰	41239	1.25	48809	1.37	57091	1.49
西班牙	56361	1.70	29816	0.84	56719	1.48
比利时	44723	1.35	55516	1.56	56453	1.47
韩国	55536	1.68	52451	1.47	54540	1.42
瑞士	47142	1.42	49536	1.39	50591	1.32
波兰	27770	0.84	34664	0.97	43988	1.15
捷克	40138	1.21	41149	1.15	41715	1.09
丹麦	29480	0.89	29941	0.84	32264	0.84
瑞典	25437	0.77	25361	0.71	26672	0.70
芬兰	21859	0.66	22757	0.64	23142	0.60
希腊	21341	0.65	28408	0.80	22140	0.58
匈牙利	20694	0.63	23208	0.65	21707	0.57
葡萄牙	14541	0.44	14883	0.42	16888	0.44
爱尔兰	12861	0.39	14268	0.40	15815	0.41
斯洛伐克共和国	10183	0.31	11116	0.31	10876	0.28
以色列	10306	0.31	10471	0.29	10188	0.27
墨西哥	8020	0.24	4519	0.13	9994	0.26
挪威	9234	0.28	9418	0.26	9731	0.25
拉脱维亚	3505	0.11	4477	0.13	5255	0.14
智利	3001	0.09	3242	0.09	3810	0.10
卢森堡	2880	0.09	2976	0.08	3163	0.08
爱沙尼亚	1876	0.06	2230	0.06	2859	0.07
斯洛文尼亚	2612	0.08	2534	0.07	2354	0.06
冰岛	1249	0.04	1472	0.04	1507	0.04
俄罗斯	138496	4.19	213347	5.99	226431	5.90
中国（大陆）	96409	2.91	108217	3.04	123127	3.21
沙特阿拉伯	62143	1.88	71773	2.01	73077	1.90
南非	42351	1.28	42594	1.20	43305	1.13

续表

国家	2013 年		2014 年		2015 年	
	人数	占比（%）	人数	占比（%）	人数	占比（%）
印度	34419	1.04	38992	1.09	41993	1.09
巴西	6519	0.23	19093	0.54	19855	0.52
立陶宛	3915	0.12	4508	0.13	4975	0.13
哥伦比亚	—	—	3868	0.11	4323	0.11

资料来源：根据世界经合组织统计数据库（https://stats.oecd.org）提供的"国际学生流动性"数据加总。

由于各个国家的教育水平差异较大，不同的国家吸引留学生的数量差异也较大，总体上呈现集中分布的特征。根据表6-1，在所有经合组织成员中，留学生的前十大留学目的地为美国、英国、澳大利亚、德国、法国、加拿大、日本、荷兰、意大利、奥地利。其中，第一大目的地是美国，其 2015 年吸引的国际学生人数为 90.7 万人，占经合组织成员当年入学留学生总数的 23.65%；第二大目的地是英国，其 2015 年吸引的国际学生人数为 43.1 万人，占经合组织成员当年入学留学生总数的 11.23%。直观上看，英、美两国拥有世界上最多的知名高校，高等教育优质资源集中分布于这两个国家，因此他们也吸引了世界上的大部分留学生。加总来看，英、美两国合计占 34.88%，前十大留学目的国占 69.13%。

第二节　人力资本跨国流动与外贸战略转型的理论机理分析

贸易战略转型的衡量指标包括企业生产率、加成率、出口产品质量等多个方面、多个角度，从而人力资本流动对于一国贸易战略转型的影响也可以从多个维度进行认识。然而，对于经验研究而言，存在一定的局限。一方面，跨国可比的、企业（或行业）层面的生产率和加成率数据并不可得，贸易数据是进行考察外贸战略转型研究的不二选择。另一方面，出口产品质量与企业生产率、加成率等有着密切的关系。对于制造业企业而言,只有具有较高的生产率水平,才能够出口高质量的产品。这是显而易见的,也被经验研究所证实(施炳展和邵文波,2014)。鉴于此,本章主要以出口产品质量作为外贸战略转型的主要衡量指标,讨论人力资本跨国流动与外贸战略转型的理论机理。我们在新贸易理论的基础上引入产品质量,分析人力资本要素跨国自由流动对产品质量的影响机制。

在产品质量引入方式上,文献中多以消费者对其消费产品的偏好程度进行刻画,但在具体的刻画方式上存在一定差异。如福斯特等(Foster Lucia 等,2008)认为产品质量对消费者效用而言是可分离的,即使产品质量为 0,消费者消费该产品也能带来正效用;而格罗斯曼和赫尔普曼(Grossman Gene M.,Helpman 和 Elhanan,1991)则认为当某一产品质量为 0 时,消费该产品所获效用为 0。本章将采用后者对产品质量进行刻画,先构建一个封闭经济下基准模型,再将其拓展至开放经济。

一、基准模型构建

由于产品质量将通过消费者对其消费产品偏好程度的方式引入模型,因此消费者偏好结构的设定将是本章分析的基础。本章将采用福斯特等(2008)、梅利茨和奥塔维亚诺(2008)相近的拟线性偏好,消费者效用函数具体形式为:

$$U = x_0 + \alpha \int_{\omega \in \Omega} q(\omega)x(\omega)d\omega - \frac{\beta}{2} \int_{\omega \in \Omega} [q(\omega)x(\omega)]^2 d\omega -$$

$$\frac{\gamma}{2} \left[\int_{\omega \in \Omega} q(\omega)x(\omega)d\omega \right]^2 \tag{6-1}$$

其中, x_0 表示计价物的消费量,并假设计价物厂商为完全竞争厂商,其生产仅使用非熟练劳动力,并且其单位产出为 1,从而可知其价格和非熟练劳动力工资水平均为 1。 x 和 q 分别表示产品消费量与产品质量, ω 表示差异化商品种类, Ω 表示差异化商品集合,由式(6-1)可知企业需求函数为:

$$x(\omega) = \frac{A}{\beta q(\omega)}\left[p^{\max} - \frac{p(\omega)}{q(\omega)}\right], \widehat{p} = \frac{\alpha\beta + \gamma\int_{\omega\in\Omega} p(\omega)/q(\omega)\,d\omega}{\gamma N + \beta}, \forall\,\omega\in\Omega$$

$$(6-2)$$

其中,A 表示目标市场上的消费者总数,即市场规模,N 表示产品种类数,$\widehat{p}$ 表示经质量调整后的价格上限,在相关文献中,这一价格上限常作为市场竞争程度的反映,其值越高,意味着市场竞争程度越低。

在供给层面上,本章将生产流程分为两个部分:质量生产部分与产品生产部分,并由研发型企业与生产型企业分别生产。为简化分析,假设两类企业均使用劳动力要素。不同之处在于,质量生产企业仅使用熟练劳动力(人力资本),产品生产企业仅使用非熟练劳动力,假设一国劳动力总禀赋为 $\bar{L}$,并且熟练劳动力比例为 ζ,即熟练劳动力禀赋为 $\zeta\bar{L}$,非熟练劳动力禀赋为 $(1-\zeta)\bar{L}$。假设所有非熟练劳动力之间均是同质的,不存在劳动报酬与生产率上的区别,熟练劳动力之间同样是同质的,并且其劳动报酬率为 $w > 1$。

在生产顺序上,假设研发型企业先进行质量生产,生产型企业再根据其质量水平进行产品生产。假设生产型企业的生产函数为 $x = al$,可知企业的定价和生产利润为:

$$p(\omega) = \frac{1}{2}\left[\frac{1}{a} + q(\omega)\widehat{p}\right], \pi^P(\omega) = \frac{L}{4\beta}\left[\widehat{p} - \frac{1}{q(\omega)a}\right]^2 \qquad (6-3)$$

由式(6-3)可知,产品质量越高,生产型企业的定价越高,利润也相应越高。从生产流程看,研发型企业对产品质量的定价只要低于生产型企业的利润,生产型企业就会购买相应的产品质量,因此研发型企业将获得生产型企业的所有利润①,从而可知研发型企业的利润为:

① 即使研发型企业没有拿走生产型企业的所有利润,而是采取利润分成制,这种情况下对于研发型企业而言仅仅是在其出售产品质量的收益前乘上一个固定的系数,并不会对结论造成影响。

$$\pi^R = \frac{NA}{4\beta}\left(\widehat{p} - \frac{1}{qa}\right)^2 - wf(b,q,N) \tag{6-4}$$

其中,b 表示熟练劳动力的生产率水平,$f(b,q,N)$ 表示单位质量生产的熟练劳动力投入函数,并且 $\partial f/\partial b < 0, \partial f/\partial q > 0, \partial^2 f/\partial q^2 > 0, \partial^2 f/\partial q\partial b < 0,$ $\partial f/\partial N > 0, \partial^2 f/\partial N^2 > 0$。

即熟练劳动力生产率水平与要素投入量呈负相关关系,所生产的质量水平与要素投入量呈正相关关系,熟练劳动力生产率水平越高,要素投入量越少;所生产的质量水平越高,要素投入量越多;随着产品质量的提升以及熟练劳动力生产率水平的下降,其单位产出的边际投入也同样增加;产品种类数越多,质量生产的成本也越高,并且边际成本也随产品种类数的增加而增加。可知研发型企业利润最大化的一阶条件为:

$$\frac{NA}{2\beta a (q^*)^2}\left(\widehat{p} - \frac{1}{q^* a}\right) - wf_q'(b,q^*,N) = 0 \tag{6-5}$$

由式(6-5)可以求出研发型企业产出的最优质量水平,也是所有生产型企业所生产产品的质量水平。

在劳动力市场上,可知劳动力市场均衡时的产品多样性种类数与熟练劳动力的均衡价格分别为:

$$N = \frac{2\beta a^2 (q^*)^2 (1-\zeta)\bar{L}}{A(q^* a\widehat{p} - 1)}, w = w[(1-\zeta)\bar{L}, \zeta\bar{L}], \frac{\partial w}{\partial \zeta} < 0 \tag{6-6}$$

式(6-6)意味着随着熟练劳动力相对要素禀赋的提升,其要素价格有所下降。结合式(6-2)可以求出均衡时各相关变量。

二、开放经济均衡分析

本节将对上述基准模型拓展至开放经济。为简化分析,仅分析两国模型,并且以下标 H 表示本国相关变量,F 表示国外相关变量。在产品贸易上,沿用经典理论的相关假设,以冰山贸易成本的形式刻画产品出口边际成本,在新贸易理论中对贸易自由化的分析甚多,但这部分并非本书分析重点。因此假设两国的冰山贸易成本是对称的。假设本国为低技术国家,外国为高技术国家,并且在要素禀赋上高技术国家的熟练劳动力相对要高于低技术国家,即 $\zeta_F >$ ζ_H。

在劳动力要素的流动上,假设存在两种类型的流动:

一是留学,即低技术国家熟练劳动力通过向高技术国家熟练劳动力学习以提升自身劳动力水平,由于本章假设非熟练劳动力在两国间不存在差异,因此非熟练劳动力在两国间不存在留学行为,本国熟练劳动力的流动比例为 κ,要素流动自由化程度越高,其值越高,并假设留学可对本国熟练劳动力带来技术溢出效应,技术溢出率为 $0 < \rho < 1$,可知本国熟练劳动力流动后的生产率水平提升为:

$$b_H^{op} = (1 - \rho\kappa)b_H + \rho\kappa b_F > b_H \tag{6-7}$$

但本国熟练劳动力水平禀赋下降为 $(1 - \kappa)\zeta\bar{L}$。

二是移民,与留学不同之处在于,移民并不会对本国熟练劳动力带来技术溢出效应,并且移民不存在非熟练劳动力与熟练劳动力之间的区别,假设移民比例为 $0 < \theta < 1$,移民后本国熟练劳动力水平禀赋下降为 $(1-\kappa)(1-\theta)\zeta\bar{L}$。

开放经济下本国研发型企业利润为:

$$\pi^R = \frac{N}{4\beta}\left[A_H\left(\widehat{p_H} - \frac{1}{qa}\right)^2 + A_F\left(\frac{\widehat{p_F}}{\tau} - \frac{1}{qa}\right)^2\right] - w_H f(b_H^{op}, q, N) \tag{6-8}$$

从式(6-8)中可以看出,在其他变量保持不变的情况下,随着贸易自由化程度的提升(τ 的下降),研发型企业利润有所增加。而产品质量由式(6-9)决定。

$$\frac{N}{2\beta a(q^*)^2}\left[A_H\left(\widehat{p_H} - \frac{1}{q^*a}\right) + A_F\left(\frac{\widehat{p_F}}{\tau} - \frac{1}{q^*a}\right)\right] - w_H f_q'(b_H^{op}, q^*, N) = 0$$
$$\tag{6-9}$$

企业数与熟练劳动力的均衡价格分别为:

$$N = \frac{2\beta a^2 (q^*)^2 (1-\zeta)(1-\theta)\bar{L}}{A_H(q^* a\hat{p}_H - 1) + A_F(q^* a\hat{p}_F/\tau - 1)},$$

$$w = w[(1-\zeta)(1-\theta)\bar{L}, (1-\kappa)(1-\theta)\zeta\bar{L}] \tag{6-10}$$

结合式(6-9)和式(6-10)可以看出,相对于封闭经济而言,虽然开放经济下熟练劳动力通过留学能提升其生产率水平,并且生产型企业面临更大的市场,获得更多的生产利润,但对于研发型企业而言,生产型企业数量因为面临国外企业的竞争而下降,使得研发型企业从事产品质量生产获得的收益变动并不显著。除此以外,熟练劳动力移居国外使得本国熟练劳动力要素禀赋下降,从而提升熟练劳动力的价格,这同样不利于产品质量生产。在开放经济下,移民一方面会使得本国熟练劳动力要素禀赋下降,不利于产品质量的生产,而另一方面移民会使得非熟练劳动力要素禀赋下降,本国产品种类数下降,从而使得研发型企业更专注于少量产品的质量升级,促进本国产品质量提升。

三、比较静态分析

本节将对人力资本要素流动自由化对各均衡变量的影响进行比较静态分析,首先本章将分析人力资本要素流动自由化对产品质量的影响,根据本章模型中的定义,人力资本要素流动自由化指的是本国留学比例 κ 以及移民比例 θ 的提升,本节分析本国留学比例对出口产品质量的影响。由式(6-9)和式(6-10)可知:

$$\frac{\partial q^*}{\partial \theta} = \Psi_1(b_F - b_H)\rho - (1-\theta_H)\zeta_H\Psi_2, \Psi_3 \equiv \left[\frac{1}{q^*} + \frac{f_{qq}''(b_H^{op}, q^*, N^*)}{f_q'(b_H^{op}, q^*, N^*)}\right]^{-1},$$

$$\Psi_1 = -\Psi_3\frac{f_{bq}''(b_H^{op}, q^*, N^*)}{f_q'(b_H^{op}, q^*, N^*)} > 0, \Psi_2 \equiv \frac{w_2'}{w^*}\Psi_3 > 0 \tag{6-11}$$

从式(6-11)中可以看出,留学对产品质量的影响并不确定,取决于两国的技术差距、本国熟练劳动力对国外先进技术的吸收程度,本章将以上分析总结为命题1。

命题1：当两国技术差距足够大、留学对本国熟练劳动力带来技术溢出效应足够高时，人力资本要素流动自由化能促进产品质量的提升，反之，人力资本要素流动自由化将阻碍产品质量的提升。

随后本节将分析移民比例对出口产品质量的影响。由式(6-9)和式(6-10)可知：

$$\frac{\partial q^*}{\partial \theta} = \Psi_3 \left[\frac{w_1{}'}{w^*}(1-\zeta_H)\bar{L} + \frac{w_2{}'}{w^*}(1-\kappa)\zeta_H\bar{L} - \frac{1}{1-\theta_H} - f_{qN}{}''(b_H^{op}, q^*, N^*)\frac{\partial N}{\partial \theta} \right]$$

$$(6-12)$$

从式(6-12)中可以看出，移民对产品质量的影响并不确定，其取决于本国熟练劳动力的相对禀赋程度，本章将以上分析总结为命题2。

命题2：当一国熟练劳动力相对禀赋足够高时，移民将能促进产品质量的提升，反之，移民则会阻碍产品质量的提升。

第三节　人力资本跨国流动对外贸
战略转型影响的线性估计

在理论分析基础上，本节和第四节从经验上评估人力资本跨国流动对对外贸易战略转型的影响。首先，测算了衡量跨国外贸战略转型的出口产品质量指标。紧接着，考察了人力资本跨国流动与出口产品质量的线性关系，并结合人力资本跨国流动对生产率水平的影响进行了机制讨论。

一、出口产品质量：外贸战略转型的质量显像

(一)出口产品质量测算方法

产品质量测算方法有很多，现有文献主要采用的是"单位价值法"和"需

求残差法"。但是考虑到除了质量因素外,单位价值还受到诸如要素成本或者政府的补贴政策等其余很多因素的影响,简单的单位价值难以与产品质量等同。坎德瓦尔等(Khandelwal 等,2013)提出运用"需求残差法"测算出口产品质量,其估计方法是取需求量中扣除掉价格因素的残差部分。核心的估计思想是:在价格相同的情况下,市场绩效越好的(更多的出口量)产品质量越高。我们借鉴坎德瓦尔等(2013)的做法,构造计算各国的产品质量指标如下:坎德瓦尔等(2013)原文中,计算产品质量的数据维度为"企业—产品—目的国—年份"(firm-product-country-year)。根据研究需要,我们使用 2015 年商品名称及编码制度 6 分位产品的世界各国双边贸易数据截面数据,具有出口国(i)—产品(h)—目的国(j)三个维度,对应的估计方程为:

$$\ln q_{ijh} + \sigma \ln p_{ijh} = \alpha_h + \alpha_j + \epsilon_{ijh} \tag{6-13}$$

其中,q_{ijh} 为商品需求数量,即从 i 国出口至 j 国的商品 h 的数量;p_{ijh} 为商品价格,即根据产品的出口金额与数量计算的单位价值量(Unit Value);α_h 是产品固定效应,因为不同产品之间的出口价格和出口数量未必可比,可能存在一些产品层面的异质性,可以通过产品固定效应消除;α_j 是进口国的国家固定效应,控制销售市场的购买能力(收入水平)、物价水平以及消费者异质偏好等特征。

特别需要说明的是,σ 为商品之间的替代弹性,往往通过假设取值。若非如此,我们就必须要在推算产品的质量之前先逐一估计出每种商品的需求。然而,如果用同一套数据这样做,由于产品质量影响需求量,我们就无法避免测算结果的内生性问题。因此,我们借鉴坎德瓦尔等(2013)的做法,将 σ 直接设定为一个确定的数值。根据已有文献常用做法,我们直接将 σ 设定为 4(即纺织品和衣服两个行业商品替代弹性的中值)。根据范等(Fan 等,2015)的研究,σ 分别设定为 5 和 10,用于计算产品质量。根据式(6-13),并且通过回归估计,我们求得残差 $\hat{\epsilon}_{ih}$,估算的质量可表示为:

$$\ln \hat{\lambda}_{ih} = \frac{\hat{\epsilon}_{ih}}{\sigma - 1} \qquad (6-14)$$

这样计算出来的产品质量具有出口国和产品两个维度,我们根据商品名称及编码制度 6 分位产品与北美产业分类方法(North American Industry Classification System,NAICS)4 分位码之间的对应关系,对国家—行业数据维度上求平均值,可以得到每个国家在各个 4 分位 NAICS 行业上出口产品的"平均质量"(AQ)。

(二)出口产品质量指标的测算结果

表 6-2 报告了基于以上公式和数据得到的平均质量的前二十位和后二十位国家。可以看到,出口产品质量最高的国家为瑞士、日本、美国、德国、英国、法国等发达国家,质量最低的国家为多哥共和国、尼日尔、叙利亚、吉尔吉斯斯坦等发展中国家。众所周知,瑞士和日本两个国家对产品的制造工艺和质量检测具有较高要求,从而也拥有较高产品质量,以上测算结果与我们的直觉完全一致。

表 6-2　平均出口产品质量最高和最低的前二十位国家

国家	平均质量最高的前二十位国家			国家	平均质量最低的前二十位国家		
	均值	标准差	观测值		均值	标准差	观测值
瑞士	0.7635	1.4666	144609	多哥共和国	−1.2490	1.6432	3258
日本	0.5441	1.2886	167922	尼日尔	−1.2355	2.0554	1699
美国	0.4853	1.1721	343178	贝宁	−1.2039	1.7308	1825
德国	0.4773	1.0470	344156	叙利亚	−1.1582	1.3920	3734
英国	0.4124	1.3054	272436	吉尔吉斯斯坦	−0.9451	1.7312	2919
法国	0.3613	1.1832	280011	伯利兹	−0.8637	1.6336	1640
挪威	0.2554	1.4510	60217	也门共和国	−0.8525	1.5974	1837

续表

国家	平均质量最高的前二十位国家			国家	平均质量最低的前二十位国家		
	均值	标准差	观测值		均值	标准差	观测值
意大利	0.2531	1.1513	305856	伊朗	−0.8079	1.4041	11439
爱尔兰	0.2420	1.4818	57243	尼日利亚	−0.7795	1.7148	5164
芬兰	0.2189	1.2147	79680	加纳共和国	−0.7465	1.6324	5232
丹麦	0.1616	1.2391	127789	巴拿马共和国	−0.7330	1.2797	33541
以色列	0.1470	1.3027	55692	佛得角	−0.7233	1.5624	961
澳大利亚	0.1396	1.3944	94796	几内亚共和国	−0.7223	1.7603	1338
奥地利	0.1245	1.1057	146717	布基纳法索	−0.7153	1.6451	1894
新西兰	0.0999	1.2884	50804	马里共和国	−0.7021	1.7739	1480
蒙古国	0.0703	1.6146	2546	图瓦卢	−0.7010	1.2414	89
加拿大	0.0686	1.1982	113305	阿曼苏丹国	−0.6969	1.5994	10063
墨西哥	0.0646	1.1845	88659	塔吉克斯坦	−0.6925	1.2732	868
新加坡	0.0617	1.3468	104765	几内亚比绍	−0.6899	1.2649	109
喀麦隆	0.0572	2.3026	5242	科威特	−0.6895	1.5698	10886

资料来源:笔者的计算。

(三)出口产品质量与出口广度

出口产品质量是衡量外贸战略转型的核心变量,该变量与国际贸易的其他特征有着密切关系。为了更形象地说明,我们绘制了出口产品质量平均值与出口产品国家数间的关系散点图。可以看到,两者呈现明显的正相关关系,即一国的产品如果出口到更多的国家,这个国家也拥有更高的平均出口产品质量。事实上,如果更多的国家愿意从一国购买产品,这或是因为出口国的产品拥有较低的价格,或是因为产品具有较高的质量,或者二者兼而有之,这就是所谓的

"高性价比"。出口产品质量与出口国家多样性的这种关系也说明,在进口产品的选择上,越来越多的国家开始越来越重视产品质量而非仅仅是产品价格。

二、人力资本跨国流动对出口产品质量的影响：线性估计

(一)关于估计方程和数据的说明

为了识别人力资本跨国流动对出口产品质量的影响,我们基于线性模型进行估计。考虑留学生占流出国人口比重、国际移民占流出国人口比重,即人力资本跨国流动的频繁程度对出口产品质量的影响。被解释变量具有流出国、流入国和产品三个维度,解释变量是流出国维度。同时,我们也考虑将流出国的人力资本禀赋作为控制变量,以控制一国的原始人力资本水平。令 i 为出口国,j 为进口国,h 为产品。令 $\ln Q_{ijh}$ 表示国家 i 对国家 j 出口的 h 产品的产品质量对数,$r\_student_i$ 表示 i 国国际学生流出量(至经合组织成员)对总人口的比例,r_mig_i 表示 i 国流出的移民(至经合组织成员)对总人口的比例,hc_i 表示 i 国的人力资本水平,则我们的估计模型设定如下：

$$\ln Q_{ijh} = \mu_{jh} + \gamma_1 \times r\_student_i + \gamma_2 \times r\_mig_i + \gamma_3 \times hc_i + \sum_l \beta_l C_i^l + u_{ijh}$$

$$(6-15)$$

其中,μ_{jh} 为产品—进口国固定效应,控制所有的产品—进口国维度的差异,既包括产品(产业)差异、全部进口国异质性,也包括随着产品和国家层面的异质性,比如某一特定进口国在某些产品上的特殊偏好;c_i 是流出国其他特征控制变量,包括对数化的人均资本 $\ln(K/L)$、人均国内生产总值 $\ln(Y/L)$ 和人口规模 $\ln(L)$,以及出口国法治水平 $rule\_of\_law_i$ 和营商环境 $entry\_cost_i$;u_{ijh} 是随机误差项。

各国人力资本存量、物质资本存量和劳均产出数据来自荷兰的格罗宁根大学增长与发展中心提供的佩恩表(Penn World Table 9.0),该数据库提供1950—2014 年 182 个国家关于人力资本存量、物质资本存量以及收入等可比

的数据,能够提供稳健和跨国可比的人力资本指标。各国的物质资本存量由建筑物、机器、交通设施和其他资产四类资产通过存货盘存法核算后加总而来,其中机器包括电脑、通信设备和其他机器,其他资产包括软件、其他知识产权产品和耕地资产,用以 2011 年为基期的当前购买力平价(current PPPs)计算的资本存量(单位:百万美元),除以劳动者人数(单位:百万人)得到劳均资本变量。实际国内生产总值是以 2011 年为基期的不变购买力平价(constant 2011 national prices)计算的国内生产总值(折算成百万美元),再除以劳动者人数得到劳均产出变量。以上变量均取为 2014 年数值。

人均国内生产总值表示国家发展程度,发展程度高的国家往往有较高的技术水平和收入水平,不仅影响出口产品质量,也会影响人力资本流动动机。人口规模则表示市场规模的大小,影响企业的规模经济和人口迁移的规模。数据来自法国国际经济研究中心(CEPII)数据库提供的引力模型子数据库,其中双边距离为两两国家间的加权地理距离,均为 2015 年数值。

国家的制度环境和营商环境不仅影响企业出口产品质量,也会影响移民外流和出国留学的动机:良好的环境不仅会增加国民的认同感,也会增加国内创业成功的概率,从而减少移居国外的动机。国家的制度环境用法治水平(Role of Law)衡量,数据来自世界银行的世界治理指数(Worldwide Governance Indicators,WGI)数据库。各国营商环境用世界银行营商环境数据库的企业市场进入成本($entry\_cost_i$)表示,取为企业创设程序所需的时间机会成本(占人均国民生产总值的比例)。

(二)线性模型估计结果

将与人力资本流动以及人力资本存量相关的变量作为解释变量,进行简单回归估计。表 6-3 中,第(1)列和第(2)列的区别在于产品质量计算过程中 σ 的取值不同:第(1)列 $\sigma = 5$;第(2)列 $\sigma = 10$。表 6-3 第(3)、(4)列为基于经合组织成员子样本的估计结果;表 6-3 第(5)、(6)列为非经合组织成员子样本的估计结果。各个估计中,我们选择报告的是出口国聚类标准误差,产品—进口国固定效应在估计结果中略去。

通过表6-3第(1)、(2)列我们可以看到,在全样本的估计中,留学生数量对两个产品质量的指标的估计系数均为负,且分别在1%和5%的水平下显著,移民变量的估计系数不显著。分子样本的估计系数表明,留学生对流出国出口产品质量的负向影响只在流出国起作用,但这一影响并不稳健,在非流出国的负面影响很微弱。同时,我们也注意到,无论是全样本还是分样本的估计(经合组织成员样本和非经合组织成员样本)人力资本禀赋控制变量的估计系数均显著为正,这表明人力资本存量即一国的人力资本禀赋对产品质量具有显著的促进作用,这与现有文献的研究结论一致,也与我们的直觉相符。

表6-3　线性模型的初步估计结果

变量	(1)	(2)	(3)	(4)	(5)	(6)
	全样本		经合组织成员		非经合组织成员	
	$\sigma=5$	$\sigma=10$	$\sigma=5$	$\sigma=10$	$\sigma=5$	$\sigma=10$
$r\_student_i$	−0.061***	−0.043**	−0.067**	−0.040	−0.009	0.002
	(−2.99)	(−2.16)	(−2.66)	(−1.38)	(−0.59)	(0.13)
r_mig_i	−0.014	0.018	−0.012	0.021	−0.024	0.009
	(−0.71)	(0.87)	(−0.33)	(0.56)	(−1.42)	(0.70)
hc_i	0.205***	0.202***	0.147***	0.149***	0.074***	0.076***
	(9.70)	(10.15)	(4.18)	(4.63)	(3.68)	(3.89)
产品—进口国固定效应	Yes	Yes	Yes	Yes	Yes	Yes
N	7219880	7219880	4514721	4514721	2531623	2531623
adj.R-sq	0.118	0.122	0.127	0.131	0.107	0.117

注:t值对应的是出口国聚类标准误差。*、**和***分别为10%、5%和1%的显著性水平。

事实上,影响人力资本跨国流动和出口产品质量的因素还有很多。在上文的估计中,我们仅放入了与人力资本跨国流动以及人力资本存量相关的变量,未考虑出口国的其他与出口产品质量相关的特征。进一步地,我们加入了式(6-15)中的其他流出国层面的控制变量,表6-4报告了我们的估计结果。表6-4的第(1)、(2)列估计结果显示,留学生人数的估计系数为负且不显著,移民变量的估计系数为正但不稳健。然而,分子样本的估计结果显示,移民仅仅对流出国的出口产品质量有显著的促进作用,对非流出国的影响不显著。

表6-4 加入控制变量的估计结果

变量	(1)	(2)	(3)	(4)	(5)	(6)
	全样本		经合组织成员		非经合组织成员	
	$\sigma=5$	$\sigma=10$	$\sigma=5$	$\sigma=10$	$\sigma=5$	$\sigma=10$
$r\_student_i$	-0.026	-0.033	-0.026	-0.033*	0.001	-0.007
	(-1.55)	(-1.62)	(-1.28)	(-1.84)	(0.03)	(-0.27)
r_mig_i	0.032*	0.034*	0.049**	0.054**	0.023*	0.012
	(1.95)	(1.88)	(2.64)	(2.68)	(1.67)	(0.81)
hc_i	0.100***	0.108***	0.081***	0.084***	0.087***	0.096***
	(3.92)	(3.93)	(3.69)	(3.91)	(3.66)	(3.75)
$\ln(K/L)$	-0.031	-0.056	0.042	0.002	-0.072	-0.045
	(-0.60)	(-1.03)	(1.61)	(0.09)	(-1.28)	(-0.82)
$rule\_of\_law_i$	0.091**	0.101***	-0.041	-0.077	0.047**	0.055**
	(2.54)	(2.70)	(-0.73)	(-1.31)	(2.07)	(2.05)
$entry\_cost_i$	0.020	0.020	-0.011	-0.037	-0.014	-0.009
	(1.14)	(1.07)	(-0.26)	(-0.93)	(-0.88)	(-0.59)
$\ln(Y/L)$	0.119**	0.095	0.137**	0.173***	0.064	-0.018
	(2.24)	(1.54)	(2.30)	(2.93)	(1.25)	(-0.36)
$\ln(L)$	0.129***	0.049**	0.113***	0.035	0.125***	0.015
	(6.27)	(2.00)	(3.59)	(1.28)	(5.02)	(0.58)

变量	（1）	（2）	（3）	（4）	（5）	（6）
	全样本		经合组织成员		非经合组织成员	
	$\sigma=5$	$\sigma=10$	$\sigma=5$	$\sigma=10$	$\sigma=5$	$\sigma=10$
产品—进口国固定效应	Yes	Yes	Yes	Yes	Yes	Yes
N	7200205	7200205	4514721	4514721	2511775	2511775
adj.R-sq	0.132	0.129	0.148	0.145	0.115	0.118

注:t 值对应的是出口国聚类标准误差。*、** 和 *** 分别为 10%、5% 和 1%的显著性水平。

在加入了控制变量后,人力资本存量的估计系数在所有估计组别中仍然在 1%的水平上显著为正,这再次印证了我们的推论。在基于线性模型的控制变量中,人均收入水平与人口的估计系数均显著为正,这表明国家规模与收入水平越大,一国的出口产品质量越高。这可能与一个国家的大规模发展带来的规模经济有关。制度环境对出口产品质量的促进作用主要体现在那些制度环境较差的非经合组织成员,对经合组织成员的影响不稳健。这可能是因为发达国家之间的制度环境差别较小,甚至可能存在相互的制度借鉴与改进,经合组织成员内部的制度差异对出口产品质量的影响不明显。国家的物质资本禀赋和营商环境的影响均不显著。

表 6-4 的估计似乎说明,移民对流出国出口产品质量有着积极的促进作用,而留学生的影响很微弱。对于这一结果,我们需要审慎对待。一方面,我们的控制变量还比较有限,由于数据的限制,很可能遗漏了同时影响出口产品质量和人力资本流出动机的变量,从而导致了一个有偏和不一致的结果;另一方面,我们需要厘清具体的影响机制,如果移民真的有影响,那么究竟是移民网络这种机制还是国际移民的技术扩散效应在起作用?

三、人力资本跨国流动与生产率水平

在利用行业特征进行估计之前,我们需要从经验上对人力资本流动与流入国生产率水平之间的关系有初步认识。如前文所述,人力资本跨国流动通过技术溢出影响出口产品质量。直观地,由于留学生携带了高级的技能,能够通过技术溢出提高母国的生产率水平。但囿于数据的可得性,我们难以获得国家—行业维度的生产率数据。事实上,由于各个行业分类标准存在差异,报告的数据质量差距也较大,短时间内获取涉及大部分国家的国家—行业两维度的生产率数据难以成为现实。鉴于此,我们选取国家层面的生产率作为替代变量,以识别跨国人力资本流动影响出口产品质量的渠道。具体地,我们考察留学生比重和移民比重对全要素生产率(Total Factor Productivity,TFP)的影响程度,其中国家层面全要素生产率数据来自荷兰格罗宁根大学增长与发展中心提供的佩恩表,$ctfp$ 表示以当前购买力平价计算的全要素生产率,$cwtfp$ 表示以当前购买力平价计算的与福利相关的全要素生产率,表6-5报告了估计结果。

表6-5 人力资本跨国流动对技术的影响

变量	(1)	(2)	(3)	(4)	(5)	(6)
	流入全部经合组织成员		流入经合组织核心成员20国		流入英美	
	$ctfp$	$cwtfp$	$ctfp$	$cwtfp$	$ctfp$	$cwtfp$
$r\_student_i$	0.244**	0.250**	0.267***	−0.040	0.401***	0.002
	(2.49)	(2.58)	(2.75)	(−1.38)	(4.28)	(0.13)
r_mig_i	−0.067	0.038	−0.077	0.027	−0.218**	0.009
	(−0.68)	(0.39)	(−0.79)	(0.28)	(−2.33)	(0.70)
N	114	114	114	114	114	114
adj.R-sq	0.053	0.070	0.064	0.073	0.147	0.119

注:t 值对应的是出口国聚类标准误差。*、** 和 *** 分别为10%、5%和1%的显著性水平。

表6-5估计结果显示,移民流出对一国生产率水平的影响不显著也不稳健,而留学生的影响则显著为正,这与前文的估计结果相反。具体地,表6-5

的第(1)、(2)列估计结果显示,移民的影响不显著,留学生比重的估计系数为正且在5%水平下显著。这表明,移民对流出国生产率水平没有影响,而留学生对流出国的生产率水平有着重要的促进作用。表6-5的第(3)—(6)列估计结果显示,当流入国为经合组织核心成员 20 国[①]和英美两国时,留学生虽然对一国与福利相关的全要素生产率($cwtfp$)的影响不显著,但对于购买力平价全要素生产率($ctfp$)的影响十分显著,也非常稳健。

这表明,前文关于人力资本流动与出口产品质量的研究仅仅考虑了人力资本流动与出口产品质量二者之间简单的相关关系,并没有揭示人力资本跨国流动影响出口产品质量的机制,也无法进行二者之间有效的因果识别。这需要我们选择合适的研究框架,考察人力资本跨国流动与出口产品质量间的因果关系。

第四节　人力资本跨国流动与外贸
战略转型:机制和渠道

前文估计中,我们基于跨国层面的人力资本跨国流动数据和出口产品质量数据进行了双边估计。在前文研究的基础上,本节基于行业的认知能力密集度作为识别跨国人力资本流动影响出口产品质量的渠道,为人力资本跨国流动影响流出国的出口产品质量提供了可靠的经验证据。

一、行业认知能力的测度

为更进一步识别跨国人力资本流动对出口产品质量的影响,我们需要借助行业特征进行研究。具体地,选取行业的认知能力密集度来识别人力资本跨国流动的作用:给定技术进步偏向技能劳动力,技能劳动密集度高的行业的

---

　　① 注:经合组织核心成员 20 国包括:澳大利亚、奥地利、比利时、加拿大、捷克、丹麦、法国、德国、意大利、日本、韩国、荷兰、新西兰、波兰、西班牙、瑞典、瑞士、土耳其、英国、美国。

出口产品质量就越依赖技术进步。根据前文的理论分析,我们可以有两个预测:第一,如果人力资本回流形成的技术扩散效应提高了流出国尤其是发展中流出国的出口产品质量,那么相对于留学生较少(从而智力回流也较少)的发展中国家,留学生较多(从而智力回流也较多)的发展中国家在高技能密集度的行业中应该能吸收更多的技术溢出,自然拥有更高的出口产品质量。第二,移民尤其是高技能移民流出将会减少本国技能存量,这一方面将会削弱技能密集型行业技术水平,另一方面会减少能够吸收高技术的技能劳动力水平,从而降低出口产品质量。这样,在移民迁出率高的国家,技能密集型行业的出口产品质量也相对较低。

(一)行业认知能力指标构造

行业技能密集度,即各个行业某种特定技能员工占比或行业对特定技能员工的需求程度。现有文献普遍采用一种比较笼统的刻画方法:即采用行业中非生产性雇员的占比来刻画,其中生产性雇员为主要从事生产、加工等工作在车间工作的员工,非生产性雇员为主要从事专业技术以及行政管理的人员。事实上这种划分方法类似我们通常所说的"蓝领"和"白领"的划分方法,这在很大程度上揭示的是不同行业受教育程度的差异,这种刻画方法显然难以揭示不同行业对特定技能的需求程度。我们需要寻找行业技能特征更细致、更有效的刻画方式。

所幸的是,美国职业信息网站提供的各种细分职业对特定技能的评分报告了各种技能对特定职业的重要程度,取值范围为0—100。我们借鉴黄玖立等(2014)的做法,将其标准化为0—1之间的数,然后以各个职业人数在行业总从业人数中所占比重为权重对行业内的职业技能特征进行加权,最后得出行业层面的技能特征。具体表示如下:

$$skill_i = \sum_{O=1}^{N} \frac{Labor_i(O) \cdot \theta(O)}{Labor_i} \tag{6-16}$$

其中，$\theta(O) = \dfrac{Importance(O)}{100}$，为标准后的特定职业技能特征。$Labor_i(O)$ 表示行业 i 中从事职业 O 的人数，$Labor_i$ 表示行业 i 中的总从业人数，通过这样计算得到的 $skill_i$ 指标即为按照北美产业分类方法下 4 分位编码的行业技能密集度指标。

美国职业信息数据库中，能力与技能的定义不同，能力（Ability）指的是"个体具有的影响其工作业绩的持久不变的特质"，包括认知能力、感知能力、身体能力和精神运动能力等多种能力。其中，认知能力（Cognitive Ability）定义为"影响问题解决过程中获取或应用知识的能力"，也有学者将其定义为"人脑加工、储存和提取信息的能力，即人们对事物的构成、性能与他物的关系以及基本规律的把握能力"，在一定程度上可以理解为我们通常所说的"智力"，是一些高技能密集度行业，如计算机及相关设备制造业、通信设备制造业等行业最重要的能力之一。因此，认知能力被作为刻画人力资本（智力）流动影响出口产品质量的最优渠道。

认知能力包括许多维度的细分能力，可以从不同视角进行理解，美国职业信息网站基于现实需要提供了多个认知能力衡量指标。从本书写作目的出发，由于国际学生在外国留学的目的是接受正规的学校教育，我们不妨从学校教育的特征入手进行衡量。首先，东道国院校在选拔留学生时，往往要求学生具有相当水平的听、说、读、写能力，如英美等国的院校会制定托福（TOEFL）或雅思（IELTS）成绩标准，考试达标才能被录取。其次，入学之后，听、说、读、写能力不仅是重要的教学和考核内容，也是影响留学生接受其他知识性课程的重要前提。鉴于此，我们选取听、说、读、写能力作为基础认知能力指标，具体定义为"主动倾听"（Active Listening）、"说"（Speaking）、"阅读理解"（Reading Comprehension）和"写作"（Writing）四项能力，取为简单平均值。

同时，我们考虑到，简单的"听、说、读、写"能力难以代表全部的认知能力,一些行业对认知能力或高技能的需求不仅限于此。一些技术含量较高的行业,如计算机及相关设备制造业,需要从业者在掌握基本技能的同时,能够快速地对问题作出判断、能够独立地发现问题并解决复杂问题等。因此,我们也考虑构造高级认知能力指标。主要包括"复杂问题处理"(Complex Problem Solving)、"批评性思维"(Critical Thinking)、"判断和决策"(Judgment and Decision Making)、"系统分析"(Systems Analysis)四项能力,同样地,我们取四项能力的简单平均值。显然,高级认知能力虽然比较抽象,但对应着学校教育尤其是高等教育的更高要求,也是现代化生产过程对从业者提出的更高技能要求。我们有理由相信,无论是从教育的"筛选效应"(拥有更高技能的学生更容易获得出国留学机会)还是从教育的"培养效应"(出国留学会提高留学生的技能水平)来看,在国外教育系统接受高等教育的留学生的上述高级认知能力更强,能够促进认知能力密集型产业的发展。表6-6 绘制了我们的基础认知能力指标和高级认知能力指标的构成。

表6-6　认知能力指标构成

基础认知能力指标	高级认知能力指标
主动倾听(Active Listening)	复杂问题处理(Complex Problem Solving)
说(Speaking)	批评性思维(Critical Thinking)
阅读理解(Reading Comprehension)	判断和决策(Judgment and Decision Making)
写作(Writing)	系统分析(Systems Analysis)

(二)行业认知能力计算结果

根据测算,我们最终得到了88个北美工业分类行业的基础认知能力指标和高级认知能力指标。表6-7报告了我们的基础认知能力指标排名前十位和后十位的行业。

表 6-7　基础认知能力指标排名前十位和后十位行业

NAICS	行业	四项基础认知能力均值
前十位行业		
3341	计算机及周边设备制造业	0.633
2111	石油和天然气采掘业	0.631
3342	通信设备制造业	0.604
3345	航海、测量、电子医学和控制仪器制造业	0.603
3254	医药制造业	0.592
3364	航空航天产品和零件制造业	0.589
3344	半导体及其他电子元件制造业	0.580
3251	基础化学制造业	0.579
3253	农药、化肥和其他农业化学品制造业	0.576
3255	油漆、涂料和胶粘剂制造	0.567
后十位行业		
3161	皮革和皮革鞣制及制造业	0.411
3116	动物屠宰加工业	0.424
3169	其他皮革及相关产品制造业	0.433
3141	纺织家具业	0.461
3149	其他纺织业	0.463
3117	海鲜产品制备和包装业	0.463
3152	剪裁和缝制服装制造业	0.464
3362	汽车车身和拖车制造业	0.471
3162	鞋类制造业	0.472
3211	锯木和木材保存业	0.473

资料来源:笔者的计算。

从表 6-7 我们可以看到,基础认知能力排名前三位的行业分别是计算机及周边设备制造业(0.633)、石油和天然气采掘业(0.631)以及通信设备制造业(0.604),排名后三位的行业为皮革和皮革鞣制及制造业(0.411)、动物屠宰加工业(0.424)以及其他皮革及相关产品制造业(0.433)。直观上,与计算机及周边设备制造业以及通信设备制造业相关的行业所需的专业技能较高,同时工作的报酬也相对较高,行业从业人员也普遍拥有高学历以及高技能。动物屠宰加工业以及皮革和皮革鞣制及制造业的从业人员主要从事的多为机械劳动,对基础认知能力("听、说、读、写")的要求相对来说较低。

我们也测算了四项高级技能的平均值,我们发现高级认知能力最高的三个行业分别为计算机及周边设备制造业(0.572)、石油和天然气采掘业(0.558)以及航空航天产品和零件制造业(0.553),高级认知能力最低的三个行业分别为动物屠宰加工业(0.351)、皮革和皮革鞣制及制造业(0.371)以及海鲜产品制备和包装业(0.376)。这与我们的基础认知能力的结果大致相同,这也说明我们选取的两种不同的认知能力指标是稳健的。

二、估计方程及变量说明

高质量产品的生产和出口要求一国具有较高水平的平均认知能力。国际人才流出(流入)将会削弱(加强)一国的认知能力水平,从而倾向于降低(提高)该国的产品质量。然而,仅仅使用国家层面的人力资本和产品质量数据,我们并没有足够把握进行因果推断:许多难以刻画等因素可能同时影响一国出口产品的质量和该国的人力资本跨国流动特征。直观上,人力资本跨国流动对行业的影响并不是同质的,而是随着行业的认知能力密集度的变化而有所不同:给定其他条件一致,相对那些不依赖认知能力的行业,人力资本跨国流动对认知能力密集型行业的影响更大。这样,通过比较人力资本跨国流动性不同的国家(第一次差分)在认知能力密集度不同行业(第二次差分)上出口平均产品质量,我们就能提供更加贴近事实真相的经验证据。

鉴于此,为了识别人力资本流动对来源国行业产品质量的影响,我们沿用国际贸易比较优势决定因素模型的设定(黄玖立,2014),以行业的认知能力密集度特征作为识别人力资本流动影响出口产品质量的渠道,关键的解释变量是国家留学生比重和行业技能特征的交互项,被解释变量为国家—行业两个维度的出口产品质量。同时控制国家和行业的双向固定效应,估计模型如下：

$$\ln AQ_{ik} = \alpha_i + \alpha_k + \beta_1 \cdot r_{student_i} \cdot skill_k + \beta_2 \cdot r_{mig_i} \cdot skill_k +$$

$$\beta_3 \cdot hc_i \cdot skill_k + \sum_l \beta_l \cdot C_i^l \cdot I_k^l + \varepsilon_{ik} \qquad (6-17)$$

其中，被解释变量 $\ln AQ_{ik}$ 为国家 i 在行业 k 上出口产品质量的自然对数（取平均值）。解释变量中，$r\_student_i$ 为从国家 i 出国留学的国际学生占总人口比例，r_mig_i 为从国家 i 迁出的国际移民对总人口的比例，hc_i 为国家 i 的人力资本水平。交叉项中 $skill_k$ 为行业 k 的技能特征。α_i 和 α_k 分别为国家和行业层面的固定效应，控制不随行业和国家变化的其他国家特定因素和行业特定因素如行业政策以及国家对于特定产品的特殊偏好等对出口产品质量的影响。$\sum_l \beta_l \cdot C_i^l \cdot I_k^l$ 表示其余四组交互项控制变量，包括国家劳均产出与行业全要素生产率增速的交互项（$production_i \cdot tfp_k - growth_k$）、国家法治水平与行业契约密集度交互项（$ruleoflaw_i \cdot con\_den_k$）、国家物质资本禀赋与行业资本密集度交互项（$capital_i \cdot cap\_den_k$）。行业层面的资本密集度和增加值的增长率数据来自美国经济研究局（National Bureau of Economic Research，NBER）和美国普查局经济研究中心联合研制的制造业产业数据库。所需指标均由原始数据计算得出。资本密集度指标由行业实际总资本存量占总增加值的比重刻画，全要素生产率由各个制造业行业的五大要素生产率的年平均增长率得到。行业契约密集度指标取自纳恩（Nunn Nathan，2007），在文章中被定义为关系特定型中间投入在产业全部中间投入中所占的比重。

后续估计中，本书根据文献的通行做法，采用美国的行业特征作为本书研究一致的行业维度变量，其主要原因在于美国的行业和职业门类齐全、数据披露质量较高并且拥有世界上最为成熟的就业市场，更重要的是美国就业制度完善、政府干预较少，能够提供各个行业和职业对各种技能的较为真实需求信息和几乎接近完全竞争市场环境的行业需求特征。当然，为了规避样本选择的内生性，回归方程中均剔除美国的样本。

三、基本估计结果

(一)初步估计结果

首先,为了更清晰地呈现人力资本跨国流动对出口产品质量的影响,我们在回归估计中仅考虑留学生比重和移民比重两个刻画人力资本跨国流动的变量以及国家核心的人力资本存量控制变量,表6-8报告了我们的初步估计结果,其中被解释变量为根据法国国际经济研究中心数据库提供的2015年的贸易数据计算得到的各国对世界出口的产品质量,核心解释变量为两类人力资本流动指标分别与行业认知能力密度相乘的乘积项。很显然,人力资本流动尤其是一个国家所有的人口中出国留学率与该国的教育发展程度密切相关,为了使得人力资本流动变量尽可能地满足条件随机假设,我们在方程中控制了流出国的人力资本水平,并且同样选择将其与行业认知能力密集度的交互项放入估计方程中。根据现有文献的做法(Nunn,2007;黄玖立等,2014),为了对各个因素的解释力进行横向对比,表6-8选择报告的是标准化之后的贝塔估计系数,括号中报告的是估计系数的t值而非标准误。根据前文分析,为了比较出国留学和移民对不同发展水平国家的影响,我们不仅报告全样本的估计结果,也将来源国分成了经合组织流出国和非经合组织流出国,并且分别报告了全样本和子样本估计结果。

表6-8 基准估计结果

变量	(1)	(2)	(3)	(4)	(5)	(6)
	全样本		非经合组织成员		经合组织成员	
	$\sigma=5$	$\sigma=10$	$\sigma=5$	$\sigma=10$	$\sigma=5$	$\sigma=10$
$r\_student_i \cdot basic4_k$	0.326***	0.290***	0.390***	0.312***	−0.025	0.150
	(3.60)	(3.64)	(3.40)	(3.29)	(−0.08)	(0.63)

续表

变量	（1）	（2）	（3）	（4）	（5）	（6）
	全样本		非经合组织成员		经合组织成员	
	$\sigma=5$	$\sigma=10$	$\sigma=5$	$\sigma=10$	$\sigma=5$	$\sigma=10$
$r\_mig_i \cdot basic4_k$	-0.269^{*}	-0.234	-0.341^{**}	-0.319^{*}	0.859	0.940^{*}
	(-1.71)	(-1.47)	(-1.99)	(-1.82)	(1.35)	(1.82)
$hc_i \cdot basic4_k$	0.570^{***}	0.336^{**}	0.329	0.201	1.820^{***}	1.461^{***}
	(3.33)	(2.00)	(1.52)	(0.92)	(4.30)	(4.17)
国家固定效应	Yes	Yes	Yes	Yes	Yes	Yes
行业固定效应	Yes	Yes	Yes	Yes	Yes	Yes
N	11305	11305	8406	8406	2899	2899
adj.R-sq	0.267	0.234	0.181	0.166	0.495	0.481

注:表中的估计系数为标准化的贝塔估计系数。t 值对应的是出口国聚类标准误差。*、** 和 *** 分别为 10%、5%和1%的显著性水平。

从表6-8第（1）、（2）列中可以看到,核心解释变量留学生比重与行业认知能力密集度的交互项（ $r\_student_i \cdot basic4_k$ ）估计系数显著为正,这表明,向发达国家派遣（或流向发达国家）高等教育留学生多的国家,母国在认知能力密集型产业上的出口产品质量越高;与此同时,移民比重与行业认知能力密集度交互项（ $r\_mig_i \cdot basic4_k$ ）估计系数显著为负,这表明,向发达国家移民（或流向发达国家）多的国家,母国在认知能力密集型产业上的出口产品质量越低。这意味着,国际移民在一定程度上会造成本国人力资本的流失,通过"智力流失"效应降低一国的出口产品质量,而留学生是"智力回流"的重要形式或载体,也是国际间技能或知识水平收敛的重要渠道,其流动的多寡影响着一国的产品质量。由两个变量的系数比较可知,出国留学的正面影响（0.326）超过移民流出的负面影响（-0.269）,两者综合之后的净影响为正,即倾向提高一国的产品质量。

然而,表6-8第（3）—（6）列中划分子样本的估计结果显示,留学生对本国出口产品的质量促进效应只存在于非经合组织流出国,也就是欠发达国家,对经合组织流出国的影响不显著。之所以存在这种差异,是由于经合组织流出国的平均技能水平较高,与其余经合组织流出国的基础差距较小,欠发达国家在技能水平上与发达国家存在巨大差异,从而留学生在国外的技能提高程度也更加显著,回国后能够迅速提升本国产业的技能水平,进而提高认知能力密集产业的产品质量。而经合组织成员之间的技能水平则较为接近,回流的留学生的技能水平提升不理想,并不能显著促进本国的出口产品质量。此外,表6-8第(1)—(4)列的估计结果还显示,移民流出对发展中东道国的负面影响小于派遣留学生的正面影响,这可能是由于迁往经合组织成员的移民多在本国接受教育,受制于本国落后的教育水平,这些移民离开母国所带来的智力流失效应有限,而学成归来带来的智力回流效应更加显著,这一部分正向效应可以抵消掉本国人力资本流失带来的智力损失,最终对流出国产品质量的净影响为正。

另外,出口国人力资本禀赋水平的影响为正,并且均在1%的水平下显著,这与黄玖立等(2014)的研究结论也是一致的。根据估计系数之间的比较,我们可知留学生隐含的智力回流对出口产品质量的影响大约相当于本国人力资本影响的59%($\approx 0.33/0.57$),即本国的人力资本水平仍然是提高出口产品质量最为重要的推动力量,同时留学生隐含的智力回流对非经合组织成员也显得尤为重要。

(二)加入控制变量估计结果

影响一国移民或学生出国留学的因素还有很多,这些因素也可能同时影响出口产品质量。通过国家(行业)固定效应,我们控制了所有不随行业(国家)变化的特征对出口产品质量的影响。然而,我们仍然有可能遗漏了具有国家—行业两个维度的解释变量。这意味着,要进行有把握的因果推断,我们尚须进一步控制其他同时具有国家—行业两个维度的重要因素。直观上,一国的收入水平、物质资本以及制度环境仍然是除了人力资本之外影响一国出口产品质量的重要因素。根据现有文献,我们需要控制收入水平、物质资本密集度以及制度环境的影响。在前文估计的基础上,我们加入三组交互项控制变量,包括国家劳均产出与行业全要素生产率增速的交互项($production_i$ · tfp_growth_k)、国家物质资本禀赋与行业资本密集度交互项($capital_i$ · cap_den_k)、国家法治水平与行业契约密集度交互项($ruleoflaw_i$ · con_den_k)。表 6-9 报告了我们加入所有控制变量后的估计结果。

表 6-9　进一步估计结果 I:加入控制变量

变量	（1）	（2）	（3）	（4）	（5）	（6）
	全样本		经合组织成员		非经合组织成员	
	$\sigma = 5$	$\sigma = 10$	$\sigma = 5$	$\sigma = 10$	$\sigma = 5$	$\sigma = 10$
$r\_student_i$ · $basic4_k$	0.275 ***	0.266 ***	0.333 ***	0.278 **	−0.066	0.110
	(3.08)	(2.96)	(2.90)	(2.54)	(−0.22)	(0.49)
r_mig_i · $basic4_k$	−0.459 ***	−0.424 ***	−0.555 ***	−0.527 ***	0.937	0.977 **
	(−2.90)	(−2.65)	(−3.21)	(−3.00)	(1.57)	(2.19)
hc_i · $basic4_k$	0.452 **	0.217	0.234	0.114	2.218 ***	1.759 ***
	(2.21)	(1.06)	(0.91)	(0.44)	(5.76)	(5.57)
$production_i$ · tfp_growth_k	−0.037	−0.079	0.060	0.029	−1.586	−1.745 **
	(−0.46)	(−0.96)	(0.66)	(0.33)	(−1.54)	(−2.31)
$ruleoflaw_i$ · con_den_k	0.137 ***	0.032	0.058	−0.011	−0.111	−0.136
	(3.04)	(0.66)	(1.02)	(−0.19)	(−0.65)	(−0.90)
$capital_i$ · cap_den_k	−0.138	−0.145	−0.146	−0.154	0.080	0.288
	(−1.58)	(−1.58)	(−1.37)	(−1.38)	(0.15)	(0.53)
国家固定效应	Yes	Yes	Yes	Yes	Yes	Yes
行业固定效应	Yes	Yes	Yes	Yes	Yes	Yes
N	10391	10391	7754	7754	2637	2637
adj.R-sq	0.303	0.264	0.208	0.191	0.543	0.536

注:表中的估计系数为标准化的贝塔估计系数。t 值对应的是出口国聚类标准误差。* 、** 和 *** 分别为 10%、5% 和 1% 的显著性水平。

从表6-9的第(1)、(2)列中可以看到,核心解释变量留学生比重与行业认知能力密集度的交互项($r\_student_i \cdot basic4_k$)估计系数在1%的水平下显著为正。同时,移民比重与行业认知能力密集度交互项估计系数仍然显著为负,这意味着,在加入了控制变量之后,估计结果仍然与前文一致,为了节约篇幅不再赘述。表6-9第(3)、(4)列中划分子样本的估计结果与前文的估计基本一致。在加入了其余三组交互项控制变量以及控制了双向固定效应之后,非经合组织成员中留学生比重与行业认知能力密集度的交互项($r\_student_i \cdot basic4_k$)估计系数仍然在1%和5%的水平下显著为正,这表明,我们前文的估计结果仍然是稳健的。人力资源禀赋交互项估计系数仍然显著为正,与前文结果一致。同时,表6-9第(5)、(6)列估计结果显示,经合组织成员子样本估计系数仍然不显著。此外,值得注意的是,在加入了控制变量后,国际移民流出对发展中东道国的负面影响大于派遣留学生的正面影响,最终对流出国产品质量的净影响为负,这与我们前文的研究不一致。

在全样本中,国家法治水平与行业契约密集度交互项($ruleoflaw_i \cdot con\_den_k$)的估计系数均显著为正,表明法治水平高的国家在契约密集度高的行业上具有更高的出口产品质量,这与现有文献的发现是一致的(Nunn,2007;黄玖立等,2014)。在其余子样本估计中,国家的劳动生产率、物质资本禀赋以及制度环境的影响均不显著,这可能是由于这些国家特征在相同收入水平国家群组内差异较小,难以产生较为显著的影响。

在我们所有的样本中,有三个国家的留学生比例存在异常。我们剔除三个国家的共157个样本,重新进行回归估计。表6-10报告了我们的估计结果。在剔除了异常值后,我们的估计结果没有明显变化,这表明估计结果仍然是稳健的。

表 6-10　进一步估计结果 II:剔除异常值

变量	(1)	(2)	(3)	(4)	(5)	(6)
	全样本		经合组织成员		非经合组织成员	
	$\sigma=5$	$\sigma=10$	$\sigma=5$	$\sigma=10$	$\sigma=5$	$\sigma=10$
$r\_student_i \cdot basic4_k$	0.278**	0.266**	0.348***	0.287**	−0.120	0.050
	(2.25)	(2.18)	(2.67)	(2.06)	(−0.28)	(0.15)
$r\_mig_i \cdot basic4_k$	−0.479***	−0.443***	−0.586***	−0.551***	0.957	0.999**
	(−3.11)	(−2.86)	(−3.53)	(−3.33)	(1.58)	(2.20)
$hc_i \cdot basic4_k$	0.423**	0.190	0.194	0.081	2.288***	1.820***
	(1.99)	(0.89)	(0.73)	(0.30)	(5.45)	(5.15)
$production_i \cdot tfp\_growth_k$	−0.032	−0.073	0.069	0.039	−1.582	−1.750**
	(−0.39)	(−0.89)	(0.75)	(0.43)	(−1.53)	(−2.30)
$ruleoflaw_i \cdot con\_den_k$	0.133***	0.025	0.046	−0.023	−0.117	−0.155
	(2.95)	(0.53)	(0.81)	(−0.37)	(−0.68)	(−1.01)
$capital_i \cdot cap\_den_k$	−0.132	−0.140	−0.147	−0.160	0.076	0.286
	(−1.50)	(−1.53)	(−1.35)	(−1.41)	(0.14)	(0.51)
国家固定效应	Yes	Yes	Yes	Yes	Yes	Yes
行业固定效应	Yes	Yes	Yes	Yes	Yes	Yes
N	10234	10234	7674	7674	2560	2560
adj.R-sq	0.304	0.263	0.209	0.191	0.564	0.556

注:表中的估计系数为标准化的贝塔估计系数。t 值对应的是出口国聚类标准误差。*、** 和 *** 分别为 10%、5%和1%的显著性水平。

四、进一步分析

(一)基于高级技能的估计结果

在前文的估计中,我们运用行业对基本认知能力的需求程度作为刻画行业技能特征的变量。但是,随着各个产业的高速发展,对人的技能要求也不仅仅限于基本的认知能力所包含的听、说、读、写。因而我们转而选择高级认知能力作为行业技能特征的刻画,以期提供更切实的经验证据。当然,高级认知能力虽然比较抽象,但对应着学校教育尤其是高等教育的要求,也是现代化生产过程对从业者提出的更高技能要求。我们有理由相信,在国外教育系统接受高等教育的留学生的上述认知能力更强,回流到母国后能够促进高级认知能力密集型产业的发展。表6-11报告了以高级认知能力作为渠道的估计结果。

表6-11　进一步估计结果 III:高级技能

变量	（1）	（2）	（3）	（4）	（5）	（6）
	全样本		经合组织成员		非经合组织成员	
	$\sigma = 5$	$\sigma = 10$	$\sigma = 5$	$\sigma = 10$	$\sigma = 5$	$\sigma = 10$
$r\_student_i \cdot basic4_k$	0.277***	0.257***	0.336***	0.283***	−0.018	0.066
	(3.20)	(3.01)	(2.94)	(2.63)	(−0.07)	(0.35)
$r\_mig_i \cdot basic4_k$	−0.504***	−0.431***	−0.588***	−0.523***	0.664	0.800*
	(−3.84)	(−3.19)	(−4.06)	(−3.54)	(1.32)	(2.03)
$hc_i \cdot basic4_k$	0.363*	0.149	0.163	0.044	1.902***	1.508***
	(1.81)	(0.74)	(0.66)	(0.17)	(5.54)	(5.31)
$production_i \cdot tfp\_growth_k$	−0.019	−0.065	0.073	0.040	−1.554	−1.703**
	(−0.23)	(−0.78)	(0.79)	(0.44)	(−1.50)	(−2.26)
$ruleoflaw_i \cdot con\_den_k$	0.136***	0.032	0.058	−0.011	−0.107	−0.132
	(3.06)	(0.67)	(1.02)	(−0.18)	(−0.63)	(−0.88)
$capital_i \cdot cap\_den_k$	−0.161*	−0.156*	−0.158	−0.158	0.088	0.293
	(−1.89)	(−1.74)	(−1.49)	(−1.43)	(0.17)	(0.55)
国家固定效应	Yes	Yes	Yes	Yes	Yes	Yes
行业固定效应	Yes	Yes	Yes	Yes	Yes	Yes
N	10391	10391	7754	7754	2637	2637
adj.R-sq	0.304	0.265	0.209	0.191	0.540	0.534

注:表中的估计系数为标准化的贝塔估计系数。t 值对应的是出口国聚类标准误差。*、** 和 *** 分别为 10%、5%和1%的显著性水平。

从表6-11中我们看到,估计系数的符号和显著性均出现明显变化。但值得注意的是,在将行业技能特征从基础认知能力变量转变为高级认知能力后,核心变量估计系数有一定程度的提升。表6-11第(3)、(4)列估计结果显示,在经合组织成员中,估计中核心变量留学生比重与高级认知能力密集度交互项估计系数分别由表6-9的0.333和0.278变为0.336和0.283,这表明相对于基本认知能力,发达国家的高等教育对人的高级认知能力的提升更为显著。这也与我们的直觉相符,即对包括听、说、读、写在内的基础认知能力的训练相对简单,非经合组织成员和经合组织成员的差距较小,因而留学生对于这些基础认知能力的提升程度有限。但复杂问题处理、批评性思维、判断和决策、系统分析这些高级的认知能力的提升需要系统的教育体系以及科学的训练方法,经合组织成员显然在这两方面拥有明显优势,因而留学生在接受发达国家的高等教育后对母国的产品质量提升作用更加明显。

(二)前十大留学目的国的估计结果

在前文估计中,我们选取的留学目的国为全部35个经合组织成员。事实上,留学生与优质的教育资源一样,呈现出集中分布特征。在所有经合组织成员中,英、美两国占34.88%,前十大目的国占69.13%。因此我们试图缩小留学目的国范围,先对前十大留学目的国进行估计。从表6-12的估计结果中我们看到,核心变量的估计系数和显著性无明显变化,这表明无论是对于全部35个经合组织成员还是前十大留学目的国而言,估计结果都是稳健的。

表6-12　进一步估计结果 IV:前十大留学目的国

变量	(1)	(2)	(3)	(4)	(5)	(6)
	全样本		经合组织成员		非经合组织成员	
	$\sigma=5$	$\sigma=10$	$\sigma=5$	$\sigma=10$	$\sigma=5$	$\sigma=10$
$r\_student_i \cdot basic4_k$	0.281***	0.252**	0.321***	0.251**	0.524	0.562*
	(2.77)	(2.47)	(2.78)	(2.08)	(1.45)	(1.82)

续表

变量	（1）	（2）	（3）	（4）	（5）	（6）
	全样本		经合组织成员		非经合组织成员	
	$\sigma=5$	$\sigma=10$	$\sigma=5$	$\sigma=10$	$\sigma=5$	$\sigma=10$
$r\_mig_i \cdot basic4_k$	−0.481***	−0.460***	−0.584***	−0.570***	0.786	0.784**
	（−2.99）	（−2.93）	（−3.33）	（−3.39）	（1.48）	（2.05）
$hc_i \cdot basic4_k$	0.435**	0.211	0.220	0.113	2.109***	1.660***
	（2.18）	（1.06）	（0.85）	（0.43）	（5.70）	（5.51）
$production_i \cdot$ tfp_growth_k	−0.042	−0.082	0.056	0.027	−1.792*	−1.951***
	（−0.51）	（−0.99）	（0.61）	（0.30）	（−1.94）	（−2.83）
$ruleoflaw_i \cdot$ con_den_k	0.137***	0.031	0.058	−0.011	−0.106	−0.131
	（3.04）	（0.65）	（1.02）	（−0.18）	（−0.61）	（−0.86）
$capital_i \cdot$ cap_den_k	−0.137	−0.144	−0.145	−0.153	0.133	0.338
	（−1.56）	（−1.58）	（−1.36）	（−1.38）	（0.25）	（0.61）
国家固定效应	Yes	Yes	Yes	Yes	Yes	Yes
行业固定效应	Yes	Yes	Yes	Yes	Yes	Yes
N	10391	10391	7754	7754	2637	2637
adj.R-sq	0.303	0.265	0.209	0.191	0.545	0.538

注：表中的估计系数为标准化的贝塔估计系数。t 值对应的是出口国聚类标准误差。*、** 和 *** 分别为10%、5%和1%的显著性水平。

（三）以英、美为留学目的国的估计结果

更进一步地，我们选取美国和英国作为留学生流入目的国来进行估计。这不仅仅是因为这两个国家拥有最多的留学生，更是因为美国和英国拥有世界上最成熟的高等教育体系和较高的教育质量，培养的学生往往更容易拥有高技术和高能力，这能够为我们提供人力资本流动影响出口产品质量更为确切的证据。表 6-13 报告了以英、美两国为留学目的国的估计结果。

表 6-13　进一步估计结果 IV：以英、美为目的国

变量	（1）	（2）	（3）	（4）	（5）	（6）
	全样本		经合组织成员		非经合组织成员	
	$\sigma = 5$	$\sigma = 10$	$\sigma = 5$	$\sigma = 10$	$\sigma = 5$	$\sigma = 10$
$r\_student_i \cdot$	0.314***	0.252**	0.369	0.456*	0.300***	0.197*
$basic4_k$	(2.99)	(2.45)	(1.44)	(1.86)	(2.92)	(1.75)
$r\_mig_i \cdot basic4_k$	−0.575***	−0.574***	1.326***	1.119***	−0.706***	−0.699***
	(−4.06)	(−4.30)	(6.49)	(6.10)	(−4.75)	(−4.91)
$hc_i \cdot basic4_k$	0.394**	0.182	2.290***	1.764***	0.201	0.102
	(2.00)	(0.93)	(6.85)	(6.18)	(0.83)	(0.42)
$production_i \cdot$	−0.047	−0.085	−1.822**	−2.003***	0.054	0.028
tfp_growth_k	(−0.57)	(−1.02)	(−2.38)	(−3.37)	(0.59)	(0.31)
$ruleoflaw_i \cdot$	0.135***	0.030	−0.085	−0.113	0.058	−0.010
con_den_k	(3.01)	(0.63)	(−0.50)	(−0.75)	(1.02)	(−0.17)
$capital_i \cdot$	−0.136	−0.144	0.115	0.330	−0.145	−0.154
cap_den_k	(−1.56)	(−1.58)	(0.21)	(0.57)	(−1.36)	(−1.39)
国家固定效应	Yes	Yes	Yes	Yes	Yes	Yes
行业固定效应	Yes	Yes	Yes	Yes	Yes	Yes
N	10391	10391	2637	2637	7754	7754
adj. R-sq	0.304	0.265	0.552	0.542	0.210	0.192

注：表中的估计系数为标准化的贝塔估计系数。t 值对应的是出口国聚类标准误差。*、** 和 *** 分别为 10%、5% 和 1% 的显著性水平。

表 6-13 中的第（1）、（2）列估计结果显示，与以全部经合组织成员为目的国的留学生比重估计系数相比，留学生比重交互项系数显著变大（由表 6-9 的 0.275 变为 0.314），这表明教育质量越高的国家对于留学生技能的提升效应越明显。这是由于英、美两国集中了世界上的最优质教育资源，不仅吸收的留学生数量最多，对留学生的认知能力的促进作用也更加明显。

第五节　以人力资本质量升级
推动外贸竞争力提升

随着全球经济飞速发展,人力资本,尤其是高技能、高教育程度的人力资本越来越成为一国经济发展不可或缺的要素,也成为各国争相抢夺的宝贵资源。其流动对于流出国和流入国的影响越来越受到广泛关注。本章从流出国的角度考察了国际学生流出和移民流出两类流动群体对流出国出口产品质量的影响。其中,国际学生和移民的流入国均为经合组织成员,流出国既包括经合组织成员,也包括非经合组织成员。主要结论包括以下几个方面:

第一,国际学生是"智力回流"的重要载体,留学生回到母国后,能够缩小发展中国家与世界前沿技术水平间的差距,提高母国出口产品质量。从全球范围内看,国际学生对流出国产品质量的净影响为正,这种影响主要通过"智力回流"知识外溢(技术扩散)作用实现。但这种"智力回流"的影响主要体现在发展中流出国(非经合组织成员),对发达流出国(经合组织成员)则不显著。之所以出现这种样本差异,主要是由于发展中国家与流入国之间存在较大技术差距,留学生在国外学习的技术提升效应明显,学成回国能够缩小技术差距,提高本国出口产品质量;而发达国家(经合组织成员)之间的技术差距则较小,国际学生的跨国流动无法缩小技术差距,从而也就无法改进流出国的出口产品质量。第二,国际移民是"智力流出"的重要载体,其跨国流动倾向于扩大发展中国家与世界前沿技术之间的差距,削弱发展中流出国的出口产品质量。从全球范围内看,移民外流对流出国产品质量的净影响为负,主要体现为"智力流出",但这种"智力流出"效应也主要体现在发展中流出国(非经合组织成员),对发达流出国(经合组织成员)为正但不稳健。这主要是由于世界前沿技术是偏向技能劳动力的,高技能劳动的减少,发展中流出国吸收和运用这些技术的能力减弱,其出口产品质量自然会被削弱。第三,国际移民的

"智力流出"效应超过"智力回流"效应,人力资本跨国流动的净影响体现为削弱流出国的出口产品质量。对全球以及发展中国家群体而言,国际移民的"智力流出"效应超过留学生的"智力回流"效应,对出口产品质量的净影响为负。这是由于留学生虽然有"智力回流"的效应,但其知识结构仍以书本知识为主,无法转化为能够提高出口产品质量的生产技术,而高技能移民则直接带走了生产技术和管理诀窍,这会对流出国产生更为直接的技术流失。此外,发展中国家的人文环境,限制了留学生发挥作用的空间,对出口产品质量的正向影响不如高技能工人大幅度流失的负向影响。第四,在加入行业技能特征后我们发现,向发达国家派遣(或流向发达国家)高等教育留学生多的国家,母国在认知能力密集型产业上的出口产品质量越高;同时,向发达国家移民(或流向发达国家)多的国家,母国在认知能力密集型产业上的出口产品质量越低。这表明,人力资本跨国流动对出口产品质量的影响是通过其携带的技能流动实现的。第五,提升本国教育质量是提高本国出口产品质量的重要途径。对发达国家而言,本国的教育质量(人力资本水平)仍然是影响出口产品质量的最重要因素,但对于发展中国家而言,向发达国家输送国际留学生则是本国教育体系的重要补充。

本章研究对我国外贸战略转型具有重要启示,包括以下四个方面:第一,应鼓励国际学生赴发达国家学习,这样能够迅速缩小本国与前沿技术的距离,显著提高本国外贸竞争力。事实上,本章侧重考察的是技术溢出效应,但留学生改善本国出口绩效的渠道还有很多,比如出口网络等方面,从而进一步提升本国的国际化水平。第二,应改革创新人才政策,一方面鼓励国际学生回国工作、参与产业发展和科研工作;另一方面要创造良好的生活条件和工作氛围,为国际留学生充分发挥作用提供舞台和机会。只有这样,才能够实现充分发挥一国的人力资本优势,真正从人力资本跨国流动中提升本国竞争力。第三,应该针对技能密集度不同的行业制定特定的行业政策,同时制定合理的人才回流制度,使得行业的技能需求特征与人才的技能特征能够充分匹配,即鼓励高技能的归国人员投身到技能密集型行业中,这样才能充分发挥高技能人才的比较优势。第四,留住本国智力资源改善外贸质量,但并不意味着要采取人才限制政策防止人才大幅度外流,而是要建立"大格局"的人才观。当务之急是改善人才环境和本国的投融资环境,提供人才施展抱负的机会和舞台。

第七章　加快技术要素跨国自由流动的外贸战略转型

在以信息技术、生物技术及新能源开发与应用为代表的新一轮技术革命浪潮的推动下,世界范围内的生产方式和经济社会发展格局正发生深刻变化。在当今全球化和知识经济的时代,高质量的经济增长离不开创新和技术进步。随着科学技术在社会经济的发展中所发挥的作用越来越重要,技术日渐成为一种不可或缺的生产要素,并且逐步从物质资本、劳动力等基础要素中分离出来,成为一种独立的生产要素。作为知识经济时代的核心要素,技术要素存在的意义已经在很大程度上超越了土地、劳动力等传统生产要素,成为一国在世界市场中获取高贸易收益的主要来源(张幼文,2013)。可以说,技术要素的丰裕度直接关系到一国的国际竞争力。对外而言,技术要素是一国出口增长模式转换的核心,只有获取和提升关键技术才能获得更多要素收益,因而具有丰富技术要素的国家在全球价值链中往往处于高附加值环节并占据主导地位;对内而言,技术要素决定了一国的劳动生产率、产业结构以及贸易结构等,对国内经济社会的发展、对外贸易战略的制定和推行起着至关重要的作用。

第一节　技术要素跨国自由流动的
内涵及制约因素分析

一、技术要素跨国自由流动的内涵及影响

作为高级生产要素的一种重要形式,技术相比其他生产要素,具有以下显著特性:一是重复使用性。某项技术一经研发成功,可以同时向多个需求者提供,并且不必再投入新的成本。在使用过程中,该项技术的价值不会被损耗。二是普惠性。例如,公共的知识资源能够被不同的人群同时使用,而且使用的人越多、流通的面越广,知识体现出来的价值就越大。三是所有权的垄断性。新技术具有独创性和卖方垄断性,在一定期限内通常受到法律的保护。然而,由于在很多情况下技术具有部分的非排他性,因此技术的创造者或所有者很难制止其他人不经授权地使用此种技术。四是时效性。一般来说,技术的价值具有很强的时效性,如果某项技术被长期搁置,或使用不及时,都有可能被新的技术迅速取代。五是不确定性。技术从开发到投入使用的过程都存在一定风险,并且技术要素在企业的生产经营中所发挥的具体作用和影响也具有很大的不确定性。

虽然技术要素在任何形式的经济发展中都起着至关重要的作用,但是从全球范围来看,在不同国家,技术要素的稀缺性存在显著差异。一般来说,发达国家在经历了工业革命、信息革命以及知识革命以后,所创造和拥有的技术要素在数量和质量上都远远超过发展中国家。这种相对稀缺性的巨大差异以及技术本身具有的高流动性导致了技术资源在国际间寻求最优化配置,其具体的实现形式就是技术要素跨国流动自由化。对于技术要素的流出国(一般来说是发达国家)来说,通过主动地利用本国高流动性的生产要素与其他国家低流动性的生产要素结合,从而在东道国获得比本国更高的要素收益;对于

技术要素的流入国(一般来说是发展中国家或新兴经济体)来说,技术要素的跨国流动使得本国获得了稀缺的高级生产要素,从而改变了原来只能出口劳动密集型或资源密集型产品的要素禀赋,提高其在国际贸易中的地位。总的来说,全球化和知识经济的发展加速了技术要素的跨国自由流动,而技术要素跨国流动又提高了要素流入国的生产效率,从而带动国际贸易和深化国际分工。然而,技术要素实现在全球范围内的自由流动也会让发达国家原先固有的产业优势逐渐丧失,从而为以中国为代表的一批新兴发展中国家在新兴技术和新兴产业带来了跨越式发展的历史性机遇。

更加值得注意的是,在技术要素跨国自由流动的背景下,一国的贸易结构体现的是其利用本国的优势要素去参与国际分工,一国高技术产品出口情况也并不能真实反映该国的技术发展水平以及其在全球价值链中的地位。例如,一些贫穷的国家出口高技术产品,并不是本国有技术能力去生产该种高技术产品,而是这个国家通过进口已经具有高技术水平的中间产品,利用本国的廉价劳动力和土地资源优势,经过简单的加工和装配从而出口复杂度高的最终产品(Rodrik,2006;Xu,2007)。由此可见,当前发展中国家面临的机遇不再仅仅是吸收外商直接投资、纳入全球分工体系、扩大出口规模等,而是提高要素收益,进而全面提高开放型经济的水平(周琢,2013)。因此,各国在制定对外贸易战略时关注的重点也由如何提升本国贸易结构转向了如何利用外来高级要素的流入来优化本国的技术水平和产业结构,以及如何利用本国已有的优势要素去获取更高的贸易收益。

二、我国技术要素跨国自由流动的制约因素

技术要素的跨国自由流动不仅深化了国际分工,也是我国产业结构调整、提高经济增长质量的重要途径,对我国实现"贸易大国"向"贸易强国"转变,提高全球价值链分工地位具有现实意义。历经改革开放四十多年的发展与积累,我国无论是技术水平还是国际竞争力都取得了飞跃式进步,并且逐步开始

从劳动密集型产业和加工组装等价值链环节向高技术产业领域以及价值链高端环节升级。党的十八大报告中提出实施"创新驱动发展战略",要"深化科技体制改革,推动科技和经济紧密结合,加快建设国家创新体系,着力构建以企业为主体、市场为导向、产学研相结合的技术创新体系"①。习近平总书记指出:"我们强调自主创新,绝不是要关起门来搞创新。在经济全球化深入发展的大背景下,创新资源在世界范围内加快流动,各国经济科技联系更加紧密,任何一个国家都不可能孤立依靠自己力量解决所有创新难题。要深化国际交流合作,充分利用全球创新资源,在更高起点上推进自主创新,并同国际科技界携手努力,为应对全球共同挑战作出应有贡献。"②技术要素作为"创新资源"的一种具体表现形式,其在开放的国际环境下实现自由、高效的流动无疑是我国实施创新驱动发展战略的重要一环。目前,我国在利用技术要素自由流动建设贸易强国的过程中存在以下制约因素:

第一,国外流入的技术要素对国内要素存在"挤压效应",不利于我国自主培育和积累技术要素。发达国家的技术要素流入我国,往往有一些附加的强制性条件,这种模式长期以来被固化,国内同类型技术要素的培育就会变得十分困难。这种外来技术要素挤压国内技术要素培育的事实,对我国从全球价值链中低端向中高端的迈进极为不利。

第二,技术要素开放的信息不对称,导致我国技术要素收益偏低。改革开放以来,大量的资本、技术等高级要素以外商直接投资为载体流入我国,并获取了相当可观的收益。由于我国对国外流入要素给予的超国民待遇,流入我国的要素往往可以获得比较高的收益。据统计,近年我国外商直接投资的平均回报率能够达到 20% 以上。而相对而言,我国企业"走出去"战略起步较

---

① 中共中央文献研究室编:《十八大以来重要文献选编》(上),中央文献出版社 2014 年版,第 17 页。

② 中共中央文献研究室编:《习近平关于科技创新论述摘编》,中央文献出版社 2016 年版,第 42—43 页。

晚,在进行海外投资或从事研发活动时常常面临着信息不对称和技术壁垒等制约因素,企业能够通过技术要素获利的途径也不多。长此以往,国外技术要素流入我国可以获得超高的收益,而我国的要素流出却难以在国际市场上获得令人满意的收益。

第三,要素组合结构不合理,导致我国要素参与国际分工地位偏低。我国目前的出口导向型对外贸易战略主要是利用国内低端要素(指劳动力和土地等)的价格优势,配合国外流入的高级要素(指资本和技术等),在国内完成要素的组合后再出口到国际市场上。从全局来看,在技术要素跨国自由流动的大背景下,国外高级要素的流入虽然有利于改善我国出口结构,但并没有优化我国本身要素组合,反而给我国要素跨国流动带来了一些负面影响。一方面,由于价格优势的存在,我国出口商品易在国际市场上遭受其他国家的"双反"调查,增加了贸易摩擦的可能性。另一方面,由于国外的高级要素都具有十分强的逐利性,当我国其他配合高级要素流入的低端要素价格优势下降时,国外的技术要素就可能转而流向价格优势更加明显的其他国家,以寻求更大的利润(张幼文,2015)。

第二节　技术要素跨国流动方式选择的理论机理

技术要素既可以源于自身的知识创造,也可以通过参与国际分工和贸易等方式实现技术的转移和扩散。根据不同分析角度,技术要素的流动方式可以分为不同的形式。通常来说,在不同的国家、产业部门以及企业之间,主要的交流来自各自的产品、物质资本、人力资本等实物,而技术资源就存储于这些不同形态的载体之中。总的来说,不同的技术要素载体就意味着不同的流动方式。因此,根据载体的不同,可以将技术要素跨国流动方式分为以下三种不同类型:

一是产品内涵型技术要素流动。主要是指在高技术产品贸易中进行技术转移、传播。目前,高技术产品贸易主要是产业内贸易(刘建生等,2018)。从技术要素流动角度来说,产品内涵型技术要素流动对国内技术水平产生影响的渠道主要有两个:首先是产品贸易的"溢出效应"(或选择效应),一国的产业部门通过获得国外产业部门的新产品,并通过对其中蕴含的技术要素进行学习、模仿和吸收获得知识溢出,最终不断优化国内产业结构并提升本国国际竞争力(祝树金等,2010)。其次是"竞争效应",进口产品中蕴含的国外先进技术会对国内生产同类产品的企业带来压力,刺激这些企业加强对新产品的研究与开发,从而实现自身技术进步。

二是资本内涵型技术要素流动。这种形式的技术要素流动可以看作是"纯"技术的流动,主要通过非商品形式的流通(技术引进、技术合作、知识产权与技术贸易等方式),即利用资本要素优势直接获取技术要素资源,从而实现技术要素在国际间的直接转移和传播。克鲁格曼指出,发达国家与发展中国家之间的技术差距给发展中国家提供了发展机会,发达国家作为新技术的最先使用者和提供者,与新技术需求者之间开展技术贸易,发达国家往往是在本身使用一段时间后才向发展中国家直接转移新技术,新技术的转移从产品成熟期开始,因而发达国家与发展中国家之间始终会存在技术差距。由于发展中国家具有相对低廉的劳动力成本和广阔的市场,因此能够以较低的成本迅速掌握新技术,逐渐缩小与发达国家之间的差距。

三是知识内涵型技术要素流动。以人才、知识或先进管理经验的转移作为技术要素转移、传播的媒介。新增长理论强调,知识资本是长期经济增长的引擎,是企业、国家等层面创新与技术进步的重要影响因素。因此知识内涵型技术要素流动是一国自主创新的主要动力来源之一。例如,跨国公司在海外进行研发活动,就是通过研发资金和高端研发型人才在国际间的流动所伴随的空间知识溢出、知识资源的优化配置和创新合作效应来促进本国生产率的提升(蒋殿春,2004)。在后续的研究中,我们用生产率的增长来刻画上述三种形式的技术要素跨国自由流动对我国技术水平的提升作用。从理论上来说,生产率的增长可以进一步分解为技术进步和技术效率提升两条路径(Fare等,1994)。技术进步表现为生产前沿面的向外扩张,技术效率提升则表示在既定的要素投入下,实际产出量与最大产出量之间的距离缩小。

从技术要素跨国自由流动促进技术进步的作用机制来看(见图7-1),由于技术的发展呈现出高度复杂化和快速更新的特征,从而一国或者一个地区的研发主体可能不具备进行技术创新所需的全部知识,而跨区域或跨境的技术合作能够有效地推动技术资源的整合与重新创造,大大提升各个研发主体整合资源、获取知识的能力,全面推动技术进步。技术要素在不同区际间的流动可以将不同的异质性技术创新主体联合起来,形成一个相互作用、相互合作的技术创新网络,从而促进技术创新活动的顺利开展,引致技术进步。

从技术要素跨国自由流动提高技术效率的作用机制来看(见图7-1),一方面,由于技术要素本身具有很强的趋利性,在市场规律作用下会按照边际收益等于边际成本的原则自发流向获益最高的地区或国家,从而实现在一国或者世界范围内创新知识、技术与经济发展间的最优匹配;另一方面,对于技术要素的流入国,国外流入的要素能够与本国闲置生产要素相结合,从而有利

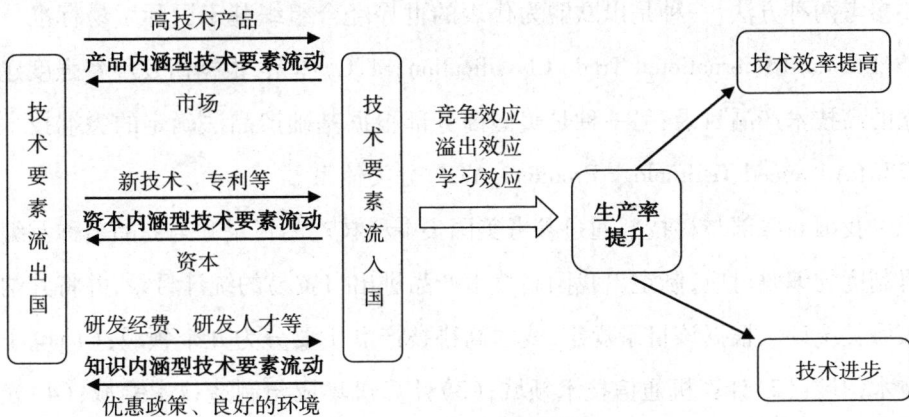

图7-1　技术要素流动方式选择的理论机理

于全面提高本国要素边际生产率,由于从发达国家流入的技术要素往往蕴含着较高的创新水平和管理技术,可通过"学习效应"等渠道提高本国研发人员边际生产率。对于技术要素流出国,本国技术要素流出后,由于存量减少,剩余技术要素的边际生产率得到提高。综上所述,技术要素跨国自由流动能够使流入国和流出国要素边际生产率都得到提高。

第三节　技术要素跨国自由流动的经济效应

一、技术要素跨国自由流动的度量及生产率测算

(一)产品内涵型技术要素流动的度量

我们以高技术产品贸易刻画产品内涵型技术要素跨国流动。高技术产品是建立在现代科学发现和技术发明基础上的,具有知识密集度高、研发投入强、发展速度快等特征。由于各国发展水平存在较大差异,国际上对高技术产品的统计口径不尽相同,各国海关在统计进出口贸易数据时也会根据实际情况制定相应的产品类别划分方法。国际上大多数国家对高技术产品的界定主要参考两种方法:一种是以欧盟为代表的世界经合组织基于国际贸易标准分类(Standard International Trade Classification,SITC)体系,根据研发经费强度建立的高技术产品目录;另一种是美国商务部根据基础产品法确定的尖端技术产品(Advanced Technology Products,ATP)分类体系。

我国商务部与科技部通过参考美国尖端科技产品目录并与商品名称及编码制度的编码对应,制定出我国高技术产品进出口贸易的统计目录,并将其纳入海关统计。根据该目录规定,我国高科技产品主要分为九个领域:(1)电子技术领域;(2)计算机通信技术领域;(3)计算机集成与制造技术领域;(4)光电技术领域;(5)材料技术领域;(6)航空航天技术领域;(7)生命科学技术领域;(8)生物技术领域;(9)其他技术领域。我们将采用该目录的规定对各省、

自治区、直辖市高技术产品进口情况进行统计。

（二）资本内涵型技术要素流动的度量

在资本内涵型技术要素流动中，技术要素存在于"纯"技术之中，技术要素的流入国用本国的资本优势去换取国外的技术要素资源流入。因此，我们用从国外引进的技术合同的金额来刻画资本内涵型技术要素流动。具体来说，技术引进是一种相对直接的技术要素注入方式，通过直接引进国外先进技术，对本国技术进步的作用主要是依靠技术注入机制、知识流动机制、人员机制等三个溢出渠道产生的（肖文和林高榜，2011）。

（三）知识内涵型技术要素流动的度量

跨国公司在我国进行研发活动的过程中，我国企业主要通过知识溢出等渠道吸收外来的创新技术和先进管理经验等，从而提高自身技术水平。因此，我们以吸收海外研发经费来表示研发活动开展以及知识积累的情况。

（四）基于数据包络分析法的全要素生产率测算

对于全要素生产率的测算，目前主要的方法有索洛余值法、数据包络分析法（Data Envelopment Analysis，DEA）、随机前沿法（Stochastic Frontier Approach，SFA）等。其中，数据包络分析法是一种基于数学归纳的测算方法，不需要预先设定函数的具体形式和技术中性条件，而且不受投入、产出指标量纲的影响，能够客观、现实地反映经济增长的情况，具有较强的普适性。因此，本书选用数据包络分析法和马奎斯特指数法（Malmquist Index Approach）测算各个省份历年来的全要素生产率。马奎斯特指数法是通过将全要素生产率分解为技术效率变化和技术进步来实现的（具体的分解方法见图7-2）。

假设有两种投入指标 L 和 K，一种产出指标 Y；取变量 K 和 Y 的劳动平均，得到 (k,y)，其中 $k = K/L$，$y = Y/L$。假设有两个时期，一个是基期，另外

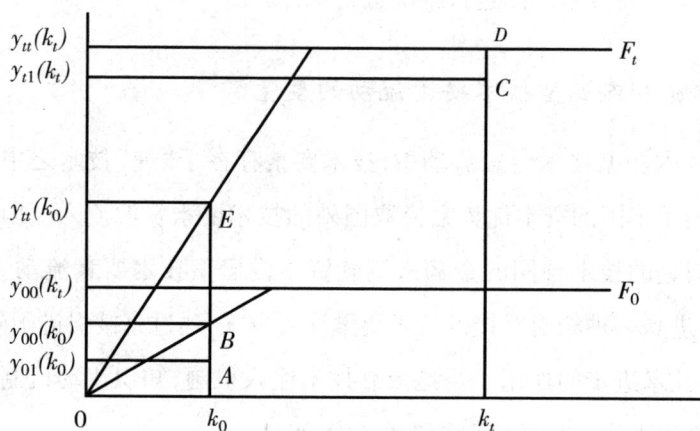

图 7-2　全要素生产率的分解

一个记作 t 期。图 7-2 中的 F_0 是基期的生产前沿边界,代表了在既定技术条件下以当前的要素投入组合能够得到的最大产出水平,而当前的实际生产能力处于 A 点。两者之间的距离就刻画出了技术效率的差别。也就是说,在同样的要素投入 k_0 下,由于无法完全充分地使用技术,从而产出不能达到当期生产的前沿边界。同样的情况也会发生在 t 期的生产前沿边界 F_t 上。将上述技术效率记作 e。如图 7-2 所示,在基期要素投入为 k_0 时,$y_{01}(k_0)$、$y_{00}(k_0)$ 分别为对应的实际产出和最大产出,此时有:$e_0 = \dfrac{y_{01}(k_0)}{y_{00}(k_0)}$,同理,在 t 期有:

$$e_t = \frac{y_{t1}(k_t)}{y_{tt}(k_t)}。$$

由此可得:

$$\frac{y_{t1}(k_0)}{y_{01}(k_0)} = \frac{e_t \cdot y_{tt}(k_t)}{e_0 \cdot y_{00}(k_0)} \tag{7-1}$$

若用基期的生产技术来衡量资本深化,那么式(7-1)可以写为:

$$\frac{y_{t1}(k_0)}{y_{01}(k_0)} = \frac{e_t}{e_0} \cdot \frac{y_{tt}(k_t)}{y_{0t}(k_t)} \cdot \frac{y_{0t}(k_t)}{y_{00}(k_0)} \tag{7-2}$$

这样,产出的增长被分解成三个部分,分别是:技术效率的提高 e_t/e_0、技

术进步 $y_{tt}(k_t)/y_{0t}(k_t)$、资本深化 $y_{0t}(k_t)/y_{00}(k_0)$。

若以 t 期的资本来衡量技术进步,以 t 期的技术来衡量资本深化,那么式(7-2)进一步可以写为:

$$\frac{y_{t1}(k_0)}{y_{01}(k_0)} = \frac{e_t}{e_0} \cdot \frac{y_u(k_t)}{y_{t0}(k_0)} \cdot \frac{y_{t0}(k_0)}{y_{00}(k_0)} \tag{7-3}$$

式(7-2)和式(7-3)都可以对产出的增长进行分解,当且仅当技术进步是希克斯中性的时候,两种分解结果相等。对此,根据卡夫等(1982)的研究方法,对资本深化和技术进步取几何平均数,可以得到:

$$\frac{y_{rc}}{y_{rb}} = \frac{e_c}{e_b} \cdot \left[\frac{y_u(k_t)}{y_{0t}(k_t)} \frac{y_{0t}(k_t)}{y_{00}(k_0)} \right]^{\frac{1}{2}} \left[\frac{y_u(k_t)}{y_{t0}(k_0)} \frac{y_{t0}(k_0)}{y_{00}(k_0)} \right]^{\frac{1}{2}}$$

$$= EFch \cdot TEch \cdot DCch \tag{7-4}$$

由式(7-4),可以进一步得到全要素生产率的分解方法为:

$$TFPch = EFch \cdot TEch = \frac{e_c}{e_b} \left[\frac{y_u(k_t)}{y_{0t}(k_t)} \frac{y_{0t}(k_t)}{y_{00}(k_0)} \right]^{\frac{1}{2}} \tag{7-5}$$

二、实证模型构建及数据说明

根据上述理论机理分析和相关指标的说明与测算,将技术要素跨国流动对中国技术进步的促进效应回归方程设定为:

$$\ln(TFP_{it}) = a_{it} + \beta_1 \ln(P_{it}) + \beta_2 \ln(T_{it}) + \beta_3 \ln(K_{it}) + \beta_4 \ln(Gov_{it})$$
$$+ \beta_5 \ln(HR_{it}) + \beta_6 \ln(Rail_{it}) + \beta_7 \ln(MRK_{it}) + \mu_{it} \tag{7-6}$$

其中,a_{it} 为截距项,μ_{it} 为随机扰动项,考察样本 i 为中国大陆地区的 30 个省级行政区域(考虑到数据的可获得性,剔除了西藏自治区),考察时间 t(时间跨度)为 2000—2013 年,所有数据均以 2000 年为基期。同时,为了消除异方差的影响,在模型的估计中对所有解释变量取对数。

TFP_{it} 是 i 省第 t 年的全要素生产率观测值,采用软件进行数据包络分析计算得出。在具体的指标选取中,投入指标为各省的资本存量(当年固定资本形成总额)和就业人数(当年三次产业的就业总人数),产出指标为各省的国内生产总值。其中资本存量和国内生产总值均按照相应的价格指数进行平减,换算为1990年不变价格水平。以上所有数据来源于《中国统计年鉴》。

P_{it}反映的是产品内涵型技术要素流动,用i省第t年高技术产品的进口贸易额占该省当年货物贸易总进口额的比重来刻画,高技术产品的界定为中国科技部所规定的九大领域。我国各省份的高科技产品进口贸易数据以及各省份货物贸易总进口额来源于中国科技统计网站的"中国高技术产业数据"以及"中经网统计数据库"。

T_{it}反映的是资本内涵型技术要素流动,具体表现为技术资源在国际间的直接转移,用技术引进强度来刻画,具体的数据来自i省第t年从国外直接引进的技术合同的金额与该省当年国内生产总值的比值。T_{it}的基础计算数据是各地区技术引进合同的金额,数据来源于各省份的统计年鉴以及《中国高技术产业统计年鉴》。

K_{it}反映的是知识内涵型技术要素流动,具体由i省在一年内所吸收的国外研发资金量与该省当年国内生产总值的比值计算得出,该指标是一项流量数据,总共由两部分组成,包括国内的研发机构吸收的国外研发资金和大中型三资企业所吸收的国外研发资金,数据来源于《中国科技统计年鉴》。值得注意的是,由于研发支出反映的是一个地区或一个国家在当期进行研发活动的投入情况,但是研发活动对新知识的积累和技术水平的提升作用往往不仅限于当期。因此,为了更恰当地反映各省份吸收国外研发资金量与对本省创新成果产生之间的关系,并且保证回归模型的稳健性,我们引入滞后期研发支出数据,并参考已有文献将滞后期数设置为1年。

此外,为了更加准确地描述技术要素流动对我国生产率的影响,有必要对与要素流动相关的环境变量进行控制(王钺和刘秉镰,2017)。控制变量主要包括政府行为、人力资本水平、基础设施建设情况以及市场化水平。具体来说,Gov_{it}反映的是当地政府支出行为,根据宏观公共财政理论,一国或一个地区的生产率增长与当地的公共财政支出呈正向相关关系。因此,我们用各省份每年的财政支出数据来刻画政府行为。HR_{it}反映的是人力资本水平或劳动力素质,人力资本质量的提升,一方面可以促进区域的技术创新水平得到提升,进而带动生产率的增长;另一方面,可以提升对新知识的模仿学习能力,从而能够更高效地从技术要素流动所伴随的知识溢出中获取收益,使这些新知识快速转化为自身的创新生产能力,从而促进本区域生产率水平的提升。因此,我们用劳动力平均受教育年限来衡量各省份的人力资本水平,具体计算方法由各学历层次所需年限数乘以各学历人才占总人口的比重加总得到。$Rail_{it}$反映的是基础设施建设水平,基础设施的完善一方面可以为技术创新活动的开展提供便利的条件支撑,协助推进创新技术产业链的形成;另一方面,良好的基础设施可以缩减技术人员在国家或区际间流动以及技术设备在国家或区际间运输的时间成本和物质成本,从而可以有效地促进技术要素的跨国跨区域流动以及创新技术的区域扩散效应,促使技术资源得到高效率的配置,我们用铁路里程、公路里程两者之和与各省份的土地总面积之比来刻画基础设施建设水平。MRK_{it}反映的是国内的市场化水平,市场化水平是影响转型期中国市场配置资源的程度、反映知识溢出水平的一项重要指标(孙早等,2014),我们用国有企业的总产值占工业企业总产值比重来刻画这一指标。以上数据均来源于各省份的统计年鉴。各变量描述性统计见表7-1。

表7-1　各变量的描述性统计

变量	观测样本量	均值	标准差	最小值	最大值
lnTFP	420	0.012	0.036	−0.095	0.154
ln$P$	420	3.116	0.854	1.038	5.365
ln$T$	420	5.956	0.813	2.213	6.787
ln$K$	420	6.549	0.596	5.000	7.449
lnGov	420	7.523	7.170	4.120	8.920
lnHR	420	2.135	0.027	1.799	2.472

续表

变量	观测样本量	均值	标准差	最小值	最大值
ln$Rail$	420	3.222	2.877	0.950	2.717
lnMRK	420	-0.723	0.042	-2.748	0.613

另外,考虑到各变量之间可能存在的相关性,我们测算了各变量的相关系数,如表7-2所示。从相关系数矩阵中可以发现,大部分变量之间的相关系数均在0.2以下,因此不存在多重共线性问题。

表7-2　各变量的相关系数矩阵

变量	ln$P$	ln$T$	ln$K$	lnGov	lnHR	ln$Rail$	lnMRK
ln$P$	1	—	—	—	—	—	—
ln$T$	0.1665	1	—	—	—	—	—
ln$K$	0.0892	0.0675	1	—	—	—	—
lnGov	0.1690	0.2109	0.2202	1	—	—	—
lnHR	0.0432	0.1746	0.1918	0.3343	1	—	—
ln$Rail$	0.1585	0.1974	0.3780	0.2098	0.0073	1	—
lnMRK	0.1468	0.2089	0.2196	0.1114	0.0092	0.3591	1

三、实证检验及分析

（一）全国整体样本回归结果

通过豪斯曼检验（Hausman Test）,选择固定效应模型进行回归分析。根据固定效应模型对时间和地区这两类非观测效应的不同控制,我们对四种效应的模型（无固定效应;地区固定、时间不固定;时间固定、地区不固定;时间地区均固定）分别进行估计,可以得到以下结果:

表7-3　全国整体样本固定效应模型回归结果(一)

变量	(1)	(2)	(3)	(4)
常数项	1.052***	—	—	—
	(0.000)			
高技术产品进口	-0.019	0.353	0.022	-0.455
	(0.175)	(0.464)	(0.233)	(0.628)
技术引进强度	0.026***	0.017***	0.029***	-0.379
	(0.008)	(0.004)	(0.001)	(0.556)
国外研发经费吸收	0.222***	0.212***	0.285***	0.235***
	(0.000)	(0.000)	(0.000)	(0.000)
政府支出行为	-0.035**	0.033	-0.052***	-0.012
	(0.035)	(0.245)	(0.003)	(0.544)
人力资本质量	0.030***	0.068***	0.042***	0.069***
	(0.001)	(0.000)	(0.000)	(0.000)
基础设施建设	0.006	0.013	0.024	0.002
	(0.700)	(0.712)	(0.464)	(0.278)
市场化水平	0.247***	0.352***	0.299***	0.426***
	(0.000)	(0.000)	(0.000)	(0.000)
地区固定效应	No	Yes	No	Yes
时间固定效应	No	No	Yes	Yes
Adjusted-R^2	0.460	0.763	0.318	0.389
Log-L	321.322	474.270	183.961	230.475

注:括号内数字为显著性概率。**、*** 分别代表在5%、1%水平下显著。

根据表7-3的回归结果,在四个模型中,"地区固定、时间不固定"的模型(2)的估计系数显著个数相对最多,同时修正可决系数 R^2 和对数似然值Log-L也相对较高。因此,在后续分析中,我们采用模型(2)的实证结果来阐释技术要素跨国流动对我国全要素生产率的具体影响。此外,由第二节的理论机理分析可知,全要素生产率可以分解为技术效率的变化以及技术进步。通过观测技术效率的变化和技术进步,可以更加深入细致地研究全要素生产率的演变过程。我们在回归模型方程式(7-6)的基础上,尝试将技术进步($TEch$)和技术效率变化($EFch$)作为被解释变量进行进一步比较研究。分别建立回归方程,如式(7-7)和式(7-8)所示。

$$\ln(TEch) = \alpha_{it} + \beta_1\ln(P_{it}) + \beta_2\ln(T_{it}) + \beta_3\ln(K_{it}) + \beta_4\ln(Gov_{it}) +$$
$$\beta_5\ln(HR_{it}) + \beta_6\ln(Rail_{it}) + \beta_7\ln(MRK_{it}) + \mu_{it} \qquad (7-7)$$

$$\ln(EFch) = \alpha_{it} + \beta_1\ln(P_{it}) + \beta_2\ln(T_{it}) + \beta_3\ln(K_{it}) + \beta_4\ln(Gov_{it}) +$$
$$\beta_5\ln(HR_{it}) + \beta_6\ln(Rail_{it}) + \beta_7\ln(MRK_{it}) + \mu_{it} \qquad (7-8)$$

由式(7-5),利用软件计算可以得到各省份历年来技术进步($TEch$)和技术效率变化($EFch$)这两个变量的具体数值,变量的描述性统计如表7-4所示。同样地,根据豪斯曼检验,采用固定效应模型进行分析,具体回归结果见表7-5。

表7-4　变量 $EFch$ 和 $TEch$ 的描述性统计

变量	观测样本量	均值	标准差	最小值	最大值
ln$EFch$	420	0.008	0.049	−0.039	0.097
ln$TEch$	420	0.004	0.087	−0.108	0.136

表7-5　全国整体样本固定效应模型回归结果(二)

变量	"技术进步"(ln$EFch$)作为被解释变量				"技术效率变化"(ln$TEch$)作为被解释变量			
	(5)	(6)	(7)	(8)	(9)	(10)	(11)	(12)
常数项	2.031***	—	—	—	1.981***	—	—	—
	(0.001)	—	—	—	(0.000)	—	—	—
高技术产品进口	−1.006	0.061	0.034	−1.228	−0.993	0.591	0.043	−1.339
	(0.223)	(0.214)	(0.129)	(0.735)	(0.347)	(0.321)	(0.229)	(0.383)

续表

变量	"技术进步"（lnEFch）作为被解释变量				"技术效率变化"（lnTEch）作为被解释变量			
	（5）	（6）	（7）	（8）	（9）	（10）	（11）	（12）
技术引进强度	1.724**	0.050***	0.054***	−1.236**	0.012***	0.004**	0.023***	0.018***
	(0.038)	(0.002)	(0.004)	(0.029)	(0.002)	(0.032)	(0.000)	(0.002)
国外研发经费吸收	0.938***	0.103***	0.229**	0.336***	0.384***	0.403***	0.411***	0.391***
	(0.000)	(0.000)	(0.036)	(0.000)	(0.000)	(0.000)	(0.000)	(0.000)
政府支出行为	−0.816***	0.043	−0.051**	−0.009	−0.109***	0.072	−0.203***	−0.121
	(0.002)	(0.427)	(0.408)	(0.921)	(0.000)	(0.333)	(0.000)	(0.945)
人力资本质量	0.012***	0.016***	0.022***	0.017***	0.173***	0.115***	0.210***	0.125***
	(0.001)	(0.002)	(0.001)	(0.000)	(0.001)	(0.001)	(0.000)	(0.000)
基础设施建设	0.007	0.012	0.003	0.011	0.002	0.009	0.006	0.128
	(0.723)	(0.901)	(0.933)	(0.761)	(0.883)	(0.532)	(0.559)	(0.679)
市场化水平	0.346***	0.329***	0.287***	0.265***	0.275***	0.263***	0.296***	0.318***
	(0.000)	(0.000)	(0.000)	(0.000)	(0.000)	(0.000)	(0.000)	(0.000)
地区固定效应	No	Yes	No	Yes	No	Yes	No	Yes
时间固定效应	No	No	Yes	Yes	No	No	Yes	Yes
调整R^2	0.425	0.669	0.326	0.398	0.438	0.714	0.315	0.404
Log-L	236.918	365.812	180.116	185.773	262.798	387.001	168.540	219.662

注:括号内数字为显著性概率。**、*** 分别代表在5%、1%水平下显著。

　　根据表7-5的回归结果可知,通过综合考虑修正的可决系数R^2和对数似然值Log-L的值,以及各变量的显著水平,应该选用"地区固定、时间不固定"的模型(6)和模型(10)进行后续的实证结果分析。

（二）地区分样本回归结果

　　考虑到中国东部与中西部经济的贸易发展存在较大的差异,我们利用东部与中西部数据进行了分样本估计。根据《中华人民共和国国民经济和社会发展第七个五年计划》中的划分,东部地区包括:北京、天津、河北、辽宁、上海、浙江、江苏、福建、山东、广东、广西以及海南等共 12 个省、自治区、直辖市;中西部地区包括:内蒙古、新疆、西藏、青海、宁夏、甘肃、陕西、山西、云南、贵州、四川、重庆、湖北、湖南、河南、江西、安徽、黑龙江、吉林等共 19 个省、自治区、直辖市。根据豪斯曼检验,所有模型均采用固定效应模型进行分析。

表 7-6　地区分样本固定效应模型回归结果

变量	东部地区				中西部地区			
	（13）	（14）	（15）	（16）	（17）	（18）	（19）	（20）
常数项	5.522***	—	—	—	3.897***	—	—	—
	(0.001)	—	—	—	(0.000)	—	—	—
高技术产品进口	-3.334	2.389**	1.123**	-1.158	-1.879	0.632	-1.992	1.002
	(0.478)	(0.028)	(0.026)	(0.861)	(0.523)	(0.396)	(0.215)	(0.298)
技术引进强度	2.636***	1.365***	1.294***	-2.541**	0.997	1.034**	1.418**	0.874***
	(0.001)	(0.000)	(0.002)	(0.035)	(0.448)	(0.042)	(0.029)	(0.002)
国外研发经费吸收	1.465***	0.208***	0.326***	1.345	0.212	0.078**	0.208**	1.712
	(0.000)	(0.000)	(0.000)	(0.387)	(0.536)	(0.031)	(0.040)	(0.432)
政府支出行为	-0.311**	1.262	-0.051**	-1.003	1.972***	1.225	-0.103***	-1.284
	(0.020)	(0.321)	(0.040)	(0.562)	(0.000)	(0.481)	(0.000)	(0.772)
人力资本质量	0.056***	0.032***	0.063***	0.012***	0.022***	0.075***	0.054**	0.132***
	(0.000)	(0.001)	(0.001)	(0.000)	(0.002)	(0.000)	(0.000)	(0.001)
基础设施建设	0.121**	0.097	0.115**	0.117	0.004	0.011**	0.003	0.001
	(0.038)	(0.832)	(0.026)	(0.458)	(0.543)	(0.024)	(0.641)	(0.704)
市场化水平	0.462***	0.531***	0.379***	0.331***	0.138**	0.194**	0.301***	0.441**
	(0.000)	(0.000)	(0.000)	(0.000)	(0.040)	(0.027)	(0.000)	(0.037)
地区固定效应	No	Yes	No	Yes	No	Yes	No	Yes

续表

变量	东部地区				中西部地区			
	（13）	（14）	（15）	（16）	（17）	（18）	（19）	（20）
时间固定效应	No	No	Yes	Yes	No	No	Yes	Yes
调整 R^2	0.388	0.659	0.225	0.360	0.297	0.649	0.274	0.375
Log-L	228.756	342.662	171.079	196.771	175.656	338.790	164.760	220.017

注:括号内数字为显著性概率。**、***分别代表在5%、1%水平下显著。

同理,通过观察各系数的显著性,再结合修正可决系数 R^2 和对数似然值 Log-L 来考虑,选择模型(14)和模型(18)进行后续实证结果分析。

（三）分析与研究结论

通过分析全国整体样本的模型估计结果,并结合我国实际情况,技术要素跨国自由流动的三种方式对我国技术进步的影响表现出不同的特征:

第一,根据表7-3中模型(2)和表7-5中模型(6)、模型(10)所反映出来的回归系数,产品内涵型的技术要素流动对全要素生产率的作用并不显著,同时,产品内涵型的技术要素流动方式对于技术进步和技术效率的提升都不存在显著影响。也就是说,高技术产品的进口对我国技术进步并不存在明显提升作用,这和我们的经验预期不完全一致。通过进一步分析,造成这种结果的原因可能有三个方面:(1)国内的厂商和相关产业部门还没有形成一个良好的模仿创新以及技术吸收的学习机制。面对质量较好、技术含量较高的进口最终产品,国内的生产商有必要在学习、模仿进口产品的基础上不断进行创新,以此保持自身产品的市场竞争力。(2)由于我们用于实证分析的数据来自高技术产业最终品的进口贸易,而我国企业实现技术水平的提升可能主要是通过对高技术产业中间产品、关键设备和零部件的进口,导致了研究结果和现实产生偏差。(3)发达国家在向我国出口高技术产品时可能会签订一系列强制性的附加保密协议等,以防止蕴含在产品中的关键技术外泄,维护该国在行业中的技术垄断地位。

第二,资本内涵型的技术要素流动和知识内涵型的技术要素流动对我国的全要素生产率均具有正面的提升作用,并且均在1%的水平下显著。这个结果在一定程度上说明,我国的技术进步主要是通过对国外先进技术的直接引进和吸收海外研发活动中的知识溢出来实现的。在全球化经济特有的资源配置机制下,这两种方式的技术要素流动使得大量的技术要素在我国聚集,并通过学习效应以及知识溢出效应等渠道使得外来的技术要素转化成我国企业技术能力,从而加快了自主创新进度,实现全要素生产率的提升。根据表7-3中的模型(2)所显示的回归系数,资本内涵型的技术要素流动方式对我国全要素生产率的正面促进作用小于知识内涵型的技术要素流动方式。也就是说,在三种不同形式的要素跨国流动方式之中,知识内涵型的技术要素流动是我国提升全要素生产率的重要渠道。具体来说,以跨国公司研发活动为主要表现的知识内涵型技术要素流动加速了新知识和新技术的产生,这些新知识和新技术通过被国内的相关行业进行学习和吸收,对于提高我国产品质量及产品附加值、技术含量和知识含量起到了至关重要的作用;同时,发达国家跨国公司的研发投入能够催生我国新的产品和新的行业,有利于我国产业结构的优化,并形成新的工作岗位,产生新的社会分工。同时,根据表7-5中模型(6)和模型(10)的回归结果,从解释变量的系数来看,知识内涵型技术要素流动对我国技术进步和技术效率的提升均在1%的水平下显著,但是对于技术效率提升的作用强度大于对技术进步的作用强度。

第三,表7-5中模型(6)和模型(10)的回归结果也显示,资本内涵型技术要素流动对我国技术效率提升的贡献在1%的水平下显著,对我国技术进步的贡献在5%的水平下显著,因此可以将资本内涵型要素流动归类于促进我国技术效率提升的主要因素之一。一方面,以技术引进合同为主要表现的资本内涵型要素流动的知识溢出作用十分有限,因此对要素流入国的新技术和新知识的积累作用相对不明显;另一方面,国内的生产商通过对技术的直接引进大大改善和提高了自身生产技术装备水平,从而使得在现有资源投入情况下能够获得更大规模的产出,即主要表现为技术效率的提高。

综合分析上述不同实证模型的回归结果,可以发现,人力资本水平和国内的市场化水平对我国全要素生产率的提升有正面的影响,并且在1%的水平下显著。人力资源是要素流动的重要因素和载体,人力资本水平代表了一国或者一个地区的劳动力素质,与技术要素的产生、转移和吸收质量有着直接的关联,而市场化水平较高的国家或地区具有知识分散速度快、知识员工流动性较强、资本市场发达等特点,这些因素均有利于高水平生产活动的开展以及生产率的提升。

此外,"当地政府支出行为"这一变量只在表7-3中的模型(1)和模型(3)假设条件下显著,在其他模型假设条件下均不显著,并且回归系数符号为负。而"基础设施建设水平"这一变量在所有的实证模型中均表现为不显著。这其中的原因可能在于,我国各省、自治区、直辖市存在一定程度地方保护主义倾向,地方政府官员在提高地方经济增速等外部压力之下,可能会强制性地压低企业成本,给外来的技术人员或资本提供特殊的待遇(孙早等,2014),并对本地区的研发活动产生一定的"挤出效应",使本地区的技术要素流动具有了更高的隐性成本,从而不利于该地区全要素生产率的提高;同时,基础设施建设水平较高的地区更加重视吸引技术要素流入的数量和规模,可能存在过度引入和开发的情况,从而造成研发配套设施使用拥挤、要素使用效率低下的困境。上述原因的存在,可能使得政府的财政支出和基础设施建设水平对我国全要素生产率的积极影响并没有显著地发挥出来。

通过分析地区分样本模型的回归结果,可以进一步得出以下结论:

第一,根据表7-6的模型(14)和模型(18)的回归系数显示,资本内涵型技术要素流动和知识内涵型技术要素流动对我国东部地区的影响更为显著,且作用强度也相对更大。这可能是由于东部地区有着更加先进的知识吸收体系和学习机制,能够更加充分发挥这两种技术要素流动过程中产生的知识溢出。

第二,在表7-6模型(14)中,高技术产品进口的回归系数在5%的水平下显著为正,这说明东部地区通过高科技产品的进口在一定程度上实现了全要素生产率的提高。而表7-6模型(18)中,高技术产品进口的回归系数并不显著,即高科技产品的进口对中西部的全要素生产率水平没有显著影响。这可能与东部地区的企业参与全球生产网络的程度更高有着密切联系。

上述实证分析结果对我国科学合理地选择技术要素流动方式,引导技术要素在国际间的自由流动,实现创新资源的合理配置,从而推动中国对外贸易战略转型和全要素生产率的持续提升具有一定的启示作用。

第四节　引进培育并举加快技术要素集聚创新

第一,重视高科技行业的进口,优化我国贸易技术结构。为了优化我国的贸易技术结构,在战略上我们应该扭转长期以来过度重视出口而轻视进口的战略取向,重视充分发挥进口高技术产品的积极作用。我国政府应该通过适当调整和降低进口关税、提供贴息支持或者调整贴息产品支持范围,扩大对中国高技术产品研发和生产具有重要作用的中间产品、关键设备和零部件的进口,通过提升企业的技术吸收能力和自主学习能力,在注重进口的同时应该更加强调进行二次创新、集成创新,以在更高的水平上实现高级要素的积累,推动出口贸易结构持续升级。

第二,充分发挥我国资本优势,加快技术要素聚集。目前我国在全球价值链中的分工地位相对偏低,结合国际上的成功经验以及现实背景,在高级要素培育的初级阶段应该提高本国的要素聚集能力,才能通过规模效应、溢出效应等渠道逐步提高自身的要素创造和培育能力。加快技术要素聚集的重点就是充分发挥我国在资金等基础生产要素上的优势,加大对国外先进技术的引入和吸引海外优质研发资本的力度,将我国目前的资本要素优势转化为更多领域的技术要素优势,把当前的资金与外汇"双剩余"转化为无穷的技术积累,从而促进我国产业升级转型,全面提升我国的对外贸易竞争力。在吸引技术要素集聚过程中,应该更加注重本国同类型产品的研发与生产,逐步用国内的技术要素替代国外技术要素。

第三,加强技术要素培育,提高本国自主创新能力。通过实证分析可知,外来技术要素的流入能够在一定程度上弥补我国在技术要素禀赋方面的短缺,而且主要是通过提高技术效率这一渠道实现全要素生产率的提升,而技术的进步(生产前沿面的向外扩张)应该依靠我国的自主创新来实现。我国应该在战略层面制定科学的自主创新相关政策,引导技术要素流动和培育的方向。从微观层面来说,应该加快从要素聚集到技术创新,再到产品自主研发的进程;从宏观层面来说,应该提高核心行业和关键领域的自主创新能力,再通过产业关联效应带动其他行业和领域自主创新能力的提高。在国家自主创新战略的具体贯彻实践过程中,应该协同政府、企业和社会机构等多方面的力量,通过对科学技术和教育等大规模的持续投入来逐步实现一国技术要素的培育。

第八章　加快金融要素跨国自由
流动的外贸战略转型

2019 年《政府工作报告》提出,要深化金融体制改革,落实金融行业改革开放具体举措,进一步拓展开放领域,继续推动商品和要素流动型开放。《政府工作报告》对金融体制改革主要定位于两个方面,分别为国内金融体系改革和金融对外开放与国际化,其本质就在于促进金融要素跨国自由流动,最终实现要素配置效率最优化和社会福利最大化。在内部增长乏力、外部经济环境复杂多变的后金融危机重要战略机遇期,立足市场化、全球化和开放化这三大基点,从金融要素跨国自由流动的视角对我国对外贸易转型问题作出全面、深入的理论与实证研究,不仅具有重要的学术价值,而且也具有重要的实践意义。

第一节　金融要素跨国自由流动的
内涵及其制约因素

一、金融要素跨国自由流动的内涵

(一)金融要素跨国自由流动的本质:金融开放

在以往的研究中,并未有学者明确界定"金融要素跨国自由流动"的内涵,本节在梳理"要素"内涵与外延的基础上,引出促进一个经济体金融要素跨国自由流动的本质——金融开放。

第一,在梳理"要素"内涵与外延的基础上引出"金融要素"。在传统贸易理论中,生产要素主要指劳动力、资本、土地及其衍生品如矿产、森林等最基本形态。由于土地是不可流动的,劳动力受到更多非经济因素限制,所以一般情况下认为土地和劳动力是固定要素,而资本是可流动的活动要素。而随着交通、通信水平的提高以及金融工具创新和资本流动保障措施更加完备,国际间要素流动的范畴越来越广,技术、标准、品牌、跨国生产经营网络等高级要素也逐渐纳入"要素流动"概念。张幼文(2006、2008)指出,生产要素的国际流动包括资本、技术、品牌、管理等的跨国流动,是在跨国公司主导下生产要素的跨国流动。马飒(2014)认为在经济全球化背景下"要素"的内涵不应该仅限于"生产要素",他在提出"经济要素"与"全球化经济要素"概念的基础上扩展了"生产要素"的外延。"经济要素"是指对企业的经营产生重要影响但又无法计入企业成本的国内经济因素,"全球化经济要素"是表明一个国家参与经济全球化的程度的要素。"经济要素"与"全球化经济要素"在金融领域的外延,就是金融要素。

第二,金融要素跨国自由流动的本质就是金融开放。林宏山(2018)对金融要素的内涵进行总结,认为:"金融要素作为货币、信贷担保、金融工具、金融机构、金融市场等资源在内的要素总称,其内涵在经济社会的发展变化中逐步深化,大体可以分为反映金融机构、金融工具、金融市场服务水平的金融发展要素,以及反映金融市场与金融中介相对发展程度的融资结构要素。"学者对"金融要素跨国自由流动"的内涵并无明确界定。因而,本节将加快金融要素跨国自由流动的外贸战略转型放在金融开放的框架下进行探讨。

(二)金融开放的内涵:金融自由化

关于金融开放的内涵,国外学者多从资本市场开放或者资本账户开放等资本自由流动的角度界定金融开放,但是金融开放的范围不仅限于此。贝卡尔特和哈维(Geert Bekaert 和 Campbell R.Harvey)提出更广泛的金融开放概念界定,认为金融开放包括以下七个方面的内容,即对外直接投资、资本流动、资本账户开放、证券市场开放、国家发行基金、商业银行改革以及美国存托凭证。姜波克(1999)认为金融开放包括静态和动态两个方面,静态的金融开放是指一国或地区对外开放金融市场,且应该是双向的,即本国金融机构可进入国际金融市场,同时外国金融机构可在本国金融市场进行投融资活动;动态的金融市场开放是指一国或地区从金融封闭到金融开放状态的转变。景明(2018)提出应从金融机构和金融市场的双向开放、健康有序的金融开放环境、金融政策改革、人民币汇率机制改革和资本项目开放等方面把握中国金融对外开放的新内涵。

因此,中国的金融开放应包括两个部分:一是国内金融自由化所涉及的金融体系改革,如金融机构的准入和金融业务范围的开放,并且开放应该是双向的,即放宽国外金融机构在国内以并购、合资或者独资等多种方式进入银行、保险和证券行业的限制的同时,也应鼓励国内的金融机构进入国际金融市场从事金融业务,开放金融业务范围;二是国际金融自由化所涉及的资本项目开放和人民币国际化,即"引进来"与"走出去"相结合,深化资本项目双向开放,一些资本项目下"引进来"的开放举措,例如合格境外机构投资者(Qualified Foreign Institutional Investors,QFII)、人民币合格境外投资者(RMB Qualified Foreign Institutional Investors,RQFII)、债券通、沪港通、深港通等,同时合格境内机构投资者(Qualified Domestic Institutional Investor,QDII)、合格境内有限合伙人(Qualified Domestic Limited Partner,QDLP)等"走出去"的开放举措也应加快步伐。此外,应加快推动中国的外汇管理体系改革和汇率制度改革,以实现人民币国际化。

二、金融开放制约外贸转型的因素分析

我国自改革开放以来积极深化金融改革和开放,从多方面提升了金融开放

度,但是由于我国金融市场发展相对滞后、金融法制与监管尚不完善以及金融开放所带来的风险较高等因素,制约了我国金融进一步开放,倒逼外贸战略转型升级。

(一)金融市场发展相对滞后降低外贸企业融资效率

我国金融市场发展仍然相对滞后,难以适应我国金融开放的要求,阻碍了进一步推动金融自由化的进程,是目前外贸企业融资难、融资贵的主要原因。首先,金融市场不发达形成以间接融资占主导、直接融资相对落后的金融体系。金融市场不发达一方面导致银行体系内部积聚大量金融风险,降低金融资源配置效率;另一方面由于目前金融市场直接投资渠道匮乏,也会阻碍储蓄转化为投资。而外贸主要依靠银行进行外部融资,金融市场不发达使得大量的金融资源无法通过银行进行有效配置,致使外贸企业的融资需求无法得到满足,从而不利于外贸企业发展。其次,各类金融市场之间存在分割。中国现行的金融体制是分业经营与监管,即银行业、保险业以及证券业所从事的金融业务不可以相互交叉。虽然这种金融体制降低了金融风险在不同类别金融机构之间的传递,但是也阻碍了资本在不同金融市场间的相互流动,使得金融市场配置金融资源的效率大为降低。最后,人民币利率完全市场化尚未实现。利率市场化能提高金融资源配置效率,更好地调节因资本流动而导致的金融市场波动。利率真正市场化后,才能真正成为资本的市场价格,从而有效配置金融资源,提升外贸企业融资效率,缓解我国进出口企业融资约束,有利于提升我国外贸竞争力。

(二)金融法制与监管尚不健全影响金融服务外贸企业效率

我国市场经济体制确立后,金融改革开放深入开展,金融法律体系和监管制度逐步确立,初步形成了以银行"三法"①、证券、保险、信托基本法为核心的

---

① "三法"是指《中华人民共和国中国人民银行法》《中华人民共和国商业银行法》《中华人民共和国银行业监督管理法》。

金融法律制度,2018 年在我国实行长达 15 年的"一行三会"金融分业监管模式正式走向终结,取而代之的是金融稳定委员会管辖下的"一行两会"新结构。但是目前中国金融法规和制度尚不健全,主要存在以下问题:首先,中国金融监管主要是定性管理缺乏定量管理,导致其可操作性不强;其次,虽已制定了某些重要方面的金融法规,但与其相配套的法律法规及监管制度尚未建立;最后,非现场监管与现场监管未形成有机整体,且监测技术落后导致难以保证非现场监管的及时性、科学性和准确性。特别是近年来,随着外贸企业对财富配置与风险管理新途径、新工具需求的日益增加,金融衍生品丰富金融市场的同时,也对金融法制和监管提出新的挑战,一旦监管不善,就会增大金融市场风险,影响金融市场的稳定和发展。此外,外贸企业往往需要进行外部融资以满足自身经营和扩张的需求,法制和监管环境不健全对出口的作用对象不仅包括本国厂商与外国厂商,还涉及为进出口厂商提供融资支持的金融业。可见,金融法制与监管不健全会抑制外贸企业的金融服务,从而不利于外贸企业效率提升。因此,亟须推进外贸战略转型扩大金融开放,促进外贸企业内涵式发展。

(三)金融风险不断扩大直接影响外贸企业出口

随着我国金融开放步伐加快,金融自由化促进金融发展带来经济增长的同时,金融开放所带来的金融风险已经成为不容忽视的重要问题。尤其是继 20 世纪 90 年代墨西哥金融危机、东南亚金融风暴、俄罗斯金融危机等带来的惨痛教训之后,2008 年全球金融危机的爆发更是警示我们,控制和防范金融风险是目前金融发展应面对的重要问题。金融风险不断扩大直接影响外贸企业出口。首先,我国的外贸集中度较高,出口脆弱性较大。我国虽然是对外贸易大国,但并非贸易强国,仍处于全球价值链中低端,外贸企业的发展十分依赖外资与国外市场需求。金融风险所致的经济衰退与失业率上升,会同时导致信贷紧缩,进而引起消费放缓和有效需求减少,对我国外贸企业直接产生负面影响。其次,金融风险使得贸易保护主义盛行,增大贸易摩擦。尤其是

2018年3月以来的新一轮中美贸易摩擦,是世界第一大前沿经济体与世界第一大新兴工业化经济体间的严重交锋,对中美关系乃至全球化形势构成不确定性影响,对中美贸易、投资及双边合作形成直接冲击。最后,金融风险使得出口企业及投资面临的汇率不确定性加大。汇率风险主要包括交易风险、会计风险和经济风险。例如,外贸企业在使用外币进行结算交易时,汇率变动使得企业资产负债发生相应变化,进而面临较大收益与损失的不确定性;抑或是汇率变动使合同签订不确定性增大,增加了签约前外贸公司盈亏预算难度,从而减少企业长期合约签订。

第二节　"金融开放"支持外贸转型的理论机制

受20世纪70年代金融发展理论的影响,很多发展中国家以金融发展理论为基础提出金融自由化改革,因金融开放是金融自由化的重要方面而得到普遍的关注。罗纳德·I.麦金农和爱德华·肖(Ronald I.Mckinnon 和 Edward S.Shaw)在他们的著作《经济发展中的货币与资本》和《经济发展中的金融深化》中,选取发展中国家作为研究对象,分析了金融发展与经济增长之间的关系,认为金融抑制在发展中国家是普遍存在的,发展中国家要想取得经济发展,必须取消金融抑制,实行金融自由化改革。

外贸转型升级可以从宏观和微观两个角度进行理解。从宏观方面来看,外贸转型是从以出口规模扩张为主的粗放型的增长方式,转向以提升出口产品质量为主的集约型的增长方式;从微观方面来看,外贸升级是出口商品技术复杂度、商品增加值与出口产品综合竞争力的提升。金融开放支持外贸战略转型是指由银行、证券、保险等金融机构组成的金融体系通过提供融资便利、金融服务以及防范和转移风险等方式,促进外贸增长方式的转型升级,提升出口产品质量、出口商品技术复杂度、商品增加值、企业生产率、赢利水平等出口综合竞争力。金融开放支持外贸企业出口的机理主要有以下几个方面:第一,金融开放通过金融市场和金融制度的开放,让资源由更有效率的市场力量来支配,金融开放度越高的国家往往融资约束也较低,从而降低出口企业的融资成本,促进企业出口竞争力提升。第二,金融的发展可帮助外贸企业转移和分散风险,主要体现为金融开放度越高的国家,金融机构能提供的保险、担保等业务更广泛,以及远期、期货、期权合约等金融衍生工具更多,从而使出口企业更容易转移和规避风险,促进企业出口。第三,金融开放度较高的国家金融体系也较发达,对技术进步的支持也越有效,出口企业可有效利用金融体系对企业研发的支持资金,从而推动其技术创新,提升出口产品质量和出口绩效。第四,金融开放程度越高的国家,金融体系越健全,金融市场也更发达,出口企业更容易筹措资金,扩大生产和出口规模,从而形成企业的规模经济效应,提升企业出口竞争力。

在以上金融开放支持外贸竞争力提升的理论机理中,学界主要强调融资约束与企业出口行为的关系,因为外贸企业大多需要通过外部融资来解决资金需求,如果一个国家或地区的金融开放水平越高,金融市场的资源配置效率也会更高,从而使得有外部融资需求的外贸企业获得所需资金,降低其融资约束和融资成本,进而促使外贸企业出口。文东伟和冼国明(2014)表明,企业是否出口受其融资能力的显著影响,更可能出口的企业的融资约束往往是比较弱的。包群等(2008)指出金融发展水平越高,可使工业制成品出口企业的融资成本降低,从而促进企业出口,提升其在国际市场上的产品竞争力。为说明金融开放是否可以缓解出口企业融资约束,本节在梅利茨研究的基础上引入两国垄断竞争模型。梅利茨最早提出异质性企业模型,认为企业是不同质的,与非出口企业相比,出口企业规模更大,使用更先进的技术,支付更高的工资,更加富有效率。因此假设两个国家只有金融开放水平不同,其他要素均相同,但是同一个国家内的企业是异质性的,存在生产率和内部融资难易等方面的差异。

模型对消费者有以下假设:假设两个国家拥有一系列可替代性的差异化

产品 $q(x)$，消费者的效用函数是常数替代弹性的：

$$U = \left[\int_0^x q(x)^\rho dx \right]^{\frac{1}{\rho}}, 0 < \rho < 1 \tag{8-1}$$

其中，x 是消费者可选择的消费集，设 σ 为差异化产品间的替代弹性，$\sigma = \dfrac{1}{1-\rho} > 1$，则国内市场上消费者在产品 x 上的支出函数可表达为：

$$r_d(x) = W P^{\sigma-1} p_d(x)^{1-\sigma} \tag{8-2}$$

其中，$p_d(x)$ 表示国内市场上产品 x，$P = \left[\int_0^x p(x) dx \right]^{\frac{1}{1-\sigma}}$ 表示一个封闭经济体的理想价格指数，$W = PQ = \int_0^x r(x) dx$ 表示两国在差异化产品上的总支出。

模型对生产者有以下假设：假设企业生产要素投入只有劳动，企业的成本函数由两部分组成：固定成本 f 和变动成本 q/y，其中 y 是企业生产率，变动成本随着企业的生产率的提高而降低。从而，生产 $q(\varphi)$ 单位产品 x 需要的总劳动为：

$$l(\varphi) = f + \frac{q(\varphi)}{\varphi} \tag{8-3}$$

假设每家企业都追求利润最大化，则可推导出最优价格：

$$p = \frac{w}{\rho\varphi} \tag{8-4}$$

其中，w 是工资率，将其标准化为 1，因而，一家生产率为 φ 的企业在国内市场上的产品定价为：$p_d(\varphi) = \dfrac{1}{\rho\varphi}$，由于冰山贸易成本 τ 的存在，出口企业在国外市场上会制定一个更高的产品价格：$p_f(\varphi) = \tau p_d(\varphi) = \dfrac{\tau}{\rho\varphi}$，则企业的利润函数为：

$$\pi(\varphi) = r(\varphi) - l(\varphi) = \frac{r(\varphi)}{\sigma} - f \tag{8-5}$$

将式(8-2)代入式(8-5),可得:

$$\pi(\varphi) = \frac{W}{\sigma}(P\rho\varphi)^{\sigma-1} - f \qquad (8-6)$$

关于企业融资约束问题,松山(Matsuyama)指出,因借贷合同和执行力度等不确定性因素,企业不能向借款人作出确定性的利润承诺,只能向借款人承诺其中一小部分利润 β , $\beta \in [0,1]$,因而企业能借来的弥补其生产成本的资金就有限,存在融资约束。在金融开放水平更高的国家,金融市场往往更发达、金融制度更健全、金融监管也更有效,此时会使得企业贷款时利润承诺更高($\beta\uparrow$),企业更容易获取外部融资,从而缓解企业融资约束。从这个角度来看,β 可作为金融开放度的衡量,β 不仅存在国别差异,由于企业异质性,β 也存在部门差异,接下来我们在反映金融开放水平的指标和企业异质性情况下,描述企业出口的抉择:

假设企业决定出口,企业面临的额外的固定出口成本为 f_e 和冰山贸易成本为 $\tau(\tau > 1)$,参照梅利茨模型,假设 $\tau^{\sigma-1}f_e > f$,企业出口的截断式生产率水平 φ_e 要高于国内商场上由零利润条件根据式(8-4)推出的生产率水平 φ^* 。设 α 为企业内部融资,因此企业出口需同时满足以下两个条件:

$$\tau^{1-\sigma}\frac{1}{\sigma}W(P\rho)^{\sigma-1}(\varphi)^{\sigma-1} \geqslant f_e \qquad (8-7)$$

$$\beta\left[\frac{1}{\sigma}(1+\tau^{1-\sigma})\,r_d(\varphi)\right] \geqslant f+f_e-\alpha \qquad (8-8)$$

上面的式(8-7)表明企业在出口市场上获得的利润至少比固定成本高,由此推出企业最低的生产率水平 $\varphi_e = \frac{\tau}{P\rho}\left(\frac{\sigma f_e}{W}\right)^{1/\sigma-1}$,从式(8-8)可推出投资者要求的阶段式企业生产率为:

$$\overline{\varphi_e}(\alpha,\beta) = \frac{1}{P\rho}\left[\frac{\sigma(f+f_e-\alpha)}{\beta W(1+\tau^{1-\sigma})}\right]^{(1/\sigma-1)} \qquad (8-9)$$

因此,可以得出结论,当企业的生产率满足 $\varphi \geqslant \max[\varphi_e, \overline{\varphi_e}(\alpha,\beta)]$ 时,企

业才能获取安全可靠的资金,并且在出口中赢利。事实表明,制造业企业的生产率通常满足$\overline{\varphi_e}(\alpha,\beta) > \varphi \geq \varphi_e$,这类企业通常因为缺乏外部融资渠道而无法在出口市场上获利,此时,企业能否出口取决于内部融资α和反映金融开放水平的指标β之间的作用,我们现在令$\pi_{ei} = \frac{1}{\sigma}(1 + \tau^{1-\sigma})\, r_d(\varphi_i)$表示出口企业$i$在国内和国外市场所获全部利润,重新表述式(8-9),将企业出口的概率表示为:

$$Prob(Exp = 1) = E\left[\pi_{ei}(\varphi_i) \geq \frac{1}{\beta}(f + f_e - \alpha_i)\right]$$

$$= \frac{1}{\sigma}(1 + \tau^{1-\sigma})\, r_d(\varphi_i) + \frac{1}{\beta}(\alpha_i - f - f_e) \qquad (8-10)$$

可以从式(8-10)看出,企业生产率水平提高可以增加企业赢利,进而减缓企业融资约束。内部融资与金融开放度之间的相互作用,可以用式(8-11)来表示:

$$\frac{\partial Prob(Exp = 1)}{\partial \alpha \partial \beta} = \frac{\partial^2 E[\pi_{ei}(\varphi_i) \geq (1/\beta)\,(f + f_i - \alpha_i)]}{\partial \alpha \partial \beta}$$

$$= -\frac{1}{\beta^2} \leq 0, \beta \in [0,1] \qquad (8-11)$$

式(8-11)表明,企业内部融资α对出口的影响随金融开放度β的提高而减弱,由此可以得出结论:金融开放度越高,出口企业融资约束越弱,且会降低内部融资α对出口的影响。

第三节　金融要素跨国自由流动对企业绩效的实证分析

本节实证分析主要从以下两个方面研究金融要素跨国自由流动对企业绩效的影响:一是在构建行业层面的金融开放度指数的基础上,检验金融市场开放度对企业绩效的影响;二是通过金融开放的具体事件,即外资银行进入这一外生冲击,分析银行业开放对制造业企业"加成率"的影响效应。

一、数据来源与变量测算

(一)数据来源

1.中国工业企业数据库

数据来源之一是 2000—2006 年中国工业企业数据库。借鉴黄先海等(2016)的做法,删除了不符合基本逻辑关系的错误记录。本书还有以下三点调整:第一,统一 2000—2006 年 4 位数行业代码;第二,采用序贯识别法建立 2000—2006 年工业企业微观面板数据;第三,保留制造业样本(2 位码 13—43),删除烟草制造业数据。调整后数据库共有 418959 家企业的 1363030 个观测值。

2.工业企业—海关匹配数据库

中国工业企业数据库并未提供企业出口数量和贸易方式的信息,因此需匹配中国海关数据库。这里采用中国海关总署 2000—2006 年企业产品层面数据,因为两套数据库属于不同编码系统①,参考余(Yu,2015)的两步匹配方法:一是根据企业名称匹配;二是在此基础上,根据企业所在地邮政编码和电话号码后 7 位进行匹配。通过匹配,共对应上 77234 家出口企业 227929 个观测值。匹配上企业数量占对应年份中国工业企业数据库中出口企业数量的 48.94%,出口额占到中国工业企业数据库出口额的 59.76%,与余(Yu,2015)共匹配上样本期出口企业数量的 40%,出口额的 53%的匹配结果相当。

---

① 中国工业企业数据库的企业编码是 9 位,中国海关数据库是 10 位。

（二）变量调整与测算

1.行业层面金融开放度指数

根据国家统计局测算出的金融市场开放度指数（fin_t）对行业层面金融开放度指数进行估计。估计方法是根据各个制造业行业中金融业投入产出关联度（io_ratio）刻画不同制造业行业和金融业关联性，以金融业中间投入占各制造业部门总投入的比率（即直接消耗系数）作为金融业投入产出关联度代理标量：

$$io\_ratio_j = z_{ij}/x_j \tag{8-12}$$

其中，z_{ij}表示各制造行业中的金融业中间投入，x_j表示各制造行业总产出。该指标能够较为准确地反映金融业与各制造业部门间的投入产出关联度。数据来源于1997年124个部门投入产出表。首先将投入产出部门与制造业国民经济行业分类进行对接，然后分别计算各制造业部门与金融业间的投入产出关联度。从而，可定义行业层面金融市场开放度指数为：

$$fin\_ind_{jt} = fin_t \times io\_ratio_j \tag{8-13}$$

2.外资银行进入指标界定

根据世界贸易组织有关协议，我国加入世界贸易组织后将逐步取消对外资银行外币业务、人民币业务、营业许可等方面的限制，其中规定中国将逐步取消外资银行经营人民币业务的地域限制，概括而言：自加入世界贸易组织起5年内分6批开放外资银行经营人民币业务地域限制。这里选择当年允许经营人民币业务的城市设定外资银行进入虚拟变量（fb），以此作为基准计量模型中外资银行进入的代理变量，优点主要体现在：一是具有较好的外生性，由于企业无法决定开放城市及开放时间，外资银行进入可以认为是政策因素的外生结果，避免内生性问题引致的估计偏误。二是具有较好的识别性，由于2002—2006年间仅有20个城市允许外资银行经营人民币业务，此期间内其他地区企业难以取得外资银行融资，从而可精确设定计量模型的对照组企业,避免因企业潜在跨地区融资带来的识别偏误。三是根据附图8-4可知,外资银行总资产占比从2003年的1.50%增长到2007年的2.36%(截至2015年的最大值),使用这一时期数据刻画外资银行进入对下游制造业的影响具有较好代表性。①

3.企业层面投入产出数据调整

指标主要包括:工业总产值、工业增加值、从业人数、资本存量、工业中间品投入合计等。② 除从业人数(lnl)外,均需要进行价格调整。调整方法是:以2000年各省价格指数作为基准,以工业品出厂价格指数对工业总产值(lny)和工业增加值(lnva)进行平减,以工业品购进价格指数对工业中间投入合计(lnm)进行平减。资本存量估计借鉴诸竹君等(2016)的做法,以企业最早出现在中国工业企业数据库年份的固定资产净值(2000年不变价格)③作为初始资本存量,采用永续盘存法对企业每年的资本存量(lnk)进行估算。

4.企业层面加成率、生产率测算

借鉴德洛克-沃辛斯基法,采用结构方程模型的方法对中国企业加成率进行估算。德洛克-沃辛斯基法的基本原理是通过构造成本最小化问题,求解企业的加成率表达式,其优点在于:符合经济学基本原理,在数据库缺少价格、产量数据的现实下,对企业加成率作出科学、有效的估计。其表达式为:

$$\mu_{ijt} = \theta_{ijt}^X \left(\alpha_{ijt}^X \right)^{-1} \tag{8-14}$$

其中,θ^X表示企业某种投入要素的产出弹性,$\alpha^X = \dfrac{p^X X}{pQ}$表示该种投入要素占企业总产出的比重。中国工业企业数据库提供了企业工业总产出数据,

---

① 根据附图8-4,外资银行总资产占比经历了先上升后下降的总体趋势,其中2007年和2011年是临界点,2007年下降与国际金融危机有关,2010年9月通过的《巴塞尔协议III》提高了商业银行一级资本充足率(从4%调高到6%),因此造成了外资银行总资产占比的降低。同一时期大型商业银行(工、建、中、农、交)总资产占比也呈现出稳步下降的趋势。

② 本书下面所提到的工业总产值、工业增加值、从业人数、资本存量、工业中间品投入合计均已采用取对数方式进行处理。各变量下标i、j、t表示企业i、行业j和年份t。

③ 这里使用各省的固定资产投资价格指数进行平减。

本书需要估计的是投入要素产出弹性。根据德洛克-沃辛斯基法,该种投入要素企业可以充分调整,一般可以使用劳动力和中间品投入。但是我国企业的实际情况是,劳动力还未能实现充分流动,特别是国有企业,因此,选取中间品投入作为估计企业产出弹性的投入要素。使用超越对数生产函数作为基准模型对生产函数进行估计,其优点是可以保证参数估计具有较好的柔性(De Loecker 和 Warzynski,2012;Lu 和 Yu,2015)。具体设定如下:

$$\ln y_{ijt} = \beta_l \ln l_{ijt} + \beta_k \ln k_{ijt} + \beta_m \ln m_{ijt} + \beta_{ll}(\ln l_{ijt})^2 + \beta_{kk}(\ln k_{ijt})^2 +$$
$$\beta_{mm}(\ln m_{ijt})^2 + \beta_{lk}\ln l_{ijt}\ln k_{ijt} + \beta_{lm}\ln l_{ijt}\ln m_{ijt} + \beta_{km}\ln k_{ijt}\ln m_{ijt} +$$
$$\beta_{lkm}\ln l_{ijt}\ln k_{ijt}\ln m_{ijt} + \omega_{ijt} + \varepsilon_{ijt} \tag{8-15}$$

其中,ω 表示企业生产率,ε 表示包含不可预期冲击的误差项。首先需要估计企业生产率 ω,根据莱文森—佩特林法构造中间品投入需求函数 $\ln m_{ijt} = f(\omega_{ijt}, \ln k_{ijt}, V_{ijt})$,其中,$V_{ijt}$ 包括可能影响中间品投入需求的变量。① 中间品投入是关于生产率的严格增函数,生产率越高、中间品投入越多。生产率可以表示为:$\omega_{ijt} = f^{-1}(\ln m_{ijt}, \ln k_{ijt}, V_{ijt})$。对式(8-15),采用两步估计的方法:第一步根据采用生产率代理变量对模型进行估计,得到预期产量$[\Psi_t(\ln m_{ijt}, \ln k_{ijt}, V_{ijt})]$的估计值($\hat\Psi_t$)和第一步的残差项($\hat\varepsilon_{ijt}$);第二步使用广义矩估计法对式(8-15)进行参数估计。其中第二步为估算生产函数系数,本书假设 ω_{ijt} 满足下列 1 阶马尔科夫过程(Markov Process)。

$$\omega_{ijt} = g_t(\omega_{ij,t-1}, export_{ij,t-1}, fb_{r,t-1}) + \xi_{ijt} \tag{8-16}$$

其中,$export$ 和 fb 分别表示出口和外资银行进入的虚拟变量,根据德洛克和沃辛斯基(2012)对生产率过程设定,影响企业下一期生产率的状态变量应包含在式(8-16)中,根据上文分析和现有文献结果,企业出口行为和外资银行进入可能会影响下一期的企业生产率(De Loecker 和 Warzynski,2012),ξ_{ijt} 表示异质性生产率冲击。

① V具体包括从业人数($\ln l$)、出口虚拟变量($export$)和外资银行进入虚拟变量(fb)。

易知,中间品投入产出弹性估计值的表达式为:

$$\theta_{ijt}^m = \beta_m + 2\beta_{mm}\ln m_{ijt} + \beta_{lm}\ln l_{ijt} + \beta_{km}\ln k_{ijt} + \beta_{lkm}\ln l_{ijt}\ln k_{ijt} \qquad (8\text{-}17)$$

根据式(8-14)和式(8-17)可估计企业的加成率μ_{ijt}。具体测算时需要对中间品投入产出弹性和投入比例的估计值进行调整。方法如下:由式(8-17),结合生产函数估计结果可得中间投入产出弹性估计值$\hat{\theta}_{ijt}^m$。根据对式(8-15)第一步估计的结果可得残差项($\hat{\varepsilon}_{ijt}$),进而调整中间品投入比例:

$\hat{\alpha}^X = \dfrac{p^X X}{\left[\dfrac{pQ}{\exp(\hat{\varepsilon}_{ijt})}\right]}$。阿克伯格—卡夫—弗雷泽法更好地解决了莱文森—佩特

林法存在的共线性问题,在影响渠道和稳健性检验中使用阿克伯格—卡夫—弗雷泽法测算的生产率(tfp_acf)作为补充。

5.行业层面主要变量测算

根据前文理论分析,我们认为行业层面与技术前沿差距($distance$)、外部融资依赖度(ext_fina)和银行业投入产出关联度(io_ratio)对外资银行进入的"涓滴效应"会产生异质性影响,因此需界定上述变量并进行实证研究。其中与技术前沿差距($distance$),以美中两国4位码行业劳动生产率(工业增加值/从业人数)之比作为代理变量(Aghion 等,2009;Ding 等,2016),其基本含义是将美国的行业劳动生产率(lp_{jt}^{us})设定为前沿,$distance_{jt} = \dfrac{lp_{jt}^{us}}{lp_{jt}}$,其数值越大说明中国该行业离技术前沿越远。[①] 外部融资依赖度(ext_fina)主要刻画不同行业在生产过程中的外部融资需求,由于中国存在不同层面的融资约束情况(Song 等,2011),采用中国行业数据直接测算可能引致内生性问题,因此

---

① 笔者对应了美国行业代码(Standard Industrial Codes, SIC)和中国行业代码(Census Industry Classification, CIC),其具体做法是:一、匹配中国行业代码和国际标准产业分类(International Standard Industrial Classification, ISIC);二、匹配国际标准产业分类和美国行业代码(1987)。结果备索。

我们根据美国 1990—1999 年的行业数据进行了测算：$ext\_fina = \dfrac{(ce - cf)}{ce}$，其中 ce 和 cf 分别表示资本支出和营业现金流量。使用美国数据原因：一是美国是世界金融业最发达的国家，其行业外部融资依赖度可较好地反映融资约束的影响；二是美国与中国同行业具有类似的生产特点和属性，但是较好地规避了变量内生性问题。银行业投入产出关联度（io_ratio）主要刻画不同制造业行业和金融业的关联性，以金融业中间投入占各制造业部门总投入的比率（即直接消耗系数）作为金融业投入产出关联度的代理标量：

$$io\_ratio_j = \frac{z_{ij}}{x_j} \tag{8-18}$$

其中，z_{ij} 表示各制造行业中的金融业中间投入，x_j 表示各制造行业的总产出。该指标能够较为准确地反映金融业与各制造业部门间的投入产出关联度。数据来源于 1997 年 124 个部门投入产出表，我们首先将投入产出部门与制造业国民经济行业分类进行对接，然后分别计算各制造业部门与金融业间的投入产出关联度。需要注意的是，由于投入产出部门中并未单列出银行业部门，故这里以金融业为基础进行相关结果的计算。[①]

6. 其他控制变量

计量模型还包括以下控制变量：（1）企业规模（$scale$），以企业当年的销售收入（$sale$）对数值作为代理变量。（2）资本劳动比（$klratio$），通过计算企业资本和从业人数对数值之比来衡量。（3）企业所有制类型（soe），以各企业实收资本中国有资本占比作为代理变量。（4）企业年龄（age），以企业建立时间对数值来衡量。（5）行业竞争程度（hhi），使用 4 位码行业赫芬达尔指数来衡量行业竞争程度，其表达式为：$hhi_j = \sum_{i=1}^{n}\left(\dfrac{sale_{ij}}{\sum_{i=1}^{n} sale_{ij}}\right)^2$。

---

① 其中金融业主要包括银行业和证券业。根据 1999 年中国金融统计年鉴的数据显示，我国金融业中银行业占比超过 95%，因此用金融业投入系数作为产业关联度是可行和有效的。

（三）特征性事实

1. 外资银行优先开放城市与非优先开放城市特征变量比较

我国根据世界贸易组织协议规定陆续开放的城市对企业产生外生冲击，但是否存在样本选择性问题，根据优先开放城市名单可知，80%（共 16 个）是副省级或者直辖市，其他城市也为省会城市或者经济特区，初步判定不具有代表性和随机性。进一步，根据 1999 年（加入世界贸易组织前）的特征变量对优先和非优先开放城市进行了比较，结果汇报在表 8-1 中。从常住人口（*pop*）、吸收外资数量（*fc*）、人均国内生产总值（国内生产总值 *p*）和金融业从业人数占比（*fratio*）来看，优先开放城市均显著超过非优先开放城市，这说明优先开放城市的市场规模更大、外向型经济程度更深、经济发展水平更高、金融业占总产业比重更多。基于上述特征变量比较可知开放城市选择并非随机事件，而是政府根据城市发展水平和区域发展定位的选择性安排。

表 8-1　外资银行优先开放和非优先开放地区特征变量比较（1999 年）

变量	*pop*（常住人口）	*fc*（吸收外资数量）	国内生产总值 *p*（人均国内生产总值）	*Fratio*（金融业从业人数占比）
优先开放城市	6.5727	11.6711	10.9334	2.3121
标准差	0.7407	0.9695	1.2929	0.5453
样本量	380155	380155	380155	380155
非优先开放城市	6.0705	9.2564	9.1010	2.0112
标准差	0.4862	1.7834	0.6127	0.1639
样本量	950512	905678	950512	950512
差距	0.5022***	2.4147***	1.8324***	0.3009***
标准差	0.0013	0.0024	0.0022	0.0009
t 值	386.02	987.08	837.05	334.26

注：基础数据来源于《中国城市统计年鉴》，笔者进行了对数化处理。*、** 和 *** 分别表示 10%、5% 和 1%的显著性水平（双尾）。

2.不同子样本企业劳动生产率与技术前沿差距比较

与技术前沿差距(*distance*)可能存在子样本之间异质性,特征性事实从多种角度出发对该种异质性进行研究。图 8-1 汇报了跨年份三种所有制类型企业 *distance* 均值情况,总体而言,国有企业>民营企业>外资企业①,这说明国有企业平均与技术前沿差距最远,而外资企业最接近技术前沿。从变动趋势来看,2000 年之后三种所有制类型企业均表现出向技术前沿收敛的趋势,其中民营企业自 2001 年(加入世界贸易组织当年)以后经历了较快的收敛过程,年均收敛量均显著超过外资企业,截至 2006 年民营企业已近似等于外资企业(仅相差 0.1966),这说明民营企业在外资银行进入后表现出更好的技术改进绩效。附图 8-2 汇报了三种所有制类型企业生产率核密度图,根据图像显示企业层面生产率排序是:外资企业>民营企业>国有企业。这从企业维度佐证了行业层面与技术前沿差距的结果。

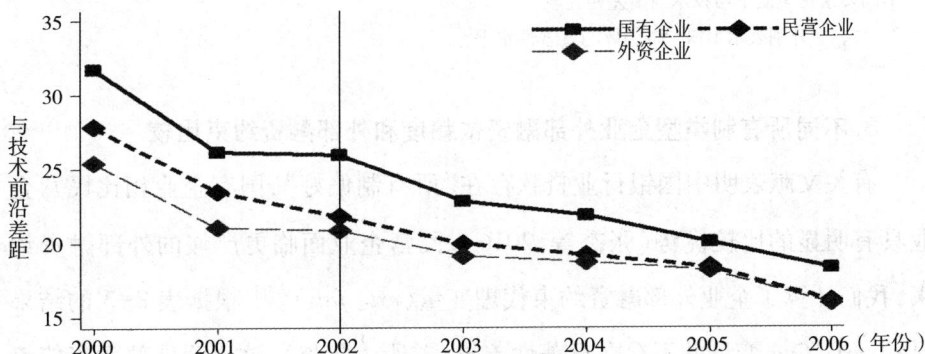

图 8-1　2000—2006 年三种所有制类型企业与技术前沿差距比较

表 8-2 汇报了不同地区、不同要素密集度企业劳动生产率与技术前沿差距的比较,其中不同地区的结果显示东部地区最接近技术前沿,而西部地区距技术前沿最远。不同要素密集度的结果显示劳动密集型行业距技术前

---

① 附图 8-1 汇报了三种所有制类型企业与技术前沿差距核密度图,从静态检验了三种所有制的技术水平。

沿最近,而资本密集型行业相对远离技术前沿。这反映的现实是:第一,我国的空间生产率差距,东部地区具有更高的生产率水平;第二,我国当时的比较优势行业,相比于技术和资本密集型行业,我国在劳动密集型行业中更具比较优势。

表8-2　不同地区、不同要素密集度企业劳动生产率与技术前沿差距比较

变量	东部	中部	西部	劳动密集	资本密集	技术密集
均值	19.6641	23.2254	24.2301	18.1792	25.7564	22.7187
标准差	13.2337	17.2515	18.9217	12.6502	17.1094	15.7342
样本量	1000566	224783	103970	680268	99674	549377
差距	-3.5613***	-4.5660***	-1.0047***	-7.5772***	-4.5395***	3.0377***
标准差	0.0387	0.0387	0.0690	0.0563	0.0563	0.0582
t 值	-91.98	-117.93	-14.55	-134.53	-80.60	52.19

注:其中差距中前3列分别表示东部与中部、东部与西部、中部与西部与技术前沿差距,后3列则表示不同要素密集度下与技术前沿差距比较。
 *、**、*** 分别表示10%、5%、1%的显著性水平。

3. 不同所有制类型企业外部融资依赖度和外部融资约束比较

有关文献表明中国银行业贷款存在"所有制偏好",国有企业相比民营企业具有明显的比较优势(张杰等,2016),民营企业面临更严峻的外部融资约束,我们计算了企业外部融资约束代理变量(ext_fins)。[①] 根据表8-3的结果显示,ext_fina 变量并不存在显著性差异(差距1除外),这说明外部融资依赖度并无明显的所有制差距。但是 ext_fins 变量差异显著,其均值大小依次为:民营企业>外资企业>国有企业,这说明中国民营企业承受最严重的外部融资约束,结合特征性事实2,表明民营企业可能在外资银行进入后外部融资约束情况显著改善。

---

　　① 参考黄先海等(2016a)的测算方法,本书通过企业的外源融资情况(利息率)倒数作为融资约束的代理变量,利息率=利息合计/固定资产合计,其数值越大表示企业外部融资约束越紧。

表 8-3　不同所有制类型外部融资约束情况比较

变量	ext_fina			ext_fins		
	国有	民营	外资	国有	民营	外资
均值	0.4197	0.4028	0.4103	50.4273	69.6179	63.2045
标准差	0.5784	0.5315	0.5282	73.7200	89.0700	85.2672
样本量	102866	530330	292656	65076	339557	148079
差距	0.0169**	0.0094	-0.0075	-19.1906***	-12.7772***	6.4134***
标准差	0.0078	0.0082	0.0049	0.3269	0.3642	0.2692
t 值	2.18	1.14	-1.55	-58.70	-35.09	23.82

注:其中差距中前 3 列分别表示国有与民营、国有与外资、民营与外资 ext_fina 差距,后 3 列则表示 ext_fins 差距。

*、**、*** 分别表示 10%、5%、1%的显著性水平。

4. 优先开放和非优先开放地区企业加成率比较

图 8-2 汇报了优先开放城市和非优先开放城市企业加成率的核密度图,从静态角度出发优先开放城市的企业加成率水平较低且分布更为集中,这说明了优先开放城市较大的市场规模可能带来的"竞争加剧效应"(Lu 和 Yu,2015)。从动态角度出发优先开放城市中较低加成率的企业(左侧)从 2000—2006 年加成率显著下降,而较高加成率企业(右侧)在这期间加成率显著提升,这说明外资银行进入后处理组企业的加成率存在组间异质性,根据文献部分分析行业子样本与技术前沿差距的大小会引致异质性的竞争效应,当行业距离技术前沿更远时,垄断势力相对较弱,反之则表现出更高的加成率水平,因此该图体现了不同技术水平行业可能的竞争效应差异。

通过特征性事实,本书初步得到了以下统计性结论:第一,外资银行进入城市选择并非随机事件,存在显著的样本选择性;第二,不同子样本与技术前沿差距存在明显异质性,国有企业、西部企业和资本密集型企业与技术前沿差距更大;第三,不同所有制类型企业并不存在显著的外部融资依赖度差异,但是民营企业的外部融资约束最紧;第四,优先开放地区企业加成率的动态演进

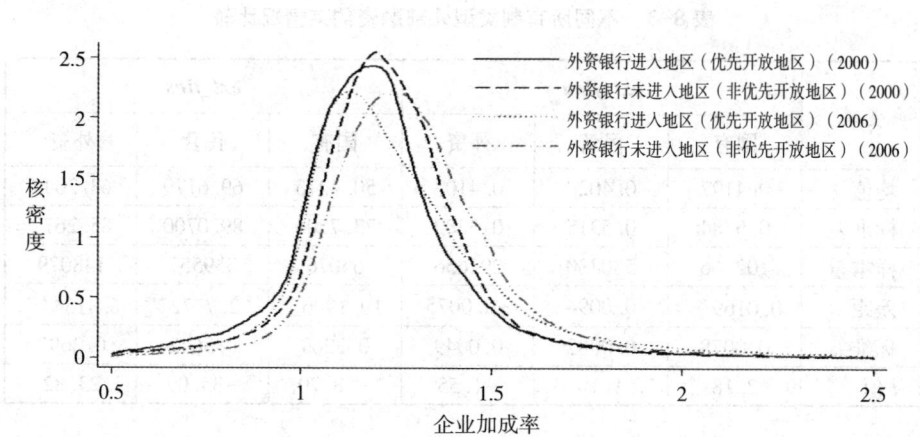

图 8-2　优先开放和非优先开放地区企业加成率比较

过程存在样本组间差异性。下面通过更为严谨的计量方法探究外资银行进入对制造业企业市场势力的影响。

二、金融要素跨国自由流动与企业绩效：金融开放自由度视角

20 世纪 90 年代以来,全球掀起了资本自由化和金融全球化的浪潮,金融自由化会促进金融市场的发展,降低企业融资成本,从而促进企业出口,提升其在国际市场上的产品竞争力(包群,2008)。金融开放度是用来衡量一国金融开放程度的定量化指标,是研究所有金融开放问题的基础性问题,本节根据国家统计局测算出的金融市场开放度指数(fin_t)计算出行业层面的金融开放度指数,从而可将金融开放的影响纳入微观领域,分析金融市场开放度指数对企业绩效的影响。

(一)基准模型

基准模型结果汇报在表 8-4 中,主要对金融市场开放度与企业绩效的相关指标进行检验。结果表明:金融开放对企业加成率、出口产品质量和生产率均具有显著正向效应,且生产率和出口产品质量系数显著为正,说明金融开放

可以从成本渠道和价格渠道显著影响企业赢利水平,即加成率。所有回归均控制了年份固定效应,作为对比,表8-1第(2)、(4)、(6)列同时控制了省份和行业固定效应,其中第(1)、(2)列汇报了行业层面金融市场开放度指数对企业加成率的回归结果,fin_ind1系数显著为正。在控制了省份、行业固定效应后,该项系数变小,但仍然稳健为正,说明金融市场开放度对企业加成率有显著正向影响;表8-1第(3)、(4)列汇报了企业生产率的回归结果,fin_ind1系数显著且控制省份与行业固定效应后并未显著变化,分别为0.8897和0.8009;表8-1第(5)、(6)列汇报了企业出口产品质量的回归结果,回归系数较企业生产率的回归系数更小,但是依然为正且显著。表明金融开放后,生产率和出口产品质量分别从成本和价格渠道显著影响了企业的加成率,且通过生产率成本渠道的影响更大。

表8-4　基准回归结果

变量	(1)	(2)	(3)	(4)	(5)	(6)
	mkp	mkp	lntfp_lp	lntfp_lp	quality	quality
fin_ind1	0.6636***	0.4415***	0.8897***	0.8009***	0.4472***	0.3723***
	(41.14)	(6.67)	(7.14)	(7.90)	(7.42)	(8.89)
expdum	−0.0125***	−0.0125***	−0.0372***	−0.0337***	0.0178***	0.0183***
	(−13.13)	(−13.11)	(−20.36)	(−18.45)	(18.11)	(18.45)
lnscale	0.0746***	0.0781***	0.8283***	0.8338***	0.0325***	0.0331***
	(192.25)	(194.80)	(1080.36)	(1049.97)	(59.35)	(59.12)
klratio	0.0382***	0.0425***	−0.1755***	−0.1709***	−0.0057***	−0.0059***
	(36.73)	(40.66)	(−87.06)	(−84.37)	(−3.63)	(−3.70)
soe	−0.0053***	−0.0136***	−0.0463***	−0.0475***	0.0014	−0.0001
	(−3.30)	(−8.39)	(−14.89)	(−15.10)	(0.45)	(−0.05)
age	−0.0094***	−0.0049***	−0.0133***	−0.0112***	0.0008	0.0034***
	(−21.09)	(−10.52)	(−15.65)	(−12.59)	(1.05)	(4.15)

续表

变量	（1）	（2）	（3）	（4）	（5）	（6）
	mkp	mkp	lntfp_lp	lntfp_lp	quality	quality
hhi	0.0328 ***	0.0117	0.0778 ***	0.0197	−0.0012	−0.0147
	(2.88)	(1.01)	(3.53)	(0.88)	(−0.10)	(−1.10)
常数项	0.4872 ***	0.4338 ***	−1.5639 ***	−1.6663 ***	0.3145 ***	0.3168 ***
	(112.30)	(60.63)	(−183.61)	(−119.89)	(47.94)	(27.50)
时间固定	Yes	Yes	Yes	Yes	Yes	Yes
地区固定	No	Yes	No	Yes	No	Yes
行业固定	No	Yes	No	Yes	No	Yes
样本数	1884448	1884448	1843160	1843160	194195	194195
拟合优度	0.0266	0.0276	0.5026	0.5043	0.0389	0.0405

注：*、**和*** 分别表示 10%、5% 和 1% 的显著性水平（双尾）。括号内为 t 或 z 统计值，拟合优度均为组内 R^2，回归均控制了年份固定效应、省份固定效应或者行业固定效应。

（二）拓展分析 I：不同子样本的回归结果

1. 不同地区的回归结果

表 8-5 和表 8-6 汇报了不同地区的回归结果，其中表 8-5 汇报了金融开放度对不同地区企业加成率的回归结果，fin_ind1 的系数均显著为正，说明金融开放对不同地区的企业加成率均有显著正向影响。回归结果显示金融开放度增加对东部地区和中部地区企业加成率的影响高于西部地区。从特征性事实来看，东部企业的平均劳动生产率水平最高，与技术前沿差距最小，因此表现出更大的"竞争逃避效应"，其加成率的增长超过全样本平均水平。西部企业劳动生产率与技术前沿差距相对最大，因此当金融开放度增加时，其"竞争逃避效应"稍弱，加成率水平提升较小。表 8-6 汇报了金融开放度对不同地区企业生产率和出口产品质量的回归结果。类似地，金融开放水平提升对东

部和中部企业的生产率和出口产品质量的提升均高于西部企业,且金融开放水平所致企业生产效率的提升均高于出口产品质量提升,这与基准回归的结果相同,说明金融开放度提升通过成本渠道对企业加成率的影响高于价格渠道对企业加成率的影响。

表8-5　不同地区的回归结果(加成率)

变量	(1)	(2)	(3)	(4)	(5)	(6)
	东部		西部		中部	
	mkp		mkp		mkp	
fin_ind1	0.6339***	0.4496***	0.4403***	0.3495***	0.7372***	0.5381***
	(7.72)	(3.54)	(2.65)	(5.12)	(5.61)	(2.60)
$expdum$	−0.0112***	−0.0117***	−0.0219***	−0.0203***	−0.0147***	−0.0131***
	(−11.08)	(−11.61)	(−4.21)	(−3.90)	(−5.56)	(−4.80)
$lnscale$	0.0646***	0.0685***	0.1157***	0.1175***	0.0878***	0.0902***
	(147.99)	(151.92)	(80.83)	(79.87)	(88.14)	(86.30)
$klratio$	0.0370***	0.0407***	0.0357***	0.0453***	0.0395***	0.0459***
	(32.62)	(35.71)	(8.51)	(10.64)	(13.71)	(15.73)
soe	−0.0017	−0.0085***	0.0005	−0.0139***	−0.0096***	−0.0200***
	(−0.85)	(−4.12)	(0.11)	(−3.00)	(−2.76)	(−5.63)
age	−0.0074***	−0.0017***	−0.0121***	−0.0085***	−0.0112***	−0.0106***
	(−14.46)	(−3.13)	(−7.23)	(−4.95)	(−10.64)	(−9.81)
hhi	0.0403***	0.0214*	0.0668	0.0429	−0.0172	−0.0445
	(3.30)	(1.72)	(1.47)	(0.93)	(−0.50)	(−1.28)
常数项	0.5593***	0.4925***	0.1473***	0.1103***	0.4430***	0.4278***
	(114.67)	(58.39)	(9.03)	(4.19)	(39.90)	(26.21)
时间固定	Yes	Yes	Yes	Yes	Yes	Yes
地区固定	No	Yes	No	Yes	No	Yes
行业固定	No	Yes	No	Yes	No	Yes

续表

变量	（1）	（2）	（3）	（4）	（5）	（6）
	东部		西部		中部	
	mkp		mkp		mkp	
样本数	1400207	1400207	155081	155081	329160	329160
拟合优度	0.0212	0.0224	0.0551	0.0579	0.0341	0.0357

注：*、**和***分别表示10%、5%和1%的显著性水平（双尾）。括号内为 t 或 z 统计值，拟合优度均为组内 R^2，回归均控制了年份固定效应、省份固定效应或者行业固定效应。

表8-6　不同地区的回归结果（生产率和出口产品质量）

变量	（1）	（2）	（3）	（4）	（5）	（6）
	东部		西部		中部	
	lntfp_lp	quality	lntfp_lp	quality	lntfp_lp	quality
*fin_ind*1	0.8852***	0.4504***	0.2544**	0.4108*	0.8437**	0.5434*
	(6.22)	(8.53)	(2.54)	(1.88)	(1.99)	(1.67)
expdum	−0.0326***	0.0185***	−0.0339***	0.0148**	−0.0437***	0.0158***
	(−15.92)	(18.03)	(−3.45)	(2.06)	(−9.92)	(3.67)
lnscale	0.8277***	0.0335***	0.8428***	0.0260***	0.8465***	0.0279***
	(881.60)	(58.55)	(290.35)	(5.33)	(485.72)	(9.95)
klratio	−0.1790***	−0.0064***	−0.1757***	0.0090	−0.1443***	−0.0108
	(−76.97)	(−3.96)	(−21.57)	(0.64)	(−30.43)	(−1.29)
soe	−0.0251***	0.0035	−0.0330***	0.0096	−0.0828***	−0.0140
	(−5.95)	(0.99)	(−3.76)	(0.76)	(−14.36)	(−1.59)
age	−0.0069***	0.0034***	−0.0129***	−0.0016	−0.0163***	0.0081**
	(−6.34)	(3.94)	(−4.00)	(−0.30)	(−9.39)	(2.57)
hhi	0.0194	−0.0205	0.1513*	0.1267	−0.0601	0.0341
	(0.77)	(−1.52)	(1.71)	(1.15)	(−1.06)	(0.46)
常数项	−1.6381***	0.3224***	−1.7461***	0.2518***	−1.6916***	0.2953***
	(−94.76)	(26.27)	(−34.43)	(2.59)	(−63.42)	(6.54)

续表

变量	（1）	（2）	（3）	（4）	（5）	（6）
	东部		西部		中部	
	lntfp_lp	quality	lntfp_lp	quality	lntfp_lp	quality
时间固定	Yes	Yes	Yes	Yes	Yes	Yes
地区固定	No	Yes	No	Yes	No	Yes
行业固定	No	Yes	No	Yes	No	Yes
样本数	1371328	179223	149549	4352	322283	10620
拟合优度	0.4891	0.0419	0.4874	0.0473	0.5709	0.0417

注：*、**和***分别表示10%、5%和1%的显著性水平（双尾）。括号内为t或z统计值，拟合优度均为组内R^2，回归均控制了年份固定效应、省份固定效应或者行业固定效应。

2. 不同要素密集度的回归结果

表8-7和表8-8汇报了不同要素密集度的回归结果，其中金融开放水平对劳动密集型企业加成率提升分别为0.4045（仅控制年份固定效应）与0.2639（同时控制年份、省份和行业固定效应），显著低于技术密集型企业0.9007（仅控制年份固定效应）与0.4679（同时控制年份、省份和行业固定效应），以及资本密集型企业0.8877（仅控制年份固定效应）与0.4033（同时控制年份、省份和行业固定效应）。表8-8显示出金融开放水平对企业生产率与出口产品质量存在正向影响，同样是对技术密集型、资本密集型企业的提升程度大于劳动密集型企业。原因可解释为：一是劳动密集型行业平均距离技术前沿最近，资本密集型行业相对较远，因而表现为异质性的"涓滴效应"；二是由于中国存在广泛融资约束，民营企业由于缺乏外部融资因而较多集中于劳动密集型行业，国有企业集中在资本密集型行业（Song等，2011；Fan等，2015），所有制结构的差异性影响了上述结果。

表 8-7 不同要素密集度的回归结果(加成率)

变量	（1）	（2）	（3）	（4）	（5）	（6）
	劳动密集		资本密集		技术密集	
	mkp		mkp		mkp	
*fin_ind*1	0.4045***	0.2639***	0.8877***	0.4033**	0.9007***	0.4679***
	(5.68)	(3.01)	(7.60)	(1.97)	(6.72)	(3.92)
expdum	−0.0090***	−0.0090***	−0.0178***	−0.0177***	−0.0101***	−0.0156***
	(−7.02)	(−7.03)	(−4.26)	(−4.23)	(−8.36)	(−9.90)
lnscale	0.0736***	0.0765***	0.0693***	0.0711***	0.0726***	0.0837***
	(134.80)	(136.19)	(48.96)	(49.10)	(145.11)	(126.15)
klratio	0.0394***	0.0430***	0.0322***	0.0352***	0.0380***	0.0445***
	(27.90)	(30.33)	(8.59)	(9.34)	(29.22)	(24.81)
soe	−0.0001	−0.0088***	−0.0033	−0.0102*	−0.0006	−0.0200***
	(−0.05)	(−3.64)	(−0.63)	(−1.91)	(−0.27)	(−8.04)
age	−0.0086***	−0.0041***	−0.0080***	−0.0056***	−0.0087***	−0.0057***
	(−13.97)	(−6.32)	(−5.08)	(−3.44)	(−15.32)	(−7.37)
hhi	0.0402*	−0.0127	0.0792**	0.0869**	0.0509***	0.0055
	(1.85)	(−0.58)	(2.11)	(2.30)	(2.86)	(0.32)
常数项	0.4884***	0.4479***	0.5643***	0.5821***	0.5032***	0.3835***
	(81.51)	(45.68)	(34.83)	(11.22)	(91.17)	(40.65)
时间固定	972028	972028	139232	139232	1130996	753452
地区固定	Yes	Yes	Yes	Yes	Yes	Yes
行业固定	No	Yes	No	Yes	No	Yes
样本数	No	Yes	No	Yes	No	Yes
拟合优度	0.0259	0.0269	0.0249	0.0255	0.0257	0.0292

注：*、** 和 *** 分别表示 10%、5% 和 1% 的显著性水平(双尾)。括号内为 *t* 或 *z* 统计值,拟合优度均为组内 R²,回归均控制了年份固定效应、省份固定效应或者行业固定效应。

表 8-8　不同要素密集度的回归结果(生产率和出口产品质量)

变量	(1)	(2)	(3)	(4)	(5)	(6)
	劳动密集		资本密集		技术密集	
	lntfp_lp	quality	lntfp_lp	quality	lntfp_lp	quality
*fin_ind*1	0.5001 ***	0.2708 ***	1.1719 *	0.7078 ***	0.6751 ***	0.5647 ***
	(5.29)	(7.08)	(1.66)	(2.62)	(3.01)	(4.24)
expdum	−0.0261 ***	0.0136 ***	−0.0324 ***	0.0288 ***	−0.0419 ***	0.0239 ***
	(−10.49)	(10.41)	(−3.91)	(3.72)	(−14.11)	(14.90)
lnscale	0.8326 ***	0.0326 ***	0.8466 ***	0.0310 ***	0.8387 ***	0.0338 ***
	(741.89)	(43.83)	(288.06)	(5.95)	(646.85)	(36.85)
klratio	−0.1611 ***	−0.0049 **	−0.1533 ***	−0.0230	−0.1863 ***	−0.0063 **
	(−57.94)	(−2.45)	(−20.42)	(−1.59)	(−54.68)	(−2.25)
soe	−0.0429 ***	0.0058	−0.0241 **	−0.0159	−0.0545 ***	−0.0027
	(−9.02)	(1.20)	(−2.26)	(−0.88)	(−11.53)	(−0.63)
age	−0.0087 ***	0.0024 **	−0.0089 ***	0.0131 **	−0.0137 ***	0.0043 ***
	(−6.90)	(2.29)	(−2.77)	(1.96)	(−9.50)	(3.16)
hhi	−0.0104	−0.1132 ***	0.1172	−0.0358	0.0072	0.0187
	(−0.24)	(−4.51)	(1.56)	(−0.47)	(0.22)	(0.98)
常数项	−1.6880 ***	0.3778 ***	−1.9524 ***	0.1478	−1.6605 ***	0.2658 ***
	(−87.57)	(17.42)	(−19.20)	(1.62)	(−91.84)	(19.28)
时间固定	Yes	Yes	Yes	Yes	Yes	Yes
地区固定	No	Yes	No	Yes	No	Yes
行业固定	No	Yes	No	Yes	No	Yes
样本数	952366	113492	136207	5063	735331	72760
拟合优度	0.4943	0.0352	0.5198	0.0508	0.5020	0.0503

注：*、** 和 *** 分别表示 10%、5% 和 1% 的显著性水平(双尾)。括号内为 t 或 z 统计值,拟合优度均为组内 R^2,回归均控制了年份固定效应、省份固定效应或者行业固定效应。

3.不同所有制类型的回归结果

根据特征性事实的结果可知,不同所有制企业的劳动生产率水平、外部融资约束情况存在显著差异性,因此有必要针对不同所有制类型进行子样本检验。表8-9和表8-10汇报了不同所有制类型的回归,结果显示3种类型企业的加成率效应存在异质性,国有企业并不存在显著效应,民营企业的正向效应大于外资企业,这说明从不同所有制类型视角出发,民营企业在金融开放水平提升后,企业加成率平均提升0.8729(仅控制年份固定效应)与0.6631(同时控制年份、省份和行业固定效应),生产率平均提升0.8440(仅控制年份固定效应)、出口产品质量平均提升0.6157(同时控制年份、省份和行业固定效应),显著超过全样本平均水平。可能的原因是民营企业面临较为严峻的外部融资约束,因而当金融开放后提供了潜在多元化的外部融资渠道。

表8-9 不同所有制类型的回归结果(加成率)

变量	（1）	（2）	（3）	（4）	（5）	（6）
	国有		民营		外资	
	mkp		mkp		mkp	
*fin_ind*1	0.7041	0.3206	0.8729***	0.6631***	0.6771***	0.4662***
	（1.24）	（0.91）	（3.89）	（3.77）	（7.01）	（4.41）
expdum	−0.0105**	−0.0129**	−0.0080***	−0.0078***	−0.0127***	−0.0127***
	（−1.97）	（−2.41）	（−5.54）	（−5.40）	（−9.87）	（−9.85）
lnscale	0.1426***	0.1427***	0.0504***	0.0530***	0.0716***	0.0747***
	（108.07）	（107.60）	（78.31）	（77.68）	（126.16）	（128.08）
klratio	0.0382***	0.0486***	0.0381***	0.0400***	0.0420***	0.0450***
	（10.29）	（12.80）	（24.48）	（25.54）	（27.01）	（28.86）
soe	−0.0057	−0.0106***	−0.0211*	−0.0240**	0.0062**	0.0018
	（−1.49）	（−2.74）	（−1.88）	（−2.14）	（2.42）	（0.70）

续表

变量	（1）	（2）	（3）	（4）	（5）	（6）
	国有		民营		外资	
	mkp		mkp		mkp	
age	−0.0072***	−0.0034	−0.0061***	−0.0028***	−0.0072***	−0.0024***
	(−3.35)	(−1.59)	(−8.11)	(−3.45)	(−11.10)	(−3.49)
hhi	0.0531	0.0390	0.0220	0.0003	0.0354**	0.0193
	(1.33)	(0.96)	(1.02)	(0.01)	(2.31)	(1.23)
常数项	−0.1099***	−0.1229***	0.7272***	0.6929***	0.4935***	0.4297***
	(−6.90)	(−4.65)	(107.60)	(57.87)	(75.36)	(39.45)
时间固定	Yes	Yes	Yes	Yes	Yes	Yes
地区固定	No	Yes	No	Yes	No	Yes
行业固定	No	Yes	No	Yes	No	Yes
样本数	184515	184515	684562	684562	1015371	1015371
拟合优度	0.0829	0.0847	0.0153	0.0159	0.0215	0.0223

注：*、**和***分别表示10%、5%和1%的显著性水平（双尾）。括号内为t或z统计值，拟合优度均为组内R^2，回归均控制了年份固定效应、省份固定效应或者行业固定效应。

表8-10　不同所有制类型的回归结果（生产率和出口产品质量）

变量	（1）	（2）	（3）	（4）	（5）	（6）
	国有	国有	民营	民营	外资	外资
	lntfp_lp	quality	lntfp_lp	quality	lntfp_lp	quality
fin_ind1	0.4278	0.4828	0.8440***	0.6157***	0.6332***	0.3157***
	(0.64)	(0.42)	(4.47)	(3.28)	(6.10)	(3.28)
expdum	−0.0144	0.0155	−0.0280***	0.0167***	−0.0327***	0.0167***
	(−1.40)	(1.47)	(−9.90)	(7.55)	(−13.17)	(7.55)
lnscale	0.8377***	0.0248***	0.8459***	0.0353***	0.8320***	0.0353***
	(309.47)	(4.76)	(624.63)	(23.47)	(721.69)	(23.47)

续表

变量	（1）	（2）	（3）	（4）	（5）	（6）
	国有	国有	民营	民营	外资	外资
	lntfp_lp	quality	lntfp_lp	quality	lntfp_lp	quality
klratio	−0.0771 ***	−0.0046	−0.1953 ***	−0.0110 ***	−0.1659 ***	−0.0110 ***
	(−10.47)	(−0.24)	(−63.43)	(−2.74)	(−54.87)	(−2.74)
soe	−0.0377 ***	−0.0011	0.0204	0.0307	−0.0108 **	0.0307
	(−5.15)	(−0.11)	(0.91)	(1.17)	(−2.15)	(1.17)
age	−0.0075 *	0.0100	−0.0020	0.0046 **	−0.0041 ***	0.0046 **
	(−1.85)	(1.13)	(−1.27)	(2.37)	(−3.07)	(2.37)
hhi	0.1624 **	−0.1191	0.0669	−0.0214	−0.0229	−0.0214
	(2.10)	(−0.91)	(1.55)	(−0.47)	(−0.76)	(−0.47)
常数项	−1.9349 ***	0.3697 ***	−1.6091 ***	0.1938 ***	−1.7260 ***	0.1938 ***
	(−37.72)	(2.82)	(−68.14)	(6.39)	(−81.51)	(6.39)
时间固定	Yes	Yes	Yes	Yes	Yes	Yes
地区固定	No	Yes	No	Yes	No	Yes
行业固定	No	Yes	No	Yes	No	Yes
样本数	172116	3259	677794	35684	993250	35684
拟合优度	0.4585	0.0457	0.5463	0.0760	0.4683	0.0760

注：*、** 和 *** 分别表示 10%、5% 和 1% 的显著性水平（双尾）。括号内为 *t* 或 *z* 统计值，拟合优度均为组内 R^2，回归均控制了年份固定效应、省份固定效应或者行业固定效应。

（三）拓展分析 Ⅱ：行业异质性的回归结果

1. 基于前沿技术差距的回归结果

表 8-11 考虑与技术前沿差距的回归，不同行业与技术前沿的差距可能会引致异质性"涓滴效应"，理论上只有更接近技术前沿的行业才有正向的

"加成率效应"。这里与前沿技术的差距主要反映了特定行业的技术水平,实证结果表明交互项系数 *fin_dist* 显著为正,说明距离前沿相对较近的行业更容易通过改善金融市场开放度而提升其竞争力水平。在控制了省份和行业固定效应后,固定效应模型的结果仍然稳健。

表 8-11　考虑与前沿技术差距的回归结果

变量	（1）	（2）	（3）	（4）	（5）	（6）
	mkp		lntfp_lp		quality	
*fin_ind*1	0.1296***	0.1375***	0.4739***	0.4932***	0.3265***	0.3571***
	(7.84)	(−5.16)	(5.01)	(7.00)	(4.23)	(4.29)
fin_dist	0.0267***	0.0268***	0.0589***	0.0581***	0.0227**	0.0142**
	(6.36)	(6.38)	(7.18)	(7.10)	(2.40)	(2.25)
dist	−0.0000	−0.0000	−0.0003***	−0.0003***	0.0000	0.0001
	(−0.18)	(−0.04)	(−4.79)	(−4.79)	(0.11)	(0.23)
expdum	−0.0119***	−0.0119***	−0.0371***	−0.0337***	0.0180***	0.0185***
	(−12.74)	(−12.72)	(−20.34)	(−18.44)	(18.09)	(18.40)
lnscale	0.0577***	0.0605***	0.8280***	0.8335***	0.0332***	0.0338***
	(146.82)	(148.56)	(1079.99)	(1049.57)	(57.84)	(57.60)
klratio	0.0407***	0.0441***	−0.1754***	−0.1708***	−0.0053***	−0.0055***
	(39.46)	(42.45)	(−87.01)	(−84.33)	(−3.25)	(−3.36)
soe	−0.0053***	−0.0126***	−0.0462***	−0.0474***	0.0006	−0.0010
	(−3.35)	(−7.80)	(−14.87)	(−15.06)	(0.19)	(−0.30)
age	−0.0085***	−0.0050***	−0.0133***	−0.0112***	0.0006	0.0031***
	(−19.44)	(−10.97)	(−15.64)	(−12.60)	(0.81)	(3.84)
hhi	0.0252**	0.0081	0.0779***	0.0197	−0.0143	−0.0276**
	(2.23)	(0.70)	(3.54)	(0.88)	(−1.08)	(−2.04)
常数项	0.6563***	0.6203***	−1.5611***	−1.6633***	0.3063***	0.3072***
	(150.44)	(87.04)	(−183.27)	(−119.68)	(44.45)	(25.84)

续表

变量	（1）	（2）	（3）	（4）	（5）	（6）
	mkp		lntfp_lp		quality	
时间固定	Yes	Yes	Yes	Yes	Yes	Yes
地区固定	No	Yes	No	Yes	No	Yes
行业固定	No	Yes	No	Yes	No	Yes
样本数	1843160	1843160	1843160	1843160	189965	189965
拟合优度	0.0167	0.0174	0.5028	0.5044	0.0386	0.0402

注：*、** 和 *** 分别表示 10%、5% 和 1% 的显著性水平（双尾）。括号内为 t 或 z 统计值，拟合优度均为组内 R^2，回归均控制了年份固定效应、省份固定效应或者行业固定效应。

2. 基于外部融资依赖度的回归结果

表 8-12 汇报了纳入外部融资依赖度的回归，整体来看交互项 fin_ext 系数显著为正，这说明不同行业的外部融资依赖度对金融开放的"加成率效应"有正向作用。在控制了省份和行业固定效应后，固定效应模型的结果仍然稳健。根据表 8-12 第（1）列结果显示，行业金融开放度每增加 0.1 会使得正向加成率效应增加 0.5486（同时控制年份、省份和行业固定效应）。即外部融资依赖度更高的行业，金融开放度提升后可能会受到更大的竞争效应冲击，因而表现为更加明显的正向"加成率效应"。根据对 2 位码行业外部融资依赖度的测算结果，医药制造业，饮料制造业，化学纤维制造业，通信设备、计算机及其他电子设备制造业等 ext_fina 数值较大，表明这类资本和技术密集型行业中面临较高程度的外部融资需求，当金融开放度提升后由于上游银行业竞争加剧，更多外部融资选择和更高潜在融资质量，可能会提升外部融资依赖度更高行业的加成率水平。

表8-12　考虑外部融资依赖度的回归结果

变量	（1）	（2）	（3）	（4）	（5）	（6）
	mkp		lntfp_lp		quality	
fin_ind1	0.5838***	0.5486***	0.4418***	0.2619**	0.2213***	0.1660***
	（11.18）	（3.59）	（6.16）	（2.41）	（6.24）	（5.25）
fin_ext	0.2585***	0.2573**	0.2229**	0.3330***	0.0417***	0.0621**
	（8.78）	（2.14）	（2.34）	（5.38）	（3.19）	（1.99）
ext_fina	0.0153***	0.0110	0.0404***	0.0031	0.0118***	0.0265***
	（4.86）	（1.64）	（6.67）	（0.24）	（3.11）	（2.89）
$expdum$	−0.0126***	−0.0126***	−0.0373***	−0.0338***	0.0178***	0.0183***
	（−13.26）	（−13.24）	（−20.41）	（−18.49）	（18.12）	（18.46）
$lnscale$	0.0748***	0.0782***	0.8291***	0.8340***	0.0327***	0.0331***
	（192.44）	（194.95）	（1077.37）	（1049.08）	（59.45）	（59.09）
$klratio$	0.0384***	0.0425***	−0.1748***	−0.1708***	−0.0057***	−0.0059***
	（36.97）	（40.69）	（−86.63）	（−84.31）	（−3.60）	（−3.70）
soe	−0.0056***	−0.0134***	−0.0481***	−0.0480***	0.0012	−0.0001
	（−3.46）	（−8.23）	（−15.43）	（−15.23）	（0.38）	（−0.03）
age	−0.0092***	−0.0049***	−0.0128***	−0.0112***	0.0011	0.0034***
	（−20.65）	（−10.53）	（−14.96）	（−12.63）	（1.46）	（4.16）
hhi	0.0234**	0.0063	0.0615***	0.0133	−0.0049	−0.0142
	（2.05）	（0.54）	（2.78）	（0.59）	（−0.38）	（−1.07）
常数项	0.4778***	0.4313***	−1.5896***	−1.6702***	0.3078***	0.3133***
	（104.07）	（56.26）	（−176.40）	（−112.17）	（44.97）	（25.39）
时间固定	Yes	Yes	Yes	Yes	Yes	Yes
地区固定	No	Yes	No	Yes	No	Yes
行业固定	No	Yes	No	Yes	No	Yes
样本数	1882164	1882164	1840902	1840902	194190	194190

续表

变量	（1）	（2）	（3）	（4）	（5）	（6）
	mkp		lntfp_lp		quality	
拟合优度	0.0267	0.0277	0.5026	0.5042	0.0390	0.0405

注：*、**和***分别表示 10%、5%和 1%的显著性水平（双尾）。括号内为 t 或 z 统计值，拟合优度均为组内 R^2，回归均均控制了年份固定效应、省份固定效应或者行业固定效应。

三、 金融要素跨国自由流动与企业绩效：外资银行进入准自然实验

（一）理论框架与研究假说

外资银行进入扩大了金融市场规模，改善了金融市场结构，一方面外资银行进入效应可以从银行业内部角度进行分析，另一方面其进入效应可以从对下游制造业的"涓滴效应"出发进行探究。这部分通过归纳总结相关文献，论证外资银行进入对制造业企业加成率的作用机理，并提出主要研究假设。

第一类文献主要从银行业内部视角出发研究外资银行进入的行业内效应。大量以中国加入世界贸易组织后银行业改革和开放作为背景的研究发现，外资银行进入后提升了中国银行业的竞争程度（Xu，2011）。外资银行更优质的金融服务、管理技术和金融产品通过溢出效应显著改善了国内银行的经营效率，特别是合资银行更为直接的默会知识传递使得绩效改善更为明显（Yin 等，2013）。政府监管部门广泛关注银行业开放与金融业稳定性之间的关系，相关文献表明外资银行进入与国内金融业稳定性存在"倒 U 型"关系，当外资银行进入比例较低时会增强国内金融稳定性（Lee 和 Hsieh，2014）。另一类文献从银行业开放后可能存在的"涓滴效应"出发研究外资银行进入对下游制造业的影响。其理论基础是新熊彼特模型中对上游产业可能通过投入产出联系影响下游产业的论述，由于上游产业产品可视为下游产业的中间投

入品,因此上游产业的产品质量和竞争形态会影响下游产业(Aghion 等,2005;Acemoglu 等,2006)。外资银行进入后更多的外部融资选择降低了国内民营企业的融资约束,以中国企业为样本的研究发现,由于外资银行的"撇脂效应",使中小民营企业融资约束可能进一步恶化,仅大型民营企业的融资约束改善(姚耀军等,2015)。融资约束是企业决策是否出口的关键变量之一,其改善可以从广延边际和集约边际两个维度促进企业出口,并增加一般贸易比重(Manova 和 Yu,2016)。针对企业生产率的研究发现,银行业开放后下游制造业企业生产率显著提升。根据新新贸易理论企业加成率与生产率存在正向对应关系,基于上述理由,提出本书第一个研究假说:

假设 1:外资银行进入后,通过"涓滴效应"影响下游制造业企业加成率水平。

为进一步确定外资银行进入后下游制造业企业加成率变动方向,需要从成本渠道和价格渠道探究企业层面的作用机制。一方面,外资银行进入后,由于融资约束的改善促进了企业出口、扩大了生产规模(Barone 和 Cingano,2011),从而获得"规模经济效应",降低生产成本。由于企业可以克服设备投资的沉没成本,更有可能对生产流程进行创新,工艺创新可显著降低企业边际成本(Ding 等,2016)。这两点构成了"成本降低效应",由于更多企业接触外部融资,激烈的市场竞争可能引致规模经济耗散带来"成本增加效应",成本渠道的净效应为"成本降低效应"和"成本增加效应"之差。另一方面,研究发现,当银行业规制降低时,下游制造业企业可能更有动机进行产品创新,提高产品质量和新产品产值(Barone 和 Cingano,2011),从而获得更强的定价权,即"竞争弱化效应"。融资约束改善还使得从事一般贸易的企业进口更多的中间品(黄先海等,2016),而中国视阈下的实证研究发现更为优质的进口中间品才能显著提高企业产品质量和生产率水平(马述忠和吴国杰,2016),从成本渠道和价格渠道两方面影响企业加成率。下游制造业企业激烈竞争可能引致"竞争加剧效应",降低企业定价能力,价格渠道净效应为"竞争弱化效应"和"竞争加剧效应"之差。

假设2:外资银行进入后,通过成本渠道和价格渠道影响下游制造业企业加成率,效应方向取决于上述两个渠道的净效应大小。

上述主要基于企业层面展开机制研究,但是行业层面的异质性也可能影响外资银行的进入效应。根据新熊彼特模型的基本观点:特定行业与技术前沿差距会影响竞争效应,当行业接近技术前沿时更会采取激励措施进行研发行为,获取"竞争逃避效应"。当行业技术水平远离前沿时,则会陷入"竞争加剧效应"抑制研发行为(Aghion 等,2005b)。大量文献已经依据经验数据从宏观和微观层面证实了该种非单调的竞争效应(Acemuglu 等,2006)。外资银行进入后对下游制造业企业绩效的影响受到行业层面外部融资依赖度的影响,当外部融资依赖度增加时,其对下游制造业企业正向生产率效应强化。由于上游银行业开放通过"涓滴效应"影响下游制造业,因此其对制造业绩效的作用受到特定制造业行业的银行业投入比例影响,已有文献通过投入产出表核算特定行业银行业投入占比证实了这一理论观点(Beverelli 等,2017)。据此,可得行业层面对外资银行进入"加成率效应"影响的三点理论假设:

假设3(a):与技术前沿的差距会影响外资银行进入后的"加成率效应",当接近技术前沿时更可能通过研发行为提升企业加成率水平。反之,则会通过"竞争加剧效应"降低企业加成率水平。

假设3(b):外部融资依赖度会影响外资银行进入后的"加成率效应",外部融资依赖度越高,越可能受到外部融资约束改善影响,从而通过企业层面渠道提升加成率水平。

假设3(c):银行业投入比例会影响外资银行进入后的"加成率效应",银行业投入比例越高的行业,越可能通过"涓滴效应"受到上游银行业竞争影响,引致"加成率效应"异质性。

相比上述文献,可能的创新之处在于:第一,首次从企业市场势力和赢利水平视角出发探讨外资银行进入对下游制造业加成率的影响。这一方面弥补了异质性企业贸易理论的空白之处,另一方面为我国银行业开放和实体经济发展提供理论指导。第二,原有文献大都从贸易自由化角度出发探究商品贸易自由化对宏观和微观主体经营绩效的影响,但是相对较少文献论证服务业自由化对我国经济主体作用,从市场主体企业出发研究上游服务业开放对下游制造业的"加成率效应",丰富了对服务业自由化效应的研究。第三,通过中国加入世界贸易组织后外资银行分批准入的外生冲击,构造了"准自然实验",较好地处理了计量内生性问题,准确估计了外资银行进入的"加成率效应",也为相关研究提供借鉴。

(二)计量模型与经验证据

1. 计量策略与模型设定

通过特征性事实发现外资银行进入行为存在显著的样本选择性,采取直接回归估计存在潜在偏误。基准模型选用赫克曼样本选择模型,通过两阶段回归得到一致估计量。基本思路是:第一阶段,构造外资银行进入选择方程(优先进入虚拟变量 $open$),采用 Probit 模型估计城市外资银行优先进入概率;[①]第二阶段,使用第一步回归所得逆米尔斯比率(λ_{rt})作为特定解释变量进行回归,控制样本选择性偏误。计量模型设定具体如下:

$$\text{Probit}(open_{rt}=1)=\Phi(X'_{rt}\varphi_1+\gamma_t+\rho_r+\varepsilon_{rt}) \tag{8-19}$$

$$\mu_{ijt}=\beta_i+\beta_1 fb_{rt}+Z'_{ijt}\beta_2+Z'_{jt}\beta_3+\lambda_{rt}+\gamma_t+\xi_j+\rho_r+\varepsilon_{ijrt} \tag{8-20}$$

$$\mu_{ijt}=\beta_i+\beta_1 fb_{rt}+\delta fb\_Var_{rjt}+Z'_{ijt}\beta_2+Z'_{jt}\beta_3+\lambda_{rt}+\gamma_t+\xi_j+\rho_r+\varepsilon_{ijrt} \tag{8-21}$$

第一阶段回归基于式(8-19),选择影响中国优先开放城市的变量 X'_{rt} 作为解释变量,对该模型进行 Probit 回归。第二阶段回归基于式(8-20),其中

---

① 由于篇幅所限,对外资银行优先进入概率的 Probit 回归并未汇报,备索。其中选择模型的解释变量同表 8-10 中的特征变量。

Z'_{ijt}、Z'_{jt} 和 λ_{rt} 分别表示企业层面、2 位码行业层面控制变量和逆米尔斯比率,其主要目的是检验假设 1 和假设 2 的作用方向,即整体上外资银行进入对制造业企业加成率的影响。式(8-21)进一步引入外资银行进入和行业变量交互项 fb_Var_{rjt},其中 $Var = \{dist, ext\_fina, io\_ratio\}$,检验假设 3,即不同行业异质性对外资银行进入效应的影响。β_i、γ_t、ξ_j、ρ_r 和 ε_{ijt} 分别表示企业、年份、2 位码行业、地级以上城市固定效应和随机误差项,标准误差聚类(cluster)在 4 位码行业层面。

2. 基准模型结果

基准模型结果汇报在表 8-13 中,其中前 3 列汇报了固定效应模型估计结果。根据表 8-13 第(1)列初步回归结果显示,外资银行进入虚拟变量 fb 系数显著为正,这说明外资银行进入后显著提升了区域内企业的加成率水平。表8-13 第(2)、(3)列逐步控制了行业和城市固定效应,其中 fb 系数仍然稳健为正,逆米尔斯比率系数显著为正,这说明样本选择效应显著存在,基准模型采用赫克曼模型是合理和有效的。由于赫克曼模型控制了样本选择性可能产生的内生性问题,但是可能仍然存在遗漏变量的内生性问题,因此表8-13 第(4)、(5)列汇报了系统广义矩估计(Generalized Moment Method, GMM)回归,根据结果显示 fb 变量显著为正,在控制了年份、行业和城市固定效应后,表 8-13 第(5)列的结果显示整体上外资银行进入会引致区域内企业加成率提升 0.0037(0.0150 个标准差),这说明全样本企业在外资银行进入后表现为成本渠道和价格渠道正向效应大于负向效应,从而综合而得正向加成率效应。控制变量的系数基本符合预期,其中 tfp_lp、$scale$、$klratio$、hhi 系数显著为正,这说明企业生产率越高、规模越大、资本密集度越高、行业竞争程度越弱,企业加成率水平越高。$export$ 和 soe 变量显著为负,这说明中国出口企业存在"低加成率陷阱"(黄先海等,2016b),国有资本比重越高会导致企业加成率下降,age 系数不显著,说明样本企业年龄对加成率没有显著影响。

表 8-13　基准模型回归结果

变量	（1）	（2）	（3）	（4）	（5）
	FE			GMM	
fb	0. 0057 ***	0. 0055 ***	0. 0054 ***	0. 0041 ***	0. 0037 ***
	（4. 24）	（4. 27）	（4. 16）	（3. 86）	（3. 80）
tfp_lp	0. 2628 ***	0. 2613 ***	0. 2602 ***	0. 1903 ***	0. 2415 ***
	（10. 64）	（9. 12）	（12. 86）	（8. 88）	（11. 05）
export	−0. 0106 ***	−0. 0102 ***	−0. 0118 ***	−0. 0283 ***	−0. 0342 **
	（−3. 78）	（−2. 76）	（−2. 77）	（−2. 94）	（−2. 03）
scale	0. 1604 ***	0. 1582 ***	0. 1573 ***	0. 0721 ***	0. 1363 **
	（4. 29）	（4. 24）	（4. 23）	（3. 34）	（2. 35）
klratio	0. 0967 ***	0. 0912 ***	0. 0815 ***	0. 0667 ***	0. 0936 ***
	（6. 54）	（5. 52）	（5. 14）	（3. 11）	（3. 89）
soe	−0. 0016 **	−0. 0014 **	−0. 0012 **	−0. 0059 **	−0. 0060 *
	（−2. 34）	（−2. 36）	（−2. 32）	（−2. 00）	（−1. 72）
age	−0. 0001	−0. 0001	−0. 0001	−0. 0222	0. 0231
	（−0. 36）	（−0. 36）	（−0. 33）	（−0. 89）	（0. 42）
hhi	0. 0092 **	0. 0094 **	0. 0091 **	0. 0041 ***	0. 0045 ***
	（2. 25）	（2. 26）	（2. 12）	（3. 06）	（2. 74）
lambda	0. 0056 *	0. 0052 *	0. 0053 *	—	—
	（1. 92）	（1. 95）	（1. 83）	—	—
常数项	1. 0553 ***	1. 0534 ***	1. 2250 ***	0. 4746 ***	0. 7228 ***
	（12. 03）	（12. 55）	（18. 19）	（5. 71）	（20. 96）
年份固定	Yes	Yes	Yes	Yes	Yes
行业固定	No	Yes	Yes	Yes	Yes
城市固定	No	No	Yes	No	Yes
样本量	1324900	1324900	1324900	1324900	1324900
拟合优度	0. 456	0. 457	0. 459	—	—

续表

变量	(1)	(2)	(3)	(4)	(5)
	FE			GMM	
AR(1)	—	—	—	0.000	0.000
AR(2)	—	—	—	0.124	0.082
Sargan_P	—	—	—	0.502	0.635

注：*、** 和 *** 分别表示 10%、5% 和 1% 的显著性水平（双尾）。括号内为 t 或 z 统计值，拟合优度均为组内 R^2，AR(1) 和 AR(2) 分别表示扰动项 1 阶和 2 阶自相关检验 P 值，回归均控制了企业个体固定效应。

3. 纳入与技术前沿差距的计量结果

表 8-14 汇报了考虑与技术前沿差距的回归，不同行业与技术前沿的差距可能会引致异质性"涓滴效应"，理论上只有更接近技术前沿的行业才有正向的"加成率效应"。根据表 8-14 第（1）列初步回归的结果显示 fb 系数为正、fb_dist 系数为负，这说明当行业与技术前沿差距越远时，外资银行进入的正向"加成率效应"越小，存在关于 $distance$ 的正向效应门槛值。在逐步控制了行业和城市固定效应后，固定效应模型结果仍然稳健。为减少内生性的影响，表 8-14 第（4）、（5）列汇报了系统广义矩估计回归，结果显示仍然出现明显的正向效应门槛值。根据表 8-14 第（5）列结果，当行业与技术前沿差距小于 17.85 时（根据测算，已有 9 个 2 位码行业整体上跨越该门槛值），外资银行进入会导致该行业平均加成率提升，反之外资银行进入的"竞争加剧效应"会大于"竞争逃避效应"，表现为行业平均加成率下降。这部分回归证实了假设 3（a），即行业层面与技术前沿差距对外资银行进入效应的影响。从行业平均与技术前沿差距来看，29 个选定的 2 位码行业中有 20 个位于负向"加成率效应"区间，这也反映出中国在加入世界贸易组织后 5 年间行业整体的技术水平较低，限制了外资银行进入后对下游制造业行业市场势力的改善。

表 8-14　考虑与技术前沿差距的回归结果

变量	（1）	（2）	（3）	（4）	（5）
	FE			GMM	
fb	0.0154**	0.0152**	0.0146*	0.0095*	0.0098**
	(1.97)	(1.98)	(1.73)	(1.89)	(2.15)
fb_dist	−0.0061**	−0.0062**	−0.0056**	−0.0032**	−0.0034***
	(−2.08)	(−2.06)	(−1.98)	(−1.96)	(−2.81)
tfp_lp	0.2319***	0.2218***	0.2109***	0.2262***	0.2369***
	(18.54)	(12.19)	(8.55)	(3.08)	(3.81)
控制变量	Yes	Yes	Yes	Yes	Yes
年份固定	Yes	Yes	Yes	Yes	Yes
行业固定	No	Yes	Yes	Yes	Yes
城市固定	No	No	Yes	No	Yes
样本量	1285994	1285994	1285994	1285994	1285994
拟合优度	0.457	0.458	0.466	—	—
AR(1)	—	—	—	0.000	0.000
AR(2)	—	—	—	0.620	0.119
Sargan_P	—	—	—	0.404	0.328

注：*、** 和 *** 分别表示10%、5%和1%的显著性水平（双尾）。括号内为 t 或 z 统计值，拟合优度均为组内 R^2，AR(1)和AR(2)分别表示扰动项1阶和2阶自相关检验 P 值，回归均控制了企业个体固定效应。

4.纳入外部融资依赖度的计量结果

表 8-15 汇报了纳入外部融资依赖度的回归，整体来看结果显示交互项 fb_ext 系数显著为正，这说明不同行业外部融资依赖度对外资银行进入的"加成率效应"有正向作用，这检验了假设3(b)的正确性。根据表 8-14 第(5)列的结果显示在考虑内生性问题之后，行业外部融资依赖度每增加0.1会使得外资进入的正向加成率效应增加0.0016（0.0065个标准差）。这验证了假设3(b)，即外部融资依赖度更高的行业，在外资银行进入后可能会受到更大的

竞争效应冲击,因而表现为更加明显的正向"加成率效应"。根据附表 8-2 中对 2 位码行业外部融资依赖度的测算结果,医药制造业,饮料制造业,化学纤维制造业,通信设备、计算机及其他电子设备制造业等 *ext_fina* 数值较大,表明这类资本和技术密集型行业中面临较高程度的外部融资需求,当外资银行进入后由于上游银行业竞争加剧,更多外部融资选择和更高潜在融资质量,可能会提升外部融资依赖度更高行业的加成率水平。

表 8-15　考虑外部融资依赖度的回归结果

变量	(1)	(2)	(3)	(4)	(5)
	FE			GMM	
fb	0.0007*	0.0011*	0.0011*	0.0034	0.0066
	(1.86)	(1.83)	(1.76)	(0.51)	(1.28)
fb_ext	0.0117***	0.0108***	0.0108***	0.0159***	0.0158***
	(4.49)	(4.11)	(4.09)	(3.37)	(4.00)
tfp_lp	0.2642***	0.2128***	0.2016***	0.2237***	0.1754***
	(12.55)	(12.54)	(11.55)	(7.76)	(9.33)
控制变量	Yes	Yes	Yes	Yes	Yes
年份固定	Yes	Yes	Yes	Yes	Yes
行业固定	No	Yes	Yes	Yes	Yes
城市固定	No	No	Yes	No	Yes
样本量	1285994	1285994	1285994	1285994	1285994
拟合优度	0.456	0.457	0.466	—	—
AR(1)	—	—	—	0.000	0.000
AR(2)	—	—	—	0.129	0.125
Sargan_P	—	—	—	0.750	0.564

注:*、**和***分别表示 10%、5%和 1%的显著性水平(双尾)。括号内为 *t* 或 *z* 统计值,拟合优度均为组内 R^2,AR(1)和 AR(2)分别表示扰动项 1 阶和 2 阶自相关检验 *P* 值,回归均控制了企业个体固定效应。

5. 纳入投入产出关联度的计量结果

表8-16汇报了考虑投入产出关联度的回归,结果显示一次项系数 fb 显著为正,交互项 $fb\_ioratio$ 系数也显著为正,这说明当特定行业金融业投入占比提升时,外资银行进入的"加成率效应"会明显增加[①],这验证了假设3(c)的正确性。根据附表8-4,2位码行业金融业投入比例较高的有:交通运输设备制造业、金属制品业、有色金属冶炼及压延加工业等,均属于资本密集型行业,这说明资本密集型行业中存在较高的金融业投入比例。当外资银行进入引致上游银行业竞争加剧时,该类行业通过投入产出关联性会产生更显著的"涓滴效应",从而表现出更大的"加成率效应"。

表8-16　考虑投入产出关联度的回归结果

变量	（1）	（2）	（3）	（4）	（5）
	FE			GMM	
fb	0.0053 ***	0.0051 ***	0.0051 ***	0.0036 *	0.0038 **
	(2.72)	(2.63)	(2.18)	(1.92)	(1.99)
$fb\_ioratio$	0.0520 *	0.0573 *	0.0569 *	0.0373 *	0.0445 **
	(1.77)	(1.83)	(1.82)	(1.72)	(2.41)
tfp_lp	0.2613 ***	0.2578 ***	0.2621 ***	0.1935 **	0.1871 ***
	(8.54)	(8.12)	(6.98)	(2.07)	(3.39)
控制变量	Yes	Yes	Yes	Yes	Yes
年份固定	Yes	Yes	Yes	Yes	Yes
行业固定	No	Yes	Yes	Yes	Yes
城市固定	No	No	Yes	No	Yes
样本量	1285994	1285994	1285994	1285994	1285994

---

① 这里本书使用金融业投入占比,主要是因为投入产出表中无法细化至银行业,但是样本期(2000—2006年)企业通过银行业间接融资仍然是外部融资的主要形式,因而这一代理变量具有有效性。

变量	(1)	(2)	(3)	(4)	(5)
	FE			GMM	
拟合优度	0.452	0.453	0.457	—	—
AR(1)	—	—	—	0.000	0.000
AR(2)	—	—	—	0.221	0.124
Sargan_P	—	—	—	0.519	0.305

注:* 、** 和 *** 分别表示 10%、5%和 1%的显著性水平(双尾)。括号内为 t 或 z 统计值,拟合优度均为组内 R^2,AR(1)和 AR(2)分别表示扰动项 1 阶和 2 阶自相关检验 P 值,回归均控制了企业个体固定效应。

6.不同所有制类型的计量结果

根据特征性事实的结果可知,不同所有制企业的劳动生产率水平、外部融资约束情况存在显著差异性,因此有必要针对不同所有制类型进行子样本检验。表 8-17 前 3 列汇报了不同所有制类型的回归,结果显示 3 种所有制类型企业的加成率效应存在异质性,国有企业并不存在显著的效应,而民营企业的正向效应大于外资企业,这说明从不同所有制类型视角出发,民营企业在外资银行进入后平均加成率提升 0.0076(0.0308 个标准差),显著超过全样本平均水平。可能的原因是:民营企业面临较为严峻的外部融资约束,因而当外资银行进入后提供了潜在多元化的外部融资渠道。进一步,根据企业规模将民营企业分为大、中和小型企业①,探究不同企业规模的异质性影响。表 8-17 第(4)—(6)列汇报了不同规模民营企业的回归,其中 fb 系数的大小呈现出随企业规模下降的特点,大型民营企业加成率平均上升 0.0158(0.0639 个标准差),中小型民营企业加成率在外资银行进入后分别增加 0.0089(0.0360 个标准差)和 0.0060(0.0243 个标准差),大型民营企业更大的正向加成率效应可能来源于外资银行进入后的"撇脂效应",更多的信贷资源投放到大型企

———————
① 工业企业大中小型企业划分可参考《统计上大中小型企业划分办法》(国统字〔2003〕17 号),基本原则是根据工业企业从业人数、销售额和资产总额进行规模划分。

业而较少针对中小型民营企业融资(姚耀军等,2015),对于外资银行更严格的监管措施和较低的本土化程度使得外资银行在中小型民营企业的外部融资上并未发挥较大的改善作用。

表8-17　不同所有制类型的回归结果

变量	(1)	(2)	(3)	(4)	(5)	(6)
	国有	民营	外资	大型	中型	小型
fb	−0.0007	0.0076***	0.0053***	0.0158***	0.0089**	0.0060***
	(−0.17)	(4.28)	(3.92)	(2.66)	(2.51)	(2.75)
tfp_lp	0.2316***	0.2628***	0.2514***	0.3418***	0.2998***	0.2712***
	(5.82)	(10.12)	(9.03)	(20.09)	(9.40)	(5.23)
控制变量	Yes	Yes	Yes	Yes	Yes	Yes
年份固定	Yes	Yes	Yes	Yes	Yes	Yes
行业固定	Yes	Yes	Yes	Yes	Yes	Yes
城市固定	Yes	Yes	Yes	Yes	Yes	Yes
样本量	100458	504730	280382	1475	28201	475054
拟合优度	0.398	0.477	0.453	0.379	0.134	0.128

注:*、** 和*** 分别表示10%、5%和1%的显著性水平(双尾)。括号内为 *t* 或 *z* 统计值,拟合优度均为组内 R^2,AR(1)和AR(2)分别表示扰动项1阶和2阶自相关检验 *P* 值,回归均控制了企业个体固定效应。

7. 不同地区和要素密集度的计量结果

表8-18汇报了不同地区和要素密集度的回归。根据表8-18前3列的结果显示东部地区和中部地区企业在外资银行进入后加成率平均分别增长0.0088(0.0356个标准差)和0.0019(0.0077个标准差),而西部企业加成率则显著下降了0.0111(0.0449个标准差)。从特征性事实来看,东部企业的平均劳动生产率水平最高,与技术前沿差距最小,因此表现出更大的"竞争逃避效应",其加成率的增长超过全样本平均水平。西部企业的劳动生产率与

技术前沿差距相对最大,因此当上游银行业竞争度增加时,表现为更强的"竞争加剧效应",加成率水平显著恶化。表8-18第(4)—(6)列汇报了不同要素密集度的回归,其中劳动密集型企业在外资银行进入后加成率平均提高0.0113(0.04571个标准差),其次是技术密集型企业0.0061(0.0247个标准差),正向效应最小的是资本密集型企业0.0041(0.0166个标准差)。其原因是:(1)劳动密集型行业平均距离技术前沿最近,资本密集型行业相对较远,因而表现为异质性的"涓滴效应";(2)由于中国存在广泛的融资约束,民营企业由于缺乏外部融资因而较多集中于劳动密集型行业,国有企业集中在资本密集型行业(Song 等,2011;Feenstra 等,2014;Fan 等,2015),所有制结构的差异性也影响了上述结果。

表 8-18 不同地区和要素密集度的回归结果

变量	(1)	(2)	(3)	(4)	(5)	(6)
	东部	中部	西部	劳动密集	资本密集	技术密集
fb	0.0088***	0.0019***	−0.0111***	0.0113***	0.0041***	0.0061***
	(3.20)	(3.96)	(−4.15)	(3.93)	(4.04)	(5.71)
tfp_lp	0.2561***	0.3015***	0.2675***	0.2606***	0.2547***	0.2704***
	(12.06)	(11.55)	(5.73)	(4.98)	(12.20)	(12.45)
控制变量	Yes	Yes	Yes	Yes	Yes	Yes
年份固定	Yes	Yes	Yes	Yes	Yes	Yes
行业固定	Yes	Yes	Yes	Yes	Yes	Yes
城市固定	Yes	Yes	Yes	Yes	Yes	Yes
样本量	975269	218682	100187	664325	296985	332828
拟合优度	0.459	0.457	0.457	0.453	0.455	0.458

注:*、**和***分别表示10%、5%和1%的显著性水平(双尾)。括号内为 t 或 z 统计值,拟合优度均为组内 R^2,AR(1)和AR(2)分别表示扰动项1阶和2阶自相关检验 P 值,回归均控制了企业个体固定效应。

（三）进一步分析与稳健性检验

1. 企业层面作用渠道检验（中介效应模型）

这部分主要运用中介效应模型，从企业层面出发探究外资银行进入对下游制造业企业加成率影响的中间渠道，检验假设2。文献部分已对企业层面的中介变量进行了研究，主要是两个渠道：一是"成本渠道"；二是"价格渠道"。当外资银行进入后，由于上游银行业出现"竞争加剧效应"，下游制造业企业面临的外部融资约束可能降低，因而可能增加销售额（包括出口额），企业通过"规模经济效应"可降低平均生产成本，但是当企业面临较紧的外部融资约束时可能更有动机进行加工贸易（Manova 和 Yu，2016），所以这部分仅研究一般贸易下的进出口数据。表 8-19 第（1）、（2）列汇报了企业销售额和一般贸易出口额（$export\_rev$）随外资银行进入的变动，fb 系数为正说明企业在外资银行进入后销售额（包括出口额）均显著增加；另外，企业的融资约束下降时，接近技术前沿的企业更有动机进行研发行为，通过产品创新和工艺创新获得"竞争逃避效应"，表 8-19 第（3）、（4）列汇报了企业研发费用（rd）和新产品产值（new）的变化，结果显示外资银行进入后上述变量显著增长，平均意义上企业提高了研发费用、增加了新产品产值。根据内生增长理论更多优质进口中间品投入可提升企业生产率水平，降低生产成本，我们通过进口中间品占比（$inter\_ratio$）来衡量企业投入品的改善情况，根据表 8-19 第（5）列结果显示企业进口中间品投入在外资银行进入后显著增加。表 8-19 第（6）列中，将 $scale$、rd 和 $inter\_ratio$ 纳入同一计量模型中，结果显示上述变量仍然显著，但是 fb 系数不显著，说明外资银行进入后对制造业企业的"加成率效应"可以被上述变量解释。中介效应模型证实了企业层面的中间渠道变量存在性。

表 8-19 中介效应模型回归结果

变量	（1） scale	（2） export_rev	（3） rd	（4） new	（5） inter_ratio	（6） μ
fb	0.0280***	0.0070**	0.1654***	0.0519***	0.0057***	0.0036
	(5.48)	(2.11)	(6.41)	(2.89)	(2.80)	(1.23)
scale	—	—	—	—	—	0.1816***
	—	—	—	—	—	(3.53)
rd	—	—	—	—	—	0.0020***
	—	—	—	—	—	(3.37)
inter_ratio	—	—	—	—	—	0.1312***
	—	—	—	—	—	(4.20)
tfp_acf	0.5273***	0.4138***	0.3231***	0.5086***	0.0008***	0.3040***
	(14.09)	(17.18)	(18.06)	(14.96)	(9.63)	(18.24)
控制变量	Yes	Yes	Yes	Yes	Yes	Yes
年份固定	Yes	Yes	Yes	Yes	Yes	Yes
行业固定	Yes	Yes	Yes	Yes	Yes	Yes
城市固定	Yes	Yes	Yes	Yes	Yes	Yes
样本量	1324899	384382	91994	94203	1318263	91857
拟合优度	0.559	0.179	0.124	0.153	0.007	0.487

注：*、** 和*** 分别表示 10%、5%和 1%的显著性水平（双尾）。括号内为 t 或 z 统计值，拟合优度均为组内 R^2，AR(1)和 AR(2)分别表示扰动项 1 阶和 2 阶自相关检验 P 值，回归均控制了企业个体固定效应。

2.稳健性检验

（1）准自然实验法（DID）

由于外资银行进入对企业而言是外生冲击，因此可以采用准自然实验的方法检验进入后的加成率效应。具体方法是：第一，将 2001 年年底开放的四大城市（深圳、上海、天津和大连）中的企业作为处理组，其他 2006 年年底之前尚未开放城市中的企业作为控制组，设置个体虚拟变量 $fbk_i = \{0,1\}$；

第二,根据第一批开放城市开放年份设置时间虚拟变量 $post_t = \{0,1\}$,分别表示开放前(2000—2001 年)和开放后(2002—2006 年);第三,设置关键交互项变量 $fbk \times post_{ijt}$,表示处理组和控制组企业在政策冲击的前后时段。根据表8-20 第(1)列初步回归的结果显示制造业企业加成率在外资银行进入后显著提升 0.0214(0.0866 个标准差)。表 8-20 第(2)、(3)列在纳入与技术前沿差距和外部融资依赖度行业异质性后,呈现出与基准模型一致的结果,即与技术前沿差距越大、外部融资依赖度越小,企业加成率水平在外资银行进入后正向效应越低。表 8-20 第(4)—(6)列对本书重点关注的所有制类型进行了准自然实验,结果表明在外资银行进入后民营企业加成率增长值最大,其次是外资企业,国有企业的效应值不显著,这说明基准模型结果稳健。

表 8-20　准自然实验法的回归结果

变量	(1)	(2)	(3)	(4)	(5)	(6)
	全样本			国有	民营	外资
$fbk \times post$	0.0214***	0.0250***	0.0137***	0.0143	0.0400***	0.0181***
	(3.54)	(3.78)	(6.13)	(0.83)	(3.43)	(4.33)
$fbk \times post\_dist$	—	−0.0012**	—	—	—	—
	—	(−2.32)	—	—	—	—
$fbk \times post\_ext$	—	—	0.0184***	—	—	—
	—	—	(4.09)	—	—	—
tfp_acf	0.2655***	0.2612***	0.2289***	0.2340***	0.2743***	0.2559***
	(12.96)	(12.08)	(6.68)	(17.78)	(16.44)	(14.23)
其他交互项	Yes	Yes	Yes	Yes	Yes	Yes
控制变量	Yes	Yes	Yes	Yes	Yes	Yes
年份固定	Yes	Yes	Yes	Yes	Yes	Yes
行业固定	Yes	Yes	Yes	Yes	Yes	Yes

续表

变量	（1）	（2）	（3）	（4）	（5）	（6）
	全样本			国有	民营	外资
城市固定	Yes	Yes	Yes	Yes	Yes	Yes
样本量	1061431	1061431	1061431	80558	441969	218476
拟合优度	0.209	0.212	0.218	0.056	0.143	0.225

注：*、** 和 *** 分别表示 10%、5% 和 1% 的显著性水平（双尾）。括号内为 t 或 z 统计值，拟合优度均为组内 R^2，AR(1) 和 AR(2) 分别表示扰动项 1 阶和 2 阶自相关检验 P 值，回归均控制了企业个体固定效应。

（2）倾向得分匹配—倍差法（PSM+DID）

根据特征性事实 1 中结果，开放城市具有显著的样本选择性，并非是随机变量。为避免样本选择性问题对准自然实验有效性的影响，在稳健性检验 1 基础上运用倾向得分匹配的方法对选择性偏误进行控制。基本方法同稳健性检验 1，匹配的协变量同表 8-10 中可能影响开放城市选择的特征变量，结果汇报在表 8-21 中。其中表 8-21 第（1）列汇报了基准模型结果，第（2）—（3）列汇报了纳入行业异质性的计量结果，其关键变量系数与基准模型和稳健性检验 1 基本一致。表 8-21 第（4）—（6）列汇报了不同所有制类型的回归，根据系数判断上文的结果仍然稳健，民营企业在外资银行进入后加成率增长量最大。

表 8-21　倾向得分匹配—倍差法的回归结果

变量	（1）	（2）	（3）	（4）	（5）	（6）
	全样本			国有	民营	外资
$fbk \times post$	0.0529***	0.0594**	0.0057	−0.0286	0.0855***	0.0442***
	(5.40)	(2.39)	(0.39)	(−0.77)	(3.19)	(2.58)
$fbk \times post\_dist$	—	−0.0021**	—	—	—	—
		(2.01)				

续表

变量	（1）	（2）	（3）	（4）	（5）	（6）
	全样本			国有	民营	外资
$fbk \times$ post_ext	—	—	0.1197***	—	—	—
	—	—	(4.24)	—	—	—
tfp_acf	0.3157***	0.2679***	0.2898***	0.2793***	0.3323***	0.3090***
	(18.92)	(18.16)	(9.02)	(5.96)	(11.37)	(14.25)
其他交互项	Yes	Yes	Yes	Yes	Yes	Yes

注:*、** 和 *** 分别表示 10%、5% 和 1% 的显著性水平(双尾)。括号内为 t 或 z 统计值,拟合优度均为组内 R^2,AR(1)和 AR(2)分别表示扰动项 1 阶和 2 阶自相关检验 P 值,回归均控制了企业个体固定效应。

（3）面板分位数回归结果

上述回归的结果大都基于"均值回归",回归结果容易受到极端值的影响。根据特征性事实 4 可知不同加成率分位数的企业在外资银行进入后呈现出异质性加成率效应,因此通过面板分位数回归可以避免极端值的影响同时检验不同分位数效应,结果汇报在表 8-22 中。其中表 8-22 第(1)—(5)列分别汇报了 10%、25%、50%、75% 和 90% 分位数的回归,总体来看,fb 系数在 10% 和 25% 分位数下不显著,在 50%、75% 和 90% 分位数下显著为正,这说明高加成率分位数企业在外资银行进入后加成率显著提升,而低加成率企业并无明显变动,这验证了不同技术差距企业的异质性"涓滴效应"。根据表 8-22 第(3)—(5)列结果显示,在中位数以上企业加成率正向效应值随分位数而增加,一方面由于高分位数企业具有较高的技术水平,具有更大的"竞争逃避效应";另一方面高分位数企业具有较高的市场势力,掌握市场定价权,因此可获得更大"加成率效应"。

表 8-22　面板分位数回归结果

变量	（1）10%	（2）25%	（3）50%	（4）75%	（5）90%
fb	0.0360	−0.0622	0.0057**	0.0069***	0.0086***
	(0.06)	(−0.50)	(2.39)	(2.77)	(3.19)
tfp_acf	0.2659***	0.2207***	0.2183***	0.2481***	0.2096***
	(2.87)	(7.80)	(6.12)	(6.25)	(9.27)
控制变量	Yes	Yes	Yes	Yes	Yes
年份固定	Yes	Yes	Yes	Yes	Yes
行业固定	Yes	Yes	Yes	Yes	Yes
城市固定	Yes	Yes	Yes	Yes	Yes
样本量	1324900	1324900	1324900	1324900	1324900
拟合优度	0.513	0.508	0.512	0.580	0.556

注：*、** 和 *** 分别表示10%、5%和1%的显著性水平（双尾）。括号内为 t 或 z 统计值，拟合优度均为组内 R^2，AR(1) 和 AR(2) 分别表示扰动项1阶和2阶自相关检验 P 值，回归均控制了企业个体固定效应。

（四）基本结论

本节在理论分析基础上，运用中国工业企业数据库和中国海关数据库进行实证分析。首先，检验金融市场开放度对企业竞争力的影响，采用根据国家统计局数据测算出的金融市场开放度指数对行业层面的金融开放度指数进行估计，进而检验金融开放度对企业加成率、生产率以及出口产品质量等企业竞争力指标的影响，实证结果表明，金融开放度的提高对企业加成率、生产率和出口产品质量的提升均具有显著正向效应。此外，生产率和出口产品质量系数显著为正，也说明了金融开放从成本渠道和价格渠道均显著影响了企业加成率。其次，通过外资银行进入这一外生冲击对银行业开放后对制造业企业加成率的影响进行了实证研究。得到以下计量结果：第一，全样本结果显示外资银行进入后,进入区域内企业平均加成率显著增加;第二,纳入与技术前沿差距后结果显示,行业与技术前沿差距越大时,外资银行进入"加成率效应"越小,存在正向效应门槛值;第三,纳入外部融资依赖度后结果显示,行业外部融资依赖度越高,外资银行进入的正向"加成率效应"越大;第四,以上下游产业投入产出关联度视角出发的结果显示,与银行业投入产出关联度越大,外资银行进入后的正向"加成率效应"越明显;第五,分所有制类型的结果显示,民营和外资企业的正向效应更为显著,且大型民营企业的正向效应值最大;第六,分地区和要素密集度的结果显示,东部和劳动密集型企业的正向"加成率效应"显著超过全样本均值,而西部地区企业存在负向"加成率效应"。

第四节　以更高水平推动金融开放与外贸转型升级

改革开放四十多年来,中国一直实行积极的金融开放政策,特别是自2001年中国加入世界贸易组织以来,中国深度融入全球化,中国的金融开放程度更是有了很大的提升。目前中国虽然已成为世界第一贸易大国、第一大出口国,但并非出口强国,面临出口结构不合理、产品附加值低、劳动密集型产品出口利润极低、服务型技术型产品出口比重低、对国际市场核心影响力弱等现实难题。出口增长方式、出口产品质量与结构亟须转型升级,然而外贸转型升级离不开金融体系的支持。

一、资本"引进来"与"走出去"相结合

除了资本项目下"引进来"的一些开放举措,包括增加合格境内投资者、合格境外投资者,促进资本市场业务、深港通、债券通、沪港通的快速发展,不断提高国内企业利用外资质量,构建以登记为核心的外汇管理体系。此外,应

取消银行和金融资产管理公司的外资持股比例限制,内外资一视同仁,允许外国银行在我国境内同时设立分行和子行等一系列放宽外资银行准入措施也有利于引进外资,基于高银行业投入比例行业较大的正向"加成率效应"和不同规模民营企业的效应异质性,应有针对性地调整《中华人民共和国外资银行管理条例》中有关外资银行经营范围的限制,积极引导外资银行进入外部融资依赖度、银行业投入比例高的行业,打通外资银行服务中小型民营企业渠道。资本市场的开放也将变成双向的,越来越多的国内企业将目光投向国际市场,一些"走出去"的项目,例如合格投资者、合格有限合伙人的开放举措会进一步扩大,相关额度也应增加。积极支持国内有能力、有条件的企业"走出去",开展真实合规的境外直接投资。首先,金融开放度的提高在短期和长期对外商直接投资与我国对外直接投资均有显著正向影响,应坚持中国对外金融开放政策,提高开放的水平,深化更多行业和领域的金融开放;其次,政府应积极调整贸易、投资与金融开放政策,使其高效协调,推动国内和国际金融市场相结合,从而提升金融支持对外贸易力度;最后,我国对外直接投资追求量的增长的同时,也应注重质的提升,鼓励更多高技术产业对外直接投资,充分发挥各行业独特优势和潜在比较优势。

二、以人民币国际化促进企业出口

人民币国际化可提高外向型企业资金结算效率、降低汇兑风险和成本,从而有利于对外贸易的发展。第一,应培育多元化的进出口市场格局,改变中国出口市场主要集中于美欧的局面,这样可以撇开强势货币的影响。因此应继续加深与"一带一路"沿线国家的合作,开辟可持续的全球化新模式,提高人民币的国际接纳水平。第二,推动产业结构转型升级,培育高新技术和新兴产业,打造精品国货品牌,提高出口产品的竞争力,进而提高出口产品的定价权和结算币种选择权。第三,提高科技创新能力,发展现代服务业,提高服务业质量,提高出口服务竞争力。通过区域合作不断提高中国的影响力,通过宣传中国文化吸引更多的人到中国旅游和留学。第四,继续扩大人民币对外直接投资的规模,在输出国内过剩产能的同时,打造中国自主的生产经营价值链,深入更广阔的国际市场,寻找海外立足点,从而带动国内出口贸易的发展。第五,加强人民币离岸与在岸市场的融合,同时推进人民币离岸市场的发展。完善人民币汇率市场化形成机制、推进利率市场化改革、提高金融监管水平。

三、推动"中国制造2025"和金融业开放有机结合

制造业是国民经济的主体,是立国之本、兴国之器、强国之基。金融危机已经证明"去实就虚"型的经济发展策略将面临极大的风险,产业空心化导致的一系列问题使得发达国家经济复苏疲软。发达国家纷纷意识到实体经济才是一国经济发展之本,因此出台一系列制造业回流计划。而随着生产投入成本的不断提升,我国制造业产品正逐步丧失赖以生存的价格优势。加之由于我国大部分制造业产品属于全球价值链生产中的附属品,而企业技术创新不足,缺乏核心竞争力,主要依靠外来关键技术和装备支撑的现状则进一步限制了产品利润增值空间(汪小亚等,2012)。我国实体经济除了不断受到外部环境不确定性的冲击,还受新兴市场国家产品的替代效应影响,正面临严峻的"高低挤压"风险,转变发展模式已刻不容缓。但是,由于我国资本市场体系尚不完善,金融产品创新发展缓慢,服务中小微企业的金融机构发展不足,企业融资渠道少而窄,因此作为实体经济"血液"的金融体系服务实体经济的能力较为有限(余斌,2017),最终导致我国制造业转型升级困难重重,金融业和实体经济间失衡严重。针对正向"加成率效应"存在技术差距门槛值,应推动"中国制造2025"战略和金融业开放有机结合,缩小与世界技术前沿差距,实现金融业开放与制造业企业竞争力良性互动。

附　录

附表 8-1　外资银行经营人民币业务地域限制开放情况

时间	开放城市
2001 年 12 月	深圳、上海、天津、大连
2002 年 12 月	广州、珠海、青岛、南京、武汉
2003 年 12 月	济南、福州、成都、重庆
2004 年 12 月	昆明、北京、厦门
2005 年 12 月	汕头、宁波、沈阳、西安
2006 年 12 月	取消所有地域限制

附表 8-2　2 位码行业外部融资依赖度一览表

CIC2	行业名称	*Ext_fina*	CIC2	行业名称	*Ext_fina*
13	农副食品加工业	0.148	29	橡胶制品业	0.078
14	食品制造业	0.108	30	塑料制品业	0.295
15	饮料制造业	1.194	31	非金属矿物制品业	0.457
17	纺织业	0.333	32	黑色金属冶炼及压延加工业	−0.052
18	纺织服装、鞋、帽制造业	0.313	33	有色金属冶炼及压延加工业	0.712
19	皮革、毛皮、羽毛（绒）及其制品业	0.314	34	金属制品业	0.267
20	木材加工及木、竹、藤、棕、草制品业	0.688	35	通用设备制造业	0.428
21	家具制造业	0.305	36	专用设备制造业	0.352
22	造纸及纸制品业	0.087	37	交通运输设备制造业	0.370
23	印刷业和记录媒介的复制	0.302	39	电气机械及器材制造业	0.407
24	文教体育用品制造业	0.585	40	通信设备、计算机及其他电子设备制造业	0.764
25	石油加工、炼焦及核燃料加工业	0.732	41	仪器仪表及文化、办公用机械制造业	0.551
26	化学原料及化学制品制造业	0.560	42	工艺品及其他制造业	0.582
27	医药制造业	1.385	43	废弃资源和废旧材料回收加工业	0.618
28	化学纤维制造业	1.076			

附表 8-3　2 位码行业与技术前沿差距一览表

CIC2	行业名称	*Distance*	CIC2	行业名称	*Distance*
13	农副食品加工业	20.78	29	橡胶制品业	21.15
14	食品制造业	30.38	30	塑料制品业	11.36
15	饮料制造业	21.25	31	非金属矿物制品业	26.18
17	纺织业	12.58	32	黑色金属冶炼及压延加工业	12.12
18	纺织服装、鞋、帽制造业	16.84	33	有色金属冶炼及压延加工业	36.88
19	皮革、毛皮、羽毛（绒）及其制品业	20.64	34	金属制品业	14.39
20	木材加工及木、竹、藤、棕、草制品业	12.87	35	通用设备制造业	20.47
21	家具制造业	14.31	36	专用设备制造业	18.89
22	造纸及纸制品业	20.15	37	交通运输设备制造业	22.75
23	印刷业和记录媒介的复制	13.09	39	电气机械及器材制造业	16.01
24	文教体育用品制造业	31.42	40	通信设备、计算机及其他电子设备制造业	27.09
25	石油加工、炼焦及核燃料加工业	29.71	41	仪器仪表及文化、办公用机械制造业	26.61
26	化学原料及化学制品制造业	31.83	42	工艺品及其他制造业	44.48
27	医药制造业	28.61	43	废弃资源和废旧材料回收加工业	28.18
28	化学纤维制造业	20.67			

附表 8-4　2 位码行业与金融业关联度一览表　　　　（单位：%）

CIC2	行业名称	*io_ratio*	CIC2	行业名称	*io_ratio*
13	农副食品加工业	0.45	19	皮革、毛皮、羽毛（绒）及其制品业	1.48
14	食品制造业	0.71	20	木材加工及木、竹、棕、草制品业	0.77
15	饮料制造业	0.41	21	家具制造业	1.07
17	纺织业	0.73	22	造纸及纸制品业	0.45
18	纺织服装、鞋、帽制造业	1.01	23	印刷业和记录媒介的复制	0.98

续表

CIC2	行业名称	io_ratio	CIC2	行业名称	io_ratio
24	文教体育用品制造业	0.82	34	金属制品业	3.55
25	石油加工、炼焦及核燃料加工业	0.79	35	通用设备制造业	1.35
26	化学原料及化学制品制造业	1.69	36	专用设备制造业	0.55
27	医药制造业	0.82	37	交通运输设备制造业	3.06
28	化学纤维制造业	0.92	39	电气机械及器材制造业	0.72
29	橡胶制品业	0.60	40	通信设备、计算机及其他电子设备制造业	1.12
30	塑料制品业	1.14	41	仪器仪表及文化、办公用机械制造业	0.16
31	非金属矿物制品业	0.71	42	工艺品及其他制造业	0.79
32	黑色金属冶炼及压延加工业	1.22	43	废弃资源和废旧材料回收加工业	0.21
33	有色金属冶炼及压延加工业	1.80			

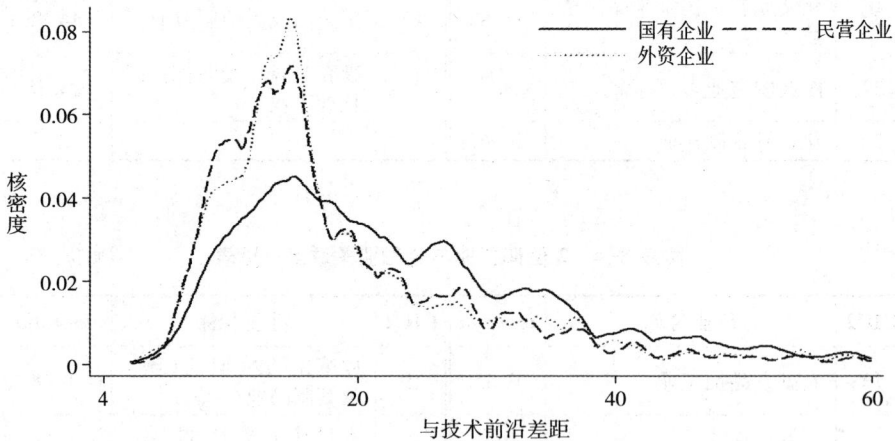

附图 8-1 三种所有制类型企业与技术前沿差距核密度图

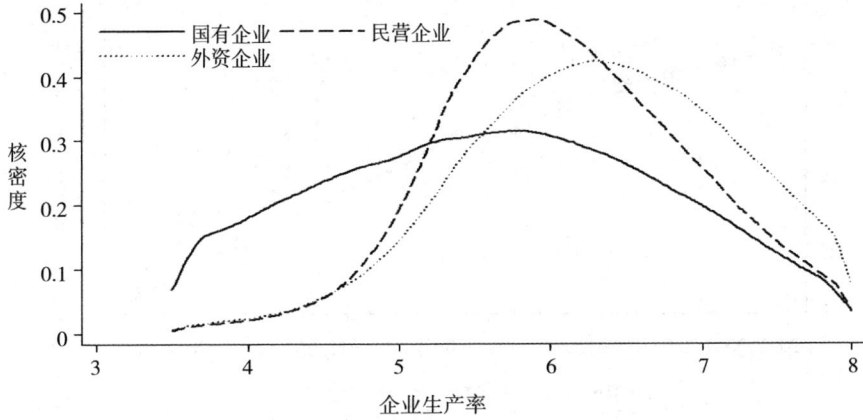

附图 8-2 三种所有制类型企业生产率核密度图

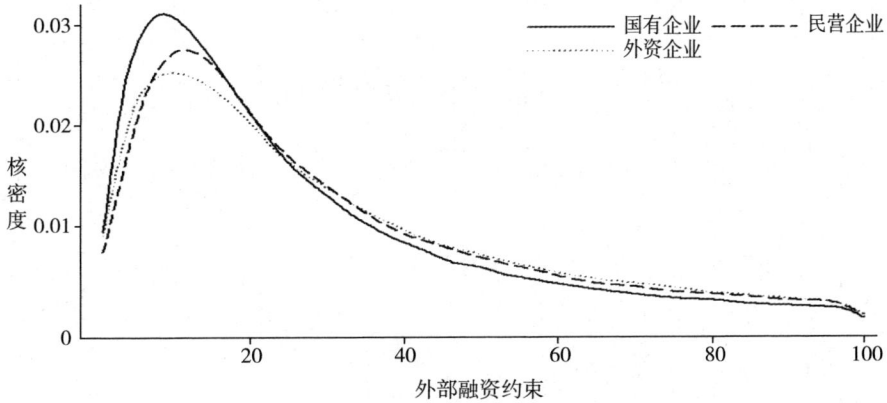

附图 8-3 三种所有制类型企业外部融资约束核密度图

（单位：%）　　　　　　　　　　　　　　　　　　　　　　（单位：%）

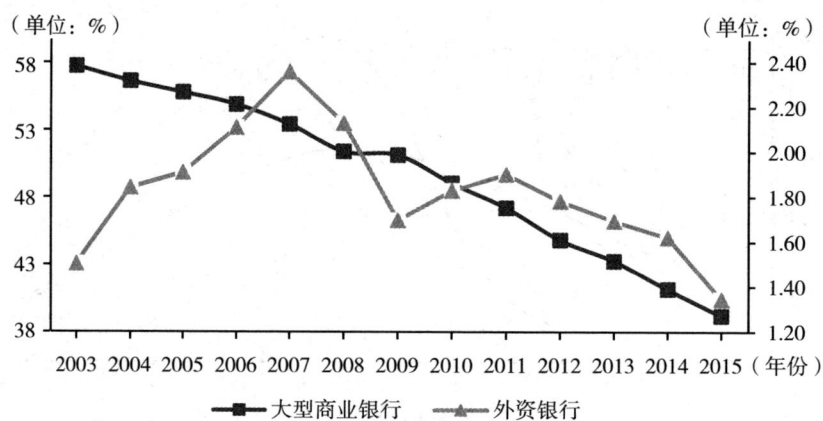

附图 8-4　两种类型银行总资产比例比较

第九章　加快要素跨国自由流动与
国际贸易的仿真模拟

　　无论是主动推进还是被动接受,经济全球化已进入一个持续加速的不可
逆过程。世界各国在生产、消费、贸易、移民、投资和引资等方面逐渐丧失独立
性,取而代之的是一种千丝万缕、错综复杂的网状关系。为规避"修昔底德陷
阱",中国需为未来国际局势未雨绸缪。本章拟对赫克歇尔—俄林模型进行
拓展,结合中美实际国情,通过仿真模拟描述两国要素流动与国际贸易的彼此
关系,并为中国外贸战略提供建议。

　　赫克歇尔和俄林建立的赫克歇尔—俄林模型是讨论要素流动与国际贸易
关系的常用范式,该模型所依托的要素禀赋理论是对李嘉图比较优势理论的
发展。萨缪尔森和瓦内克(Vanek J.,1968)对赫克歇尔—俄林模型进行了多
维度的理论拓展,分别形成了赫克歇尔—俄林—萨缪尔森模型和赫克歇尔—
俄林—瓦内克模型。萨缪尔森和琼斯(Jones R.W.)强调模型中"特定资本"的
非流动性,发展了赫克歇尔—俄林模型的短期形式——特定要素模型,梅耶
(Mayer W.)、穆萨(Mussa Michael)和尼里(J.Peter Neary)对特定要素模型的
发展作出了积极的贡献。多恩布什等(Rudiger Dornbusch 等)、埃西尔和斯文
松(Wilfred J. Ethier 和 Lars E.O.Svensson)延续了赫克歇尔—俄林理论在数学

上的拓展,前者将李嘉图连续模型和赫克歇尔—俄林模型结合,后者以赫克歇尔—俄林模型为基础推导了一般化的罗伯津斯基定理(Rybczynski Theorem),这些以赫克歇尔—俄林模型为基础的拓展被称为"要素禀赋模型"。

里昂惕夫以第二次世界大战后美国的经验数据对赫克歇尔—俄林理论的适用性提出了质疑,由此引起了一系列以验证赫克歇尔—俄林理论正确性为目的的实证检验。其中,部分学者认为赫克歇尔—俄林理论并不符合具有复杂局限条件的现实世界;部分学者主张赫克歇尔—俄林理论能恰当反映国际贸易实情(Davis 和 Weinstein,2001;程大中等,2015;Zimring,2019)。可以发现,早期研究者主要以美国贸易数据为样本,所得结论也支持里昂惕夫的研究结论。而随着国际贸易范围扩大,学者以日本、中东、经合组织成员和世界投入产出数据为样本的研究则较多以支持赫克歇尔—俄林理论为归宿。

除对赫克歇尔—俄林理论适用性的探索,要素流动与国际贸易之间的相互关系也是赫克歇尔—俄林模型研究者关注的问题。一般赫克歇尔—俄林模型认为,国际贸易是对生产要素流动不畅的一种补偿,因此两者呈替代关系(Thompson,1983)。普尔维斯(Douglas D. Purvis)和法基尼(Giovanni Facchini)从理论上证明了要素流动与国际贸易的替代关系。上述研究认为赫克歇尔—俄林模型是高度简化的国际贸易模型,因此要实现两者完全的替代关系需要严格的限制条件,而现实世界之所以表现出两者的非完全替代关系,应归咎于贸易政策和国际市场对要素流动的扭曲。而有些学者则持要素流动与国际贸易是互补关系的观点。上述研究从不同角度阐述了国际要素流动促进生产部门产量并最终促进国际贸易的诸多路径。除上述研究结论外,也有一些学者以赫克歇尔—俄林的数学模型为切入点,推导出了要素流动与国际贸易两者关系在替代和互补之间转变的条件(Wong,1986;Norman,1995)。

赫克歇尔—俄林模型是对要素流动与国际贸易关系的抽象概括,这造成了该模型在现实应用中的困难,因此我们将对赫克歇尔—俄林模型进行一些调整以更贴合现实世界的细节。首先,我们调整了赫克歇尔—俄林模型中劳动力要素的流动标准,将国民福利、非劳动人口、转移支付、城市化和制度政策等因素纳入模型,增加仿真模拟的真实性;其次,我们以赫克歇尔—俄林模型的贸易平衡假设为基础,以博弈论的方式讨论两国贸易的合理策略;最后,我们将以中美贸易关系和两国实际国情为背景,按封闭条件、自由贸易条件和要素自由流动条件的顺序逐层展开。

第一节 要素跨国自由流动与国际贸易模型构建

本章节以赫克歇尔—俄林模型为基础构建要素流动与国际贸易宏观模型。模型涉及两个国家、两种产品:农产品与制造业产品,以及三种生产要素:劳动力、资本和土地。三种生产要素以不同的方式在两国间流动。在赫克歇尔—俄林模型中,劳动力要素以工资为流动标准,该假设存在诸多问题,并不能很好地对现实世界进行模拟。首先,一旦涉及工资就必然讨论劳动力供求、失业率和货币幻觉等概念,但在该问题上,学者们至今尚无定论(Friedman,1995)。其次,不同国家的实际工资受两国的汇率、通胀率以及购买力平价等因素的影响,较易因政策而产生扭曲。最后,劳动工资作为劳动价值的评价载体并非劳动力流动的根本原因,劳动力作为具有主动性生产要素,生活于某一国家实际感受的国民福利才是劳动力是否选择移民的核心标准。因此,本模型以国民福利作为劳动力要素流动的标准。

我们使用资本回报率作为资本要素的流动标准,以此描述资本的逐利行为,这与许多以赫克歇尔—俄林模型为基础的文献类似(Kemp,1962)。土地要素分为两类:一类是可耕种土地;一类是城市用地,皆不参与国际要素流动。在生产关系方面,劳动力要素参与农业和制造业生产,资本要素参与制造业生产,土地要素中的可耕种土地参与农业生产,城市用地参与国民福利度量。在国际贸易方面,我们接受赫克歇尔—俄林模型中的贸易平衡假设,并在下文中以此为基础进行两个国家贸易额的博弈分析。同时,使用冰山贸易成本描述两地区产品贸易损失。接下来,我们分类讨论要素流动与国际贸易模型的六种情景。

一、封闭情景

封闭情景下不存在要素流动与国际贸易,一国作为独立的整体进行宏观最优规划。为突出要素禀赋对一国生产与贸易过程中的决定性作用,我们在模型中假设劳动力与资本在总量上是不变的,这一特征在理论上被解释为:劳动力的产生和消灭以及资本折旧与收益累积长期处在均衡趋势,在剔除了趋势项后视为静止的要素。封闭情景是一国经济系统稳定时的基础状态,之后的拓展以此作为参照。

我们假设一国人口的消费偏好是同质的,不同国家的人口在消费观念上不同。一国人口中不仅包含着可以提供劳动力的人口,也同样包含着无法提供劳动力的人口(15 岁以下、65 岁以上的人口)。由此可得国民福利函数:

$$U_A = U_{F,A} \cdot U_{M,A} \cdot U_{C,A} = \left(\frac{Y_{F,A}}{N_A}\right)^{\alpha_A} \cdot \left(\frac{Y_{M,A}}{N_A}\right)^{\beta_A} \cdot \left(\frac{C_A}{N_A}\right)^{\gamma_A} \tag{9-1}$$

一国国民福利表现为三类效用的乘积:人均农产品消费效用 $U_{F,A}$,人均制造业产品消费效用 $U_{M,A}$ 以及人均城市空间效用 $U_{C,A}$ 。N_A 为 A 国总人口变量,α_A 、β_A 和 γ_A 分别为三种人均效用的弹性。总人口包含劳动人口 L_A 和非劳动人口 NL_A ,劳动人口则分为农业劳动力 $L_{F,A}$ 与制造业劳动力 $L_{M,A,t}$:

$$N_A = L_A + NL_A = L_{F,A} + L_{M,A} + NL_A \tag{9-2}$$

在国民福利函数中,我们添加了非劳动人口 NL_A ,其目的是还原社会福利制度的构成。社会福利制度要求保障公民在老、弱、病、残等生活困难时依然可以获得满足正常生活所需的收入,此类公民显然无法参与生产,却参与了国民产出的分配。同样,非劳动人口也无法参与国际要素流动,其社会福利仰赖本国政府对国民收入的再分配。我们假设一国生产或交换所得的所有产品在该国人口中平均分配,一方面是基于赫克歇尔—俄林模型中有关国内劳动力要素完全竞争且自由流动的假设,该假设可推导出同质化劳动力所得劳动报酬相同的结论;另一方面是为了体现社会福利制度的作用,以及劳动人口与非劳动人口之间转移支付的关系。与生产要素的静态关系相似,假设两类人口的代际交替关系也处在长期均衡趋势上。

随后,我们给出国内生产总值函数:

$$G_A = Y_{F,A} + Y_{M,A} \cdot P \tag{9-3}$$

其中,$Y_{F,A}$ 为 A 国农产品总产量,$Y_{M,A}$ 为 A 国制造业产品总产量,P 为制造业产品对农产品的相对价格,农产品价格为 1。农产品生产函数为:

$$Y_{F,A} = A_{F,A} \cdot F_A \cdot L_{F,A}^{\alpha_F} \tag{9-4}$$

由于农耕土地面积 F_A 是一个长期不变的数值,所以农产品生产函数实质上体现为农业劳动力 $L_{F,A}$ 和农业技术 $A_{F,A}$ 在单位农耕土地上的产量。由此,式(9-4)可调整为:

$$\frac{Y_{F,A}}{F_A} = A_{F,A} \cdot L_{F,A}^{\alpha_F}$$

其中,α_F 为农业劳动力弹性。我们使用传统的柯布-道格拉斯函数形式描述制造业产品生产函数:

$$Y_{M,A} = A_{M,A} \cdot K_A^{1-\alpha_{M,A}} \cdot L_{M,A}^{\alpha_{M,A}} \tag{9-5}$$

其中,$A_{M,A}$ 为制造业技术变量,$L_{M,A}$ 为制造业劳动力,K_A 为资本存量,$\alpha_{M,A}$ 为制造业劳动力弹性,$\alpha_{M,A} \in [0,1]$。我们假设 A、B 两国的农业劳动力弹性 α_F 是一致的,而制造业劳动力弹性 $\alpha_{M,A}$ 和 $\alpha_{M,B}$ 则不一致。这是因为:(1)相比于制造业产品的多样性,各国主要经济作物在大类上表现出较明显的一致性,即以同质化的小麦、大豆和玉米为主要交易对象。(2)农产品的产量很大程度上依赖于湿度、降雨、光照和土壤质量等难以量化的条件,农业劳动力对农产品产量的决定程度远小于制造业中生产要素的作用。因此,我们选择赋予两国一致的农业劳动力弹性,并将其他复杂的农业生产环境因素归因于农业技术 $A_{F,A}$,以更好地契合农业生产的实际情况。

对式(9-5)中 K_A 求导可得资本回报率函数:

$$R_A = (1 - \alpha_{M,A}) \cdot \frac{Y_{M,A}}{K_A} \tag{9-6}$$

将式(9-4)、式(9-5)迭代入式(9-1),构建拉格朗日函数得:

$$U_A = \left(\frac{A_{F,A} \cdot F_A \cdot L_{F,A}^{\alpha_F}}{N_A} \right)^{\alpha_A} \cdot \left(\frac{A_{M,A} \cdot K_A^{1-\alpha_{M,A}} \cdot L_{M,A}^{\alpha_{M,A}}}{N_A} \right)^{\beta_A} \cdot \left(\frac{C_A}{N_A} \right)^{\gamma_A} +$$

$$\lambda \cdot (L_{F,A} + L_{M,A} - L_A)$$

对 $L_{F,A}$ 和 $L_{M,A}$ 求导,化简可得:

$$\frac{L_{F,A}}{L_{M,A}} = \frac{\alpha_A \cdot \alpha_F}{\beta_A \cdot \alpha_{M,A}} \tag{9-7}$$

在封闭情景下,A 国和 B 国的函数是完全对称的,因此可通过同样的计算步骤获得以下等式:

$$\frac{L_{F,B}}{L_{M,B}} = \frac{\alpha_B \cdot \alpha_F}{\beta_B \cdot \alpha_{M,B}} \tag{9-8}$$

式(9-7)和式(9-8)所表现出的函数关系说明:在封闭环境下,决定一国劳动力分配的关键要素为农产品和制造业产品的消费偏好和生产所需劳动力的弹性,即:

$$\frac{农业劳动力}{制造业劳动力} = \frac{农产品偏好弹性 \times 农业劳动弹性}{制造业产品偏好弹性 \times 制造业劳动弹性}$$

二、自由贸易情景

在封闭条件下,一国公民仅能够消费本国生产的产品,劳动力以实现国民福利最大化为目的在农业和制造业之间进行分配。在自由贸易条件下,由于存在国际间商品交换,一国公民不仅能够消费本国产品,还可以消费他国的比较优势产品,两国都将以实现该国国民福利最大化为目的,对本国劳动力和国际贸易额进行再分配。

首先,我们重新构造 A 国国民福利函数:

$$U_A = U_{F,A}^* \cdot U_{M,A}^* \cdot U_{C,A} = \left(\frac{X_{F,A}}{N_A}\right)^{\alpha_A} \cdot \left(\frac{X_{M,A}}{N_A}\right)^{\beta_A} \cdot \left(\frac{C_A}{N_A}\right)^{\gamma_A} \tag{9-9}$$

其中, $U_{F,A}^*$ 和 $U_{M,A}^*$ 是国际贸易环境下的人均农产品消费效用和人均制造业产品消费效用。在该条件下,两国人口是不能流动的,所以人均城市空间效用 $U_{C,A}$ 不变。同理,我们也可以写出 B 国国民福利函数:

$$U_B = U_{F,B}^* \cdot U_{M,B}^* \cdot U_{C,B} = \left(\frac{X_{F,B}}{N_B}\right)^{\alpha_B} \cdot \left(\frac{X_{M,B}}{N_B}\right)^{\beta_B} \cdot \left(\frac{C_B}{N_B}\right)^{\gamma_B} \tag{9-10}$$

式(9-10)中各变量含义与 A 国国民福利函数的变量一一对应。

为方便,不妨令 A 国的比较优势产业为制造业,而 B 国的比较优势产业为农业。由此可得 A 国和 B 国的农产品消费函数和制造业产品消费函数:

$$X_{F,A} = Y_{F,A} + \delta_F \cdot T_F$$
$$X_{M,A} = Y_{M,A} - \delta_M$$
$$X_{F,B} = Y_{F,A} - \delta_F$$
$$X_{F,B} = Y_{F,A} + \delta_M \cdot T_M \tag{9-11}$$

在式(9-11)中,我们将一国的消费描述为本国生产的产品与贸易所获产品之和。其中, δ_F 为农产品的贸易额, $\delta_F \in [0, Y_{F,B}]$, δ_M 为制造业产品的贸易额, $\delta_M \in [0, Y_{M,A}]$ 。我们使用"冰山贸易成本"描述产品在国际贸易过程中的运输费、保险费等交易费用以及关税成本, T_F 为农产品的冰山贸易成本, T_M 为制造业产品的冰山贸易成本。基于赫克歇尔—俄林模型的贸易平衡假设,A 国出售的制造业产品和 B 国出售的农产品在相对价格上相等,即:

$$\delta_F = P \cdot \delta_M \tag{9-12}$$

两国的农产品与制造业产品生产函数与封闭情景一致。

将式(9-4)、式(9-5)、式(9-11)迭代入式(9-9)和式(9-10),构建 A、B 两国的拉格朗日函数:

$$L_A = \left(\frac{A_{F,A} \cdot F_A \cdot L_{F,A}^{\alpha_F} + \delta_F \cdot T_F}{N_A}\right)^{\alpha_A} \cdot \left(\frac{A_{M,A} \cdot K_A^{1-\alpha_{M,A}} \cdot L_{M,A}^{\alpha_{M,A}} - \delta_M}{N_A}\right)^{\beta_A} \cdot$$

$$\left(\frac{C_A}{N_A}\right)^{\gamma_A} + \lambda_1 \cdot (L_{F,A} + L_{M,A} - L_A) + \lambda_2 \cdot (\delta_F - P \cdot \delta_M)$$

$$L_B = \left(\frac{A_{F,B} \cdot F_B \cdot L_{F,B}^{\alpha_F} - T_F}{N_B}\right)^{\alpha_B} \cdot \left(\frac{A_{M,B} \cdot K_B^{1-\alpha_{M,B}} \cdot L_{M,B}^{\alpha_{M,B}} - \delta_M}{N_B}\right)^{\beta_B} \cdot$$

$$\left(\frac{C_B}{N_B}\right)^{\gamma_B} + \lambda_1 \cdot (L_{F,B} + L_{M,B} - L_B) + \lambda_2 \cdot (\delta_F - P \cdot \delta_M)$$

对 $L_{F,A}$ 和 $L_{M,A}$ 求导,化简可得 A 国最优劳动力分配条件:

$$\frac{L_{F,A}}{L_{M,A}} = \frac{\alpha_A \cdot \alpha_{F,A} \cdot \dfrac{Y_{F,A}}{X_{F,A}}}{\beta_A \cdot \alpha_{M,A} \cdot \dfrac{Y_{M,A}}{X_{M,A}}} \tag{9-13}$$

对 $L_{F,B}$ 和 $L_{M,B}$ 求导,化简可得 B 国最优劳动力分配条件:

$$\frac{L_{F,B}}{L_{M,B}} = \frac{\alpha_B \cdot \alpha_{F,B} \cdot \dfrac{Y_{F,B}}{X_{F,B}}}{\beta_B \cdot \alpha_{M,B} \cdot \dfrac{Y_{M,B}}{X_{M,B}}} \tag{9-14}$$

式(9-13)和式(9-14)分别决定了自由贸易条件下 A 国和 B 国在两个产业间劳动力的最优分配。上面两式表现出的函数关系说明:在自由贸易环境下,决定一国劳动力分配的关键要素为农产品和制造业产品的消费偏好和生产所需劳动力的弹性以及该国产品的生产消费比,即:

$$\frac{农业劳动力}{制造业劳动力} = \frac{农产品偏好弹性 \times 农业劳动弹性 \times 农产品生产消费比}{制造业产品偏好弹性 \times 制造业劳动弹性 \times 制造业生产消费比}$$

其中:

$$生产消费比 = \frac{产品生产量}{产品消费量}$$

在封闭条件下,两国各自消费自己所生产的全部产品,即生产消费比=1。

此时,该式(9-7)与式(9-8)相同。以 A 国拉格朗日函数对 δ_F 和 δ_M 求导,化简可得:

$$\frac{X_{F,A}}{X_{M,A}T_F} = \frac{\alpha_A}{\beta_A} \cdot P \tag{9-15}$$

同样地,以 B 国拉格朗日函数对 δ_F 和 δ_M 求导,化简可得:

$$\frac{X_{F,B}T_M}{X_{M,B}} = \frac{\alpha_B}{\beta_B} \cdot P \tag{9-16}$$

式(9-15)和式(9-16)分别描述了 A、B 两国为实现国民福利最大化所需的贸易额,又因为两国农产品贸易额和制造业产品贸易额必然符合式(9-12)所描述的贸易关系,故不妨以农产品贸易额为代表,令式(9-15)计算所得贸易额为 $\delta_{F,A}$,式(9-16)计算所得贸易额为 $\delta_{F,B}$。在一般情况下,$\delta_{F,A} \neq \delta_{F,B}$,即不满足赫克歇尔—俄林模型的贸易平衡假设。模型中的 A 国和 B 国互为对方的唯一贸易国,双方皆不可能通过与第三方进行贸易以实现该国国民福利最大化,即 A 国的产品只能换得 B 国的产品,我们将在此基础上讨论两国可能的博弈结果,并选择最符合模型要求的贸易关系。

首先,设:两国未发生贸易关系时,两国国民福利为 U_A 和 U_B;贸易关系发生后,两国国民福利为 U'_A 和 U'_B,两国最优国民福利为 $\bar{U}_A$ 和 $\bar{U}_B$,如图 9-1 所示。

我们讨论以下三种常见的博弈结果,假设 $\delta_{F,A} > \delta_{F,B}$,则:

1. $\delta_F = \min\{\delta_{F,A}, \delta_{F,B}\}$

当两国逐步开展国际贸易,B 国将先于 A 国达到国民福利最大值 $\bar{U}_B$,A 国虽然有进一步贸易的希望,但 B 国却会拒绝与 A 国扩大贸易额。此时,博弈结果停留在贸易额需求较小国的最优点,即:$\delta_F = \min\{\delta_{F,A}, \delta_{F,B}\}$。该博弈结果为在没有其他条件和已知信息下的"默式谈判"结果(Schelling,1980)。

2. $\delta_F = \max\{\delta_{F,A}, \delta_{F,B}\}$

由于 A 国预测 B 国将会选择 $\delta_{F,B}$ 点进行贸易,而该点并非 A 国的最优点。

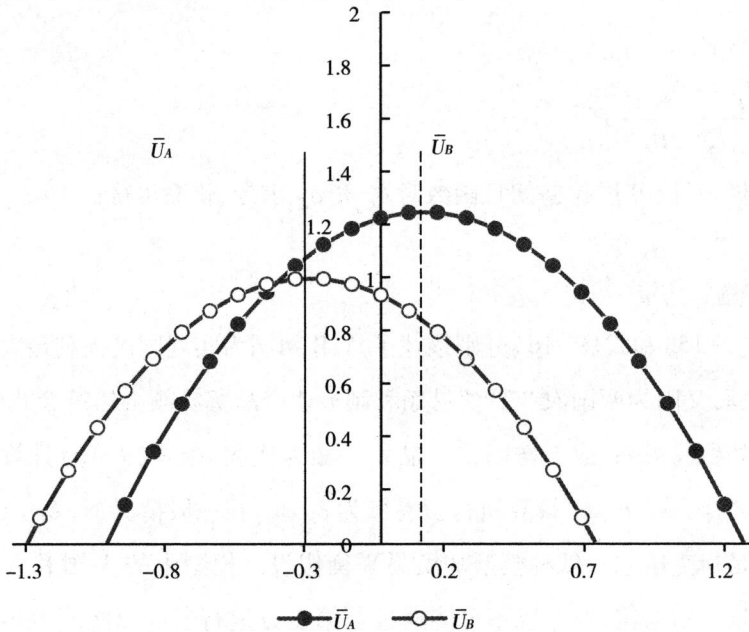

图 9-1　国际贸易与国民福利曲线

因此,A 国采取"全或无"(All-or-Nothing)策略,即,要么在 $\delta_{F,A}$ 点上进行贸易,要么不进行贸易。此时,只要 B 国在 $\delta_{F,A}$ 点上贸易的国民福利大于零贸易额的国民福利,即: $U'_B > U_B$,B 国便会接受这个贸易条件。此时,博弈结果停留在贸易额需求较大一国的最优点,即: $\delta_F = \max\{\delta_{F,A}, \delta_{F,B}\}$ 。该博弈结果类似于"最后通牒"博弈(Güth 等,1982),要求报价国具有先发优势或者决定国际事务的绝对权威,从而使得在本国报价后,对方国无权再度还价。

3.$\delta_F \in [\delta_{F,B}, \delta_{F,A}]$

在允许"显式谈判"的情况下,A、B 两国将进行轮番的互相报价,并最终在自身国情和国际惯例的协调下达成一致贸易额,该贸易额可以是 $[\delta_{F,B}, \delta_{F,A}]$ 上任意满足 $U'_A > U_A$; $U'_B > U_B$ 条件的点,即: $\delta_F \in [\delta_{F,B}, \delta_{F,A}]$ 。该博弈结果以现实情况为依据,两国达成约定的均衡点,即"聚点均衡"(Schelling,1980)。

综合比较上述三种博弈结果,第三种"聚点均衡"虽然最贴近国际贸易的真实情况,但所涉及的贸易条件过于复杂且难以量化,第二种"最后通牒"博弈需要两国之间在国际地位上存在明显的优劣,并不符合一般化的情况。第一种"默式谈判"虽不及第三种"聚点均衡"符合现实,但所需量化条件最少,且比第二种"最后通牒"博弈更一般化。综上所述,基于奥卡姆剃刀原理,我们选择 $\delta_F = \min\{\delta_{F,A}, \delta_{F,B}\}$ 作为本模型的贸易均衡条件。

三、要素流动情景

接下来,我们将讨论不同的要素流动模式对两国国际贸易、国民福利、国内生产等一系列重要宏观指标的影响,并观察在发生宏观外生冲击时,两国经济的变化趋势和影响程度。在封闭情景与自由贸易情景的构建中,我们为模型提供了一些便利性假设,包括:(1) A 国的比较优势产业为制造业,B 国的比较优势产业为农业;(2) A 国的贸易需求量大于 B 国。在要素流动模型中,我们再增加一个类似的假设:A 国的资本回报率大于 B 国,而 B 国的国民福利大于 A 国。①

我们将要素流动模式分为 4 种情景:

情景 1:劳动力要素流动

情景 1 模拟了仅允许劳动力要素在两国间流动的情况。劳动力要素流向的依据为两国国民福利之差,即国民福利较低的劳动力会为了追求更高的福利向国民福利较高的国家移动,并最终在劳动力人口移民前后的效用相同时停止要素流动。我们假设 A 国的国民福利小于 B 国,因此劳动力要素的流动方向为从 A 国向 B 国流动,调整的生产要素函数如下:

$$L_A = (1 - \theta) \cdot L_{A0}$$

$$L_B = \theta \cdot L_{A0} + L_{B0}$$

$$K_A = K_{A0}$$

---

① 这些假设并非模型的基本假设,对模型构建不会造成任何影响,仅是为方便对模型的描述而添加的,当遇到与实际情况不符时,只需要修改函数正负号,即可作出对应调整。

$$K_B = K_{B0} \qquad (9-17)$$

其中，L_{A0}、L_{B0}、K_{A0}、K_{B0} 为要素流动开始前，A、B两国所拥有的基础生产要素，L_A、L_B、K_A、K_B 为要素流动完成后A、B两国的劳动力和资本。θ 为A国劳动力流出的比例，$\theta \in [0,1]$。同时，我们可以给出A、B两国劳动力要素停止流动时的条件：

$$U_A = \nu \cdot U_B \qquad (9-18)$$

其中，U_A 和 U_B 为A、B两国的国民福利，ν 为福利制度参数，即A国劳动力移民进入B国时所能够获得的B国公民福利，$\nu \in [0,1]$，该函数决定了 θ 值的大小。式(9-17)和式(9-18)组成了情景1的要素流动条件。

情景2：资本要素流动

情景2模拟了仅允许资本要素在国际间流动的情况。资本要素流向的依据为两国资本回报率之差，即资本回报率较低的资本会为了追求更高的福利向资本回报率较高的国家转移，并最终在资本转移前后回报率相同时停止要素流动。在模型中，假设资本要素在长期均衡趋势上是相对静态的，故不考虑资本在国家间的转移对两国国民财富分配的微观影响，仅讨论要素流动对生产和贸易的影响。我们假设A国的资本回报率大于B国，因此资本要素的流动方向是从B国向A国流动，调整的生产要素函数如下：

$$L_A = L_{A0}$$
$$L_B = L_{B0}$$
$$K_A = \zeta \cdot K_{B0} + K_{A0}$$
$$K_B = (1 - \zeta) \cdot K_{B0} \qquad (9-19)$$

其中，ζ 为B国资本流出的比例，$\zeta \in [0,1]$。同时，我们可以给出A、B两国资本要素停止流动时的条件：

$$R_A = \kappa \cdot R_B \qquad (9-20)$$

其中，R_A 和 R_B 为A、B两国的资本回报率，κ 为金融制度参数，即B国资本转移入A国时所能够获得的A国资本利得，$\kappa \in [0,1]$，该函数决定了 ζ

值的大小。式(9-19)和式(9-20)组成了情景2的要素流动条件。

情景 3:要素同向流动

情景3讨论了劳动力携带资本要素同向流动的情况。劳动力作为具有主动性的生产要素,在制度允许的条件下,可以自发地选择移民,而资本要素作为一种被动生产要素并不能自主决定流向。因此,我们假设当一国劳动力流出时会同比例地携带资本流入他国,且其流动方向的依据与情景1相同,即两国国民福利之差。调整的生产要素函数如下:

$$L_A = (1 - \theta) \cdot L_{A0}$$

$$L_B = \theta \cdot L_{A0} + L_{B0}$$

$$K_A = (1 - \theta) \cdot K_{A0}$$

$$K_B = \theta \cdot K_{A0} + K_{B0} \tag{9-21}$$

A、B 两国劳动力要素流动停止条件同式(9-18):

$$U_A = \nu \cdot U_B \tag{9-22}$$

式(9-21)和式(9-22)组成了情景3的要素流动条件。

情景 4:要素自由流动

情景4是情景1和情景2的综合,描述了劳动力和资本按各自的标准同时流动的情况。情景4与情景3的不同之处在于,资本要素流动方向的决定因素和劳动力要素流动方向的决定因素是互相区别且相互影响的。由国民福利函数和资本回报率函数的形式可知,劳动力要素的流出会降低流出国的资本回报率,提高流出国的国民福利,资本要素的流出会提高流出国的资本回报率,降低流出国的国民福利,亦即当劳动力要素和资本要素以不同方向流动时,两种要素将共同促使要素流动停止条件的达成。调整的生产要素函数如下:

$$L_A = (1 - \theta) \cdot L_{A0}$$

$$L_B = \theta \cdot L_{A0} + L_{B0}$$

$$K_A = \zeta \cdot K_{B0} + K_{A0}$$

$$K_B = (1 - \zeta) \cdot K_{B0} \qquad\qquad (9\text{-}23)$$

在情景 4 中,由于存在两个要素流动参数 θ 和 ζ,所以也对应地存在两个要素流动停止的条件:

$$U_A = \nu \cdot U_B$$

$$R_A = \kappa \cdot R_B \qquad\qquad (9\text{-}24)$$

式(9-23)和式(9-24)组成了情景 4 的要素流动条件。

四、模型整理

至此,我们完成了要素流动与国际贸易模型的构建,并分类为 6 种情景:封闭情景、自由贸易情景、劳动力要素流动情景、资本要素流动情景、生产要素同向流动情景和生产要素自由流动情景,各模型包含函数如下:

(一)基础模型

基础模型总计 21 个函数。依次为:2 个国民福利函数、2 个资本回报率函数、2 个国内生产总值函数、2 个人口函数、4 个生产函数、4 个消费函数、1 个贸易平衡条件和 2 个最优劳动力分配条件以及 2 个最优劳动力、分配条件:

$$U_A = \left(\frac{X_{F,A}}{N_A}\right)^{\alpha_A} \cdot \left(\frac{X_{M,A}}{N_A}\right)^{\beta_A} \cdot \left(\frac{C_A}{N_A}\right)^{\gamma_A}$$

$$U_B = \left(\frac{X_{F,B}}{N_B}\right)^{\alpha_B} \cdot \left(\frac{X_{M,B}}{N_B}\right)^{\beta_B} \cdot \left(\frac{C_B}{N_B}\right)^{\gamma_B}$$

$$R_A = (1 - \alpha_{M,A}) \cdot \frac{Y_{M,A}}{K_A}$$

$$R_B = (1 - \alpha_{M,B}) \cdot \frac{Y_{M,B}}{K_B}$$

$$G_A = Y_{F,A} + Y_{M,A} \cdot P$$

$$G_B = Y_{F,B} + Y_{M,B} \cdot P$$

$$N_A = L_A + NL_A$$

$$N_B = L_B + NL_B$$

$$Y_{F,A} = A_{F,A} \cdot F_A \cdot L_{F,A}^{\alpha_F}$$

$$Y_{M,A} = A_{M,A} \cdot K_A^{1-\alpha_{M,A}} \cdot L_{M,A}^{\alpha_{M,A}}$$

$$Y_{F,B} = A_{F,B} \cdot F_B \cdot L_{F,B}^{\alpha_F}$$

$$Y_{M,B} = A_{M,B} \cdot K_B^{1-\alpha_{M,B}} \cdot L_{M,B}^{\alpha_{M,B}}$$

$$X_{F,A} = Y_{F,A} + \delta_F \cdot T_F$$

$$X_{M,A} = Y_{M,A} - \delta_M$$

$$X_{F,B} = Y_{F,A} - \delta_F$$

$$X_{F,B} = Y_{F,A} + \delta_M \cdot T_M$$

$$\delta_F = P \cdot \delta_M$$

$$L_A = L_{F,A} + L_{M,A}$$

$$L_B = L_{F,B} + L_{M,B}$$

$$\frac{L_{F,A}}{L_{M,A}} = \frac{\alpha_A \cdot \alpha_{F,A} \cdot \dfrac{Y_{F,A}}{X_{F,A}}}{\beta_A \cdot \alpha_{M,A} \cdot \dfrac{Y_{M,A}}{X_{M,A}}}$$

$$\frac{L_{F,B}}{L_{M,B}} = \frac{\alpha_B \cdot \alpha_{F,B} \cdot \dfrac{Y_{F,B}}{X_{F,B}}}{\beta_B \cdot \alpha_{M,B} \cdot \dfrac{Y_{M,B}}{X_{M,B}}} \qquad (9-25)$$

（二）最优贸易额决定条件

$$\frac{\dfrac{X_{F,A}}{T_F}}{X_{M,A}} = \frac{\alpha_A}{\beta_A} \cdot P$$

$$\frac{X_{F,B}}{\dfrac{X_{M,B}}{T_M}} = \frac{\alpha_B}{\beta_B} \cdot P$$

$$\delta_F = \min\{\delta_{F,A}, \delta_{F,B}\} \tag{9-26}$$

各情景所需函数如下：

封闭情景由式(9-25)组成,且 $\delta_F = \delta_M = 0$,总计21个函数;

自由贸易情景由式(9-25)、式(9-26)组成,总计24个函数;

劳动力要素流动情景由式(9-17)、式(9-18)、式(9-25)、式(9-26)组成,总计29个函数;

资本要素流动情景由式(9-19)、式(9-20)、式(9-25)、式(9-26)组成,总计29个函数;

生产要素同向流动情景由式(9-21)、式(9-22)、式(9-25)、式(9-26)组成,总计29个函数;

生产要素自由流动情景由式(9-23)、式(9-24)、式(9-25)、式(9-26)组成,总计30个函数。

上述模型中所需估计的变量包括:国民福利 U_A 和 U_B,资本回报率 R_A 和 R_B,国内生产总值 G_A 和 G_B,人口函数 N_A 和 N_B,资本要素 K_A 和 K_B,劳动力要素 L_A 和 L_B,国内产品生产 $Y_{F,A}$、$Y_{M,A}$、$Y_{F,B}$ 和 $Y_{M,B}$,国内产品消费 $X_{F,A}$、$X_{M,A}$、$X_{F,B}$ 和 $X_{M,B}$,产业劳动力 $L_{F,A}$、$L_{M,A}$、$L_{F,B}$ 和 $L_{M,B}$,产业贸易额 $\delta_{F,A}$、$\delta_{F,B}$、δ_F 和 δ_M,要素流动份额 θ 和 ζ,总计30个变量。各模型估计的变量数与模型中所包含的函数量相同。

第二节 参数设定与仿真模拟

在上一部分,我们调整和拓展了赫克歇尔—俄林模型,构建了要素流动与国际贸易模型的6种情景。接下来,我们将中美两国的现实国情分别代入 A 国和 B 国,以观察中美要素流动与国际贸易对两国宏观经济的影响。在此,需要设定基于中美两国要素禀赋条件的参数,参数设定所涉及的实际货币价格以2011年不变价格的美元为标准。此前,我们已完成货币统一和剔除通货膨胀处理,以保证参数设定的准确性。

一、基于中美两国要素禀赋条件的参数设定

上述 6 个模型共涉及参数 28 个,分别为:

$K_{A0}, K_{B0}, L_{A0}, L_{B0}, NL_A, NL_B, C_A, C_B, F_A, F_B, T_F, T_M, P$

$\alpha_A, \beta_A, \gamma_A, \alpha_B, \beta_B, \gamma_B, \alpha_F, \alpha_{M,A}, \alpha_{M,B}, A_{F,A}, A_{F,B}, A_{M,A}, A_{M,B}, \nu, \kappa$

其中,前 13 个参数为事实性参数,在设定时,我们以美国数据为基准,以中美数据之比作为中国的宏观参数。之后 13 个参数为概念性参数,我们将使用回归的方法计算其参数值。最后的 ν 和 κ 为结构性参数,我们将以封闭情景的模拟值为基础对其进行设定。

事实性参数包括: K_{A0} 和 K_{B0} 分别指代中美资本存量,事实数据来源于佩恩表 9.0,2014 年中国资本存量 69.3797 万亿美元,美国资本存量 52.8499 万亿美元,故设美国资本存量的参数值为 1,中国资本存量的参数值为 1.313; L_{A0}、L_{B0}、NL_A 和 NL_B 分别指代中美劳动人口和非劳动人口,实际数据来源于世界银行国际劳工组织,2017 年中国劳动人口 7.90 亿人,非劳动人口 5.96 亿人,美国劳动人口 1.64 亿人,非劳动人口 1.62 亿人,故设美国劳动人口参数值为 1,中国劳动人口、非劳动人口和美国非劳动人口的参数值依次为 4.832、3.648 和 0.992; C_A、C_B、F_A 和 F_B 分别指代中美城市面积和可耕种土地面积,实际数据来源于国际地球科学信息网络中心(The Center for International Earth Science Information Network, CIESIN)及联合国粮农组织,2010 年中国海拔 5 米以下城市面积 2.3929 万平方公里,美国海拔 5 米以下城市面积 1.7520 万平方公里,2017 年中国可耕种土地面积 527.7330 万平方公里,美国可耕种土地面积 405.8625 万平方公里,故设美国城市面积和可耕种土地面积参数值为 1,中国城市面积和可耕种土地面积参数值相应为 1.366 和 1.300; T_F 和 T_M 分别为农产品和制造业产品冰山贸易成本,我们依据藤田等(1999),将农产品冰山贸易成本设定为 1/2.1,即 0.476,将制造业产品冰山

贸易成本设定为 1/1.7,即 0.588;①P 为制造业产品价格指数,我们以国泰安数据库 2016 年 5 月至 2019 年 2 月大宗商品月交易价加权比值的均值为依据,设定为 2。② 至此,我们完成了事实性参数的设定。

概念性参数主要为消费函数和生产函数的弹性参数,中国的实际数据来自 CSMAR 观经济数据库,美国的实际数据来自美国劳工局。概念性参数包括:α_A、β_A、γ_A、α_B、β_B 和 γ_B,分别为中美两国国民农产品、制造业产品和城市空间消费比率,我们以 2014—2018 年中美人均食品、制造业产品和住房消费占所有总消费比率的均值为依据,分别设定为 0.305、0.221、0.261、0.127、0.199 和 0.332,如表 9-1 所示。

表 9-1 中美国民消费比率描述性统计

参数	Obs	Mean	Sd	1%	25%	50%	75%	99%
α_A	5	0.305	0.0256	0.286	0.293	0.297	0.300	0.350
β_A	5	0.221	0.0204	0.208	0.213	0.214	0.215	0.257
γ_A	5	0.261	0.0543	0.164	0.282	0.283	0.287	0.290
α_B	5	0.127	0.0018	0.125	0.126	0.126	0.129	0.129
β_B	5	0.199	0.0083	0.189	0.190	0.203	0.203	0.208
γ_B	5	0.332	0.0027	0.329	0.330	0.331	0.333	0.336

α_F、$\alpha_{M,A}$、$\alpha_{M,B}$、$A_{F,A}$、$A_{F,B}$、$A_{M,A}$ 和 $A_{M,B}$ 分别为农业劳动力弹性,中美制造业劳动力弹性以及中美农业、制造业技术水平,我们使用 2000—2017 年中美宏观数据为样本,进行以下回归:

首先,我们使用待定系数法计算中美农业生产力 $A_{F,A}$ 和 $A_{F,B}$,并假设

---

① 结合我国 2017 年实际关税数据,冰山贸易成本设定的参数值也同样是合理的。例如关税为 65% 的进口产品为小麦、玉米、稻谷、葡萄酒等,皆属于农产品,关税为 40%—60% 的进口产品以农产品居多,制造业产品包括机动车以及一些化学制品。

② 由于农产品和制造业产品的货物单位不一致,该比值并非实际比值,仅作为近似值来处理。

$\alpha_F = 0.5$,以抽象地模拟农业劳动力对农业生产活动影响的有限性,回归函数如下:

$$\ln(Y/F) = \ln(A_F) + \frac{1}{2} \cdot \ln(L_F) \tag{9-27}$$

其次,我们使用索洛残值法来计算中美制造业生产力 $A_{M,A}$ 和 $A_{M,B}$,以及中美制造业劳动力弹性 $\alpha_{M,A}$ 和 $\alpha_{M,B}$,回归函数如下:

$$\ln(Y) = \ln(A_M) + (1 - \alpha_M) \cdot \ln(K) + \alpha_M \cdot \ln(L_M) \tag{9-28}$$

式(9-27)和式(9-28)与模型中的生产函数是完全一致的。其中,$\ln(Y)$ 为产业国内生产总值的对数值,$\ln(K)$ 为资本存量的对数值,F 为可耕种土地面积,$\ln(L_F)$ 和 $\ln(L_M)$ 为各产业总劳动力报酬,回归结果见表9-2。

表 9-2 中美生产函数回归结果

变量	$\ln\left(\dfrac{Y_{F,A}}{F}\right)$	$\ln(Y_{M,A})$	$\ln\left(\dfrac{Y_{F,B}}{F}\right)$	$\ln(Y_{M,B})$
$\ln(L_M)$	—	0.352 ***	—	0.279 ***
	—	(0.0846)	—	(0.0481)
$\ln(K)$	—	0.635 ***	—	0.789 ***
	—	(0.0846)	—	(0.0481)
$\ln(L_F)$	0.500	—	0.500	—
	(0)	—	(0)	—
Constant	−2.125 ***	−1.514 ***	−0.989 ***	−2.157 ***
	(0.0807)	(0.324)	(0.0528)	(0.176)
Obs	14	14	14	14
Root-MSE	0.302	0.0508	0.197	0.0335

注:*、** 和 *** 分别表示10%、5%和1%的显著性水平。

表9-2中所有的回归系数都表现出了较高的显著性,由于待定系数回归和约束条件回归均不汇报可决系数 R^2,故我们使用均方误差根(Root Mean

Squared Error，RMSE)作为替代。由各回归的均方误差根结果可知，制造业回归拟合较优，未能解释的部分仅为 5.08% 和 3.35%，而农业回归的均方误差根较高，这是受农业生产的特殊性所限制的，因其回归系数显著，不影响我们使用回归结果作为参数设定的依据。由此，我们设定 $\alpha_{M,A}$、$\alpha_{M,B}$、$A_{F,A}$、$A_{F,B}$、$A_{M,A}$ 和 $A_{M,B}$ 分别为 0.352、0.279、0.120、0.370、0.220 和 0.115。

最后，我们讨论结构性参数 ν 和 κ 的取值。ν 为中国劳动力向美国移动后获得的国民福利参数，表现为中国移民融入美国社会付出成本后实际获得的国民福利，其数值反映了美国社会对中国移民阶层的接纳程度。κ 为美国资本向中国资本市场流动后获得的投资收益参数，表现为境外资本投资中国市场所获回报的不确定性，其数值反映了中国资本市场开放程度以及中美两国的汇率风险和政治风险等因素。由于中国的人口基数是美国的 4.24 倍，这从事实上决定了中美两国在国民福利与资本回报率上的结构性差异，并在宏观经济上起着决定性作用。结构性参数 ν 和 κ 需要在决定劳动力与资本要素流动均衡的同时，兼顾这种结构性的不平衡。所以，我们先求得封闭情景下 U_A 和 U_B 以及 R_A 和 R_B 的比值，分别为 0.3174 和 2.297，并以此为基础进行向上取近似值的方法决定 ν 和 κ 的数值，分别为 1/3 和 1/2.5，即 0.333 和 0.4。

至此，我们完成了全部 28 个参数的设定，将设定结果整理于表 9-3 中。由表 9-3 可见，我们对模型中 A 国和 B 国的基本假设符合中美两国实际国情，即：中国人口高于美国，当生产力与城市化水平尚不能与人口匹配时，国民福利较美国为低。同样地，由于中国劳动力人口高于美国，中国资本回报率较美国更高。

表 9-3　参数设定

参数	参数含义	实际值	单位	参数值
K_{A0}	中国资本存量	69.3797	万亿美元	1.313
K_{B0}	美国资本存量	52.8499	万亿美元	1.000

参数	参数含义	实际值	单位	参数值
L_{A0}	中国劳动力人口	7.90	亿人	4.832
L_{B0}	美国劳动力人口	1.64	亿人	1.000
NL_A	中国非劳动力人口	5.96	亿人	3.648
NL_B	美国非劳动力人口	1.62	亿人	0.992
C_A	中国城市面积	2.3929	万平方公里	1.366
C_B	美国城市面积	1.7520	万平方公里	1.000
F_A	中国可耕种土地面积	527.7330	万平方公里	1.300
F_B	美国可耕种土地面积	405.8625	万平方公里	1.000
T_F	农产品冰山贸易成本	—	—	0.476
T_M	制造业产品冰山贸易成本	—	—	0.588
P	制造业产品价格	—	—	2.000
α_A	中国农产品消费弹性	—	—	0.305
β_A	中国制造业产品消费弹性	—	—	0.221
γ_A	中国城市空间弹性	—	—	0.261
α_B	美国农产品消费弹性	—	—	0.127
β_B	美国制造业产品消费弹性	—	—	0.199
γ_B	美国城市空间弹性	—	—	0.332
α_F	农业劳动力弹性	—	—	0.500
$\alpha_{M,A}$	中国制造业劳动力弹性	—	—	0.352
$\alpha_{M,B}$	美国制造业劳动力弹性	—	—	0.279
$A_{F,A}$	中国农业技术水平	—	—	0.120
$A_{F,B}$	美国农业技术水平	—	—	0.370
$A_{M,A}$	中国制造业技术水平	—	—	0.220
$A_{M,B}$	美国制造业技术水平	—	—	0.115
ν	福利制度参数	—	—	0.333
κ	金融制度参数	—	—	0.400

二、仿真模拟结果：要素流动存在显著外部经济效应

接下来将参数代入模型,并使用经济软件对 6 个模型进行仿真模拟和稳态值的计算,计算结果见表 9-4、表 9-5。

表 9-4　模型仿真模拟稳态值

参数	Model 1	Model 2	Model 3	Model 4	Model 5	Model 6
K_A	1.3128	1.3128	1.3128	1.4868	1.2277	1.3829
K_B	1.0000	1.0000	1.0000	0.8260	1.0796	0.9299
L_A	4.8318	4.8318	4.6120	4.8318	4.5186	4.7044
L_B	1.0000	1.0000	1.2098	1.0000	1.2929	1.1241
$L_{F,A}$	3.1997	2.9527	2.7563	2.8722	2.7134	2.8046
$L_{M,A}$	1.6322	1.8791	1.8557	1.9597	1.8052	1.8998
$L_{F,B}$	0.5335	0.6444	0.7974	0.6915	0.8337	0.7549
$L_{M,B}$	0.4665	0.3556	0.4124	0.3085	0.4592	0.3691
$X_{F,A}$	0.2790	0.3001	0.2984	0.3083	0.2935	0.3026
$X_{M,A}$	0.3118	0.2940	0.2848	0.3143	0.2710	0.2968
$X_{F,B}$	0.2703	0.2297	0.2476	0.2154	0.2611	0.2346
$X_{M,B}$	0.0930	0.1059	0.1141	0.0993	0.1203	0.1081
$Y_{F,A}$	0.2790	0.2681	0.2590	0.2644	0.2570	0.2613
$Y_{M,A}$	0.3118	0.3277	0.3262	0.3605	0.3093	0.3402
$Y_{F,B}$	0.2703	0.2970	0.3304	0.3077	0.3378	0.3215
$Y_{M,B}$	0.0930	0.0861	0.0897	0.0721	0.0977	0.0826
$\delta_{F,B}$	0.0000	0.1990	0.1986	0.2524	0.1722	0.2204
δ_F	0.0000	0.0673	0.0828	0.0923	0.0768	0.0869
δ_M	0.0000	0.0336	0.0414	0.0462	0.0384	0.0434
θ	0.0000	0.0000	0.0455	0.0000	0.0648	0.0264
ζ	0.0000	0.0000	0.0000	0.1740	0.0000	0.0701
U_A	0.1056	0.1066	0.1079	0.1091	0.1071	0.1084

续表

参数	Model 1	Model 2	Model 3	Model 4	Model 5	Model 6
U_B	0.3356	0.3374	0.3237	0.3304	0.3214	0.3265
R_A	0.1539	0.1617	0.1610	0.1571	0.1633	0.1594
R_B	0.0670	0.0620	0.0646	0.0628	0.0652	0.0639
G_A	0.9027	0.9234	0.9115	0.9853	0.8757	0.9417
G_B	0.4562	0.4692	0.5099	0.4519	0.5333	0.4866

表 9-5　模型仿真模拟稳态值变动比例　　（单位:%）

参数	Model 1	Model 2	Model 3	Model 4	Model 5	Model 6
K_A	0	0	0	13.25	-17.43	12.64
K_B	0	0	0	-17.40	30.70	-13.87
L_A	0	0	-4.55	4.77	-6.48	4.11
L_B	0	0	20.98	-17.34	29.29	-13.06
$L_{F,A}$	0	-7.72	-6.65	4.20	-5.53	3.36
$L_{M,A}$	0	15.13	-1.24	5.60	-7.88	5.24
$L_{F,B}$	0	20.78	23.76	-13.29	20.57	-9.45
$L_{M,B}$	0	-23.76	15.95	-25.18	48.83	-19.61
$X_{F,A}$	0	7.54	-0.55	3.32	-4.80	3.10
$X_{M,A}$	0	-5.70	-3.14	10.36	-13.80	9.53
$X_{F,B}$	0	-14.99	7.76	-13.01	21.22	-10.14
$X_{M,B}$	0	13.90	7.76	-13.01	21.22	-10.14
$Y_{F,A}$	0	-3.94	-3.38	2.08	-2.80	1.67
$Y_{M,A}$	0	5.08	-0.44	10.50	-14.19	9.98
$Y_{F,B}$	0	9.90	11.25	-6.88	9.81	-4.84
$Y_{M,B}$	0	-7.39	4.23	-19.66	35.54	-15.51
$\delta_{F,B}$	0	60.94	54.04	88.11	46.41	72.03
δ_F	0	20.61	22.53	32.22	20.70	28.40
δ_M	0	9.77	12.75	11.59	14.46	11.61

参数	Model 1	Model 2	Model 3	Model 4	Model 5	Model 6
θ	0	0	4.55	0	6.48	2.64
ζ	0	0	0	17.40	0	7.01
U_A	0	0.95	1.22	2.35	0.47	1.69
U_B	0	0.54	−4.06	−2.07	−4.74	−3.23
R_A	0	5.07	−0.43	−2.84	0.99	−1.42
R_B	0	−7.46	4.19	1.29	5.16	3.06
G_A	0	2.30	−1.29	8.11	−11.13	7.54
G_B	0	2.85	8.67	−11.38	18.02	−8.75

表 9-4 和表 9-5 分别列示了 6 个情景的稳态值和百分比变动比率。两表中所标注的模型编号与上文模型编号顺序一致。封闭情景（Model 1）和自由贸易情景（Model 2）分别模拟了封闭条件下和自由贸易条件下中美两国生产和消费的状态。可以发现，中美两国的实际国情决定了两国相互竞争、互相依赖的整体格局：在生产要素方面，中国的劳动力要素具有比较优势，美国的资本要素具有比较优势；在国际贸易方面，中国的制造业产品具有比较优势，美国的农产品具有比较优势；在要素流动方面，中国的资本回报率具有比较优势，美国的国民福利具有比较优势，这些显著的差异决定了中美两国要素流动和国际贸易的基本方向以及两国第一、第二产业的产量。综合观察 6 个情景的模拟结果，中美两国第一、第二产业国内生产总值和之比的范围约在 [1.642, 2.180] 之间，其数值依不同的要素流动模式而发生改变。表 9-6 列示了 2000—2017 年中美两国第一、第二产业国内生产总值的比值。自 2008 年后，中国第一、第二产业国内生产总值之和就超越美国，并保持 5% 以上的增长率，见图 9-2。2017 年，两国第一、第二产业中美国内生产总值之比为 1.72，已落在模型模拟数值的范围之内，而模型所使用的参数大部分恰是以 2017 年实际数据为准。除此以外，在国际贸易关系中，中国是制造业产品出

口大国而美国是农产品出口大国;在要素流动关系中,中国是人口净流出国,美国是人口净流入国,据联合国人口司《世界人口前景》移民数据记录,2017年中国净移民流出 162 万人,是仅次于印度和孟加拉国的人口净流出大国;2017 年美国净移民流入 450 万人,是世界最大的人口净流入国,模型体现了劳动力要素的客观流向。在资本要素方面,据国家统计局报告,改革开放 40多年我国总计吸引外商直接投资 18966 亿美元,是世界上引资最多的发展中国家,且我国吸引外资的主要领域为制造业。需要解释的是,美国不仅依然是世界上国内生产总值最高的国家,也是世界重要的外资引进国,这与美国发达的金融业以及美元的世界货币地位有密切关系。由于本模型并未涉及两国第三产业的发展情况,在国际贸易关系中也并未描述服务业的进出口情况,在假设条件所限定的第一、第二产业之内,我们的模型是符合现实的。

表 9-6　第一、第二产业中美国内生产总值之比 （单位:万亿美元）

年份	比率	美国第一、第二产业国内生产总值	中国第一、第二产业国内生产总值
2000	0.34	2.49	0.84
2001	0.38	2.36	0.89
2002	0.41	2.30	0.94
2003	0.44	2.39	1.05
2004	0.49	2.51	1.22
2005	0.53	2.58	1.38
2006	0.59	2.69	1.59
2007	0.71	2.74	1.96
2008	0.90	2.75	2.48
2009	1.04	2.52	2.62
2010	1.15	2.69	3.10
2011	1.33	2.81	3.75
2012	1.44	2.83	4.06
2013	1.49	2.92	4.36
2014	1.54	2.95	4.54

年份	比率	美国第一、第二产业 国内生产总值	中国第一、第二产业 国内生产总值
2015	1.59	2.82	4.50
2016	1.60	2.74	4.38
2017	1.72	2.72	4.69

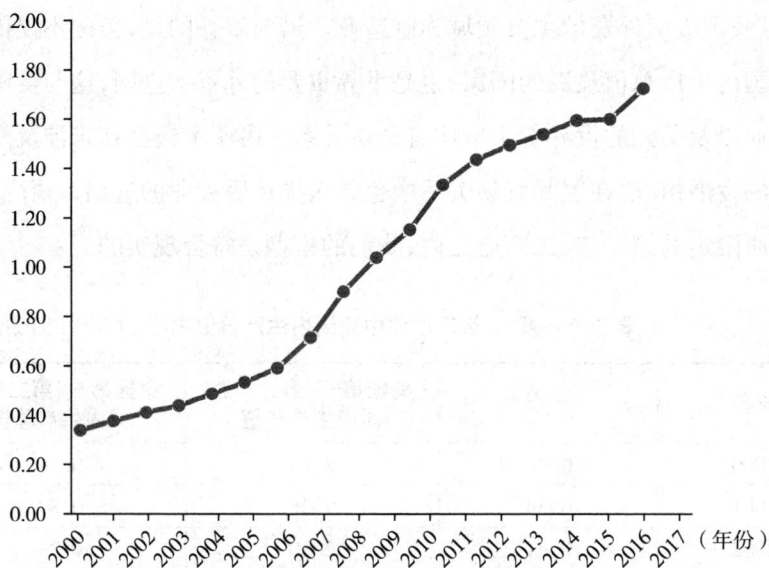

图9-2 2000—2017年第一、第二产业中美国内生产总值之比

第三节 外生冲击的影响分析

在该部分,我们将提供4种随机性外生冲击,以观测4种要素流动模式对不同冲击的反映。其中,前两种外生冲击涉及国际贸易方面,分别为贸易产品相对价格冲击和贸易产品冰山贸易成本冲击,在此我们选择与中国相关程度更高的制造业产品作为目标产品,后两种外生冲击涉及要素流动方面,分别为美国福利制度冲击和中国金融制度冲击。由于模型中变量较多,我们仅汇报

关键的 9 个变量,包括:U_A、U_B、R_A、R_B、G_A、G_B、θ、ζ 和 δ_M。

一、制造业产品价格外生冲击

我们在国际贸易环节增加一个贸易产品相对价格两期均衡条件,该均衡条件反映了制造业产品贸易额 $\delta_{M,t}$ 对产品相对价格 P_t 的反向作用。我们将制造业产品相对价格 P_t 设定为服从一阶自回归[AR(1)]过程的随机性外生冲击,函数形式如下:

$$\ln(P_t) = (1 - \rho) \cdot \ln\left[P \cdot \left(\frac{\delta_{M,t-1}}{\delta_{M,t}}\right)^{\alpha_P} \right] + \rho \cdot \ln(P_{t-1}) + \varepsilon \qquad (9\text{--}29)$$

其中,ρ 为自回归系数,取值 0.95,ε 为白噪音过程,均值为 0,标准差为 0.01,P 为价格参数,α_P 为两期贸易额变动对价格影响的弹性,取值 0.5。

制造业产品相对价格 P_t 的外生冲击模拟了制造业产品因原材料价格上升而被迫作出的短期反映,其模拟结果位于各图第一象限内,函数曲线以实线标注。比较各图第一象限各变量的变化趋势,我们发现,首先,由于制造业产品相对价格 P 的上升,依据供求关系,各情景制造业产品贸易额都出现了不同程度的减少,其中,劳动力要素流动情景贸易额降幅最小,要素自由流动情景降幅最大。其次,除要素同向流动情景外,其余情景都表现出了中国国民福利下降的趋势,而要素同向流动情景之所以表现不同,这与其要素配置最不效率有关。最后,由于贸易条件劣化,国际要素流动表现出自由流动的趋势,而要素自由流动情景所受影响最为显著,故此时中国国内生产总值表现出下降的趋势。各情景变量升降关系见表9-7。

表 9-7　产品价格冲击模拟结果

参数	Model 3	Model 4	Model 5	Model 6
U_A	下降	下降	上升	下降
U_B	下降	上升	上升	下降

续表

参数	Model 3	Model 4	Model 5	Model 6
R_A	下降	上升	下降	上升
R_B	上升	上升	上升	上升
G_A	上升	上升超调	上升	下降
G_B	上升	上升	上升	上升
θ	下降	—	下降	上升
ζ	—	下降	—	下降
δ_M	下降	下降	下降	下降

二、制造业产品冰山贸易成本外生冲击

我们将制造业产品冰山贸易成本 T_M 设定为服从 AR(1) 过程的随机性外生冲击,函数形式如下:

$$\ln(T_{M,t}) = (1 - \rho) \cdot \ln(T_M) + \rho \cdot \ln(T_{M,t-1}) + \varepsilon \tag{9-30}$$

其中, ρ 为自回归系数,取值 0.95, ε 为白噪音过程,均值为 0,标准差为 0.01, T_M 为冰山贸易成本参数。

制造业产品冰山贸易成本 T_M 的外生冲击模拟了美国对中国制造业产品提高关税所产生的效果,其模拟结果位于各图第二象限内,函数曲线以虚线标注。比较各图第二象限各变量的变化趋势,我们发现,当美国对中国出口的制造业产品设置关税壁垒时,中国国民效用下降,国际要素流动呈现回流态势,中国国内生产总值下降,而美国国内生产总值上升,其中受冲击最显著的依然是要素自由流动情景。这表现出在贸易额上持有主动权的美国积极采取贸易保护措施确实能够在一定程度上遏制中国经济发展的势头,并为美国的制造业产业发展提供较好的环境,尤其是在美国向中国进行投资时,由于贸易成本的增加,资本要素回流,使中国的资源配置不平衡发展,遏制了中国生产力的进一步提高。各情景变量升降关系见表9-8。

表 9-8 冰山贸易成本冲击模拟结果

参数	Model 3	Model 4	Model 5	Model 6
U_A	下降	下降	下降	下降
U_B	下降	上升	下降	下降
R_A	下降	上升	下降	上升
R_B	上升	上升	上升	上升
G_A	先降后升	下降	上升超调	下降
G_B	下降	上升	上升	上升
θ	下降	—	下降	上升
ζ	—	下降	—	下降
δ_M	下降	下降	下降	下降

综合国际贸易方面的外生冲击模拟结果可知,在模型中,中国的资源配置优化与产量提高较高地依赖于对美制造业产品出口以及从美国引入资本要素,而美国由于自身要素禀赋的优势占据着贸易主动权,这对中国是不利的,在此状况下,不存在资本要素流动的劳动力要素流动情景(Model 3)的抗冲击能力是最强的。模型的模拟结果并不意味着美国提高关税壁垒必然能够遏制中国发展,这是因为模型中只存在两个国家,在现实中,中国可以将制造业产品出口其他国家以缓解中美经贸摩擦的冲击。

三、美国福利制度外生冲击

我们在要素流动环节增加一个美国福利制度两期均衡条件,该条件反映了美国因为本国国民福利降低而被动提高移民成本的反制措施。我们将美国福利制度参数 ν_t 设定为服从一阶自回归 AR(1) 过程的随机性外生冲击,函数形式如下:

$$\ln(\nu_t) = (1 - \rho) \cdot \ln\left[\nu \cdot \left(\frac{U_{B,t}}{U_{B,t-1}}\right)^{\alpha_U}\right] + \rho \cdot \ln(\nu_{t-1}) + \varepsilon \qquad (9\text{--}31)$$

其中,ρ 为自回归系数,取值 0.95,ε 为白噪音过程,均值为 0,标准差为 0.01,ν 为福利制度参数,α_U 为美国两期国民福利变动对福利制度影响的弹性,取值 0.5。

美国福利制度参数 ν_t 的外生冲击模拟了美国设置劳动力要素流动壁垒,实行孤立主义的政策效果,其模拟结果位于各图第三象限内,函数曲线以点线标注,各情景变量升降关系见表 9-9。

表 9-9   美国福利制度冲击模拟结果

参数	Model 3	Model 4	Model 5	Model 6
U_A	下降	—	下降	上升
U_B	上升	—	上升	上升
R_A	上升	—	下降	下降
R_B	下降	—	下降	下降
G_A	上升	—	上升	上升
G_B	下降	—	下降	下降
θ	下降	—	下降	下降
ζ	—	—	—	上升
δ_M	下降	—	下降	上升

四、中国金融制度外生冲击

我们将中国金融制度 κ_t 设定为服从 AR(1)过程的随机性外生冲击,函数形式如下:

$$\ln(\kappa_t) = (1 - \rho) \cdot \ln(\kappa) + \rho \cdot \ln(\kappa_{t-1}) - \varepsilon \tag{9-32}$$

其中,ρ 为自回归系数,取值 0.95,ε 为白噪音过程,均值为 0,标准差为 0.01,κ 为金融制度参数。

中国金融制度参数 κ_t 的外生冲击模拟了中国提高资本市场开放程度,实施金融市场自由化措施的政策效果,其模拟结果位于各图第四象限内,函数曲线以点标注。比较各图第四象限各变量的变化趋势,我们发现,当中国主动开放金融市场时,中国国民福利提高,资本要素流入增加,国际贸易额增加,国内总产值增加,资源配置优化。而比较资本要素流动情景与要素自由流动情景下各变量的增幅,显然,要素自由流动情景对中国经济的增速效果更佳。各情景变量升降关系见表9-10。

表 9-10　中国金融制度冲击模拟结果

参数	Model 3	Model 4	Model 5	Model 6
U_A	—	上升	—	上升
U_B	—	下降	—	上升
R_A	—	下降	—	下降
R_B	—	上升	—	下降
G_A	—	上升	—	上升
G_B	—	下降	—	下降
θ	—	—	—	下降
ζ	—	上升	—	上升
δ_M	—	上升	—	上升

综合两个要素流动方面的外生冲击模拟结果可知,无论是美国设置移民壁垒,还是中国主动提高外资投资收益,以自由贸易和充分要素流动为基础的要素自由流动情景(Model 6)都表现出了最优的冲击反映。这说明,美国为了维护本土利益而实施孤立主义政策的时刻,也为中国提供了向世界其他国家全方面开放的关键机遇。

第四节　转向阶段性多层次全球化的
外贸发展战略

基于对6个情景的稳态值和4个外生冲击的观察,我们总结出以下结论:

第一,中国在制造业方面具有比较优势。相比于美国,中国产业的主要优势聚集在制造业。由模拟结果可知,中美两国的农产品产量相当,但中国在制造业产品产量上则远超美国,这一差距在两国第一、第二产业国内生产总值之比上得到了清晰的体现。庞大的人口基数是中国长期的现实国情,这是中国农产品需求较高的客观原因,也是中国制造业强势的先决条件。

第二,美国掌握国际贸易主动权。在中美两国贸易关系中,中国制造业产品出口需求远大于美国农产品出口需求,因此当处于赫克歇尔—俄林模型贸易平衡框架内时,两国贸易额的决定权必然由美国掌握,其原因在于美国在劳动力与资本要素禀赋方面较中国更平衡,其封闭状态下的产品产量更接近最优国民福利均衡点。当不考虑贸易平衡条件时,中美两国都有使国民福利最优化的动机,这势必导致中国制造业产品对美国的大量出口,并引起美国贸易额的严重逆差以及持续不断的贸易摩擦。

第三,要素流动促进国际贸易发展。通过对要素流动情景(Model 3—Model 6)与自由贸易情景的比较,我们发现无论在哪一种要素流动模式下,中美两国的贸易额都比不存在要素流动时有了显著提升,因此我们的仿真模型证明了要素流动与国际贸易的互补关系。其中,资本要素流动情景(Model 4)的增幅为37.15%,在所有要素流动情景下对贸易额提升最大。要素流动的根本宗旨是生产资源配置优化,配置方式越接近最优点,在同量资源和同等技术水平的条件下,两国产品产量越高。只要国际贸易的损失小于生产要素跨境生产的收益,要素流动必然会促进国际贸易的发展。

第四,要素流动提升中国国民福利。通过对封闭情景与自由贸易情景的比较,我们发现基于比较优势开展的国际贸易有助于两国国民福利提高。中国国民福利明显低于美国的主要原因是庞大的人口基数使得人均分配到的产品和空间较少,并且相对于大量的劳动力,中国的资本是稀缺的。因此,劳动力的流出和资本的流入能以增加人均所得和提高人均产出为途径有效提升中国国民福利。由于美国原本福利水平较高,劳动力要素的流入所增加的产出无法弥补人均消费产品减少所造成的效用损失,这符合美国自身资源禀赋较中国更优的现实,也是美国一再限制他国移民的核心原因。

第五,要素流动提高了资本配置效率。通过对要素流动情景与自由贸易情景的比较,我们发现要素流动降低了中国的资本回报率。由于本模型中不涉及第三产业的内容,在技术不变的情况下,资本回报率可以简单地视为制造业生产过程中资本要素的使用效率,该数值一方面反映了一国对外引资的能力,另一方面反映了一国本身要素禀赋的不平衡程度。在要素流动情景下,中国资本回报率降低最多的模型是资本要素流动情景,但该模型同样也是中国国民福利、国内生产总值和国际贸易额最高的模型。因此,不妨这样理解,之所以中国的资本回报率高,正是因为其本身资本要素禀赋的稀缺,遏制了生产力的发展,而在国际要素流动的作用下,要素配置优化,生产力得到解放,资本回报率自然降低。值得注意的是,在自由贸易情景和要素同向流动情景(Model 5)中,中国的资本回报率是增加的,前者意味着国际贸易环境对美国更有利,这一点与美国掌握贸易主动权的观点相协调,后者则意味着要素同向流动情景的要素流动模式对中国的资源配置是不利的。

第六,中国掌握要素流动主动权。与国际贸易相同,要素流动的方向也同样遵循比较优势原理。基于稳态值可以发现,生产要素总是趋向使得两国要素禀赋配置向更合理的方向流动,并且劳动力要素流动和资本要素流动的影响在某种程度上是互补的,即美国的资本流入和中国的劳动力流出都可以使得要素流动停止条件获得满足。全球化是大势所趋,美国的国情迫使其政府在本国利益与国际市场中作出取舍,而中国则可以顺势而为,掌握主动。

第七,顺应国际局势变动的外交政策。各要素流动条件的外生冲击反应证明了中国在国际贸易方面的相对弱势和要素流动方面的相对强势,并衍生出了中国对应不同国际局势的一般策略,即:当综合国力尚不足以对主要贸易国施加影响且国际环境普遍不友好时,中国的最优策略是维持国内金融市场的稳定,不宜过多涉足国际资本市场,参与国际要素流动和资源配置;当中国国际地位提高到能够对主要贸易国施加影响时,参与国际要素流动,尤其是国际资本要素的流动对中国经济发展和对外贸易都是有利的。以往中国实施外汇管制,对放开金融市场一再迟疑;近年来,中国通过设立自贸区促进多边合作,深化"一带一路"国际合作,推进了人民币国际化。中国采取差异化的对外政策正是观察国际局势变动、顺势而为的合理举措,也就是说,"穷则独善其身,达则兼济天下"是我国开展对外工作的最优注脚。

第十章　适应要素跨国自由流动外贸战略选择的国际经验借鉴

纵观经济发展史,大多数开放型经济体都通过积极引导生产要素在国际间的自由流动以及主动培育自身的高级生产要素(张幼文,2013),来不断推进本国经济发展战略和外贸战略动态演进。因此,梳理各国在不同发展阶段以生产要素流动政策促进外贸发展、产业升级以及经济增长的成功经验,有助于更好地理解我国目前应该以加快要素跨国自由流动推动外贸战略转型的必要性与重要性。

第一节　基于先发国视角的要素流动战略

一、英国:利用原有比较优势,吸引新要素流入

作为自由贸易的首创者以及工业革命的发源地,英国有着"世界工厂"和"现代工业革命的摇篮"之称。在工业革命以前,英国长期推行重商主义的贸易政策以及殖民扩张战略,旨在积累大量的自由劳动力和原始资本。完成工业革命以后,英国一跃成为当时世界经济的霸主,也是最早开始对外输出资本等生产要素的资本主义国家之一(安格斯·麦迪森,2003)。然而,从近代以

来的大量资本输出对英国经济的发展产生了不利影响,严重阻碍了当时国内技术改造、生产设备更新和工业投资,成为英国丧失称霸一个世纪的工业垄断地位的重要原因之一。20 世纪 70 年代末以来,英国结合自身在经济发展过程中建立起来的各种比较优势,开始大力推行一系列吸引外资等要素流入的相关政策(王卓和胡日东,2002)。其中主要有:

第一,取消外汇管制。1979 年,英国政府宣布取消实行了 40 年之久的外汇管制政策,从此国外公民以及外资公司在英国投资不必经过英国政府的批准,资本以及其产生的利润也可以自由汇出英国。当时的英国已经拥有世界上最发达的国际化金融体系,其开放政策大大提高了伦敦作为世界金融中心的地位,从而为国外活跃的资本要素进入英国市场提供了更多机会(李强,2011)。

第二,开辟自由港,促进商品和要素加快流动。20 世纪 80 年代初,英国政府在 6 个城市开辟"自由港口区",允许商品在自由港内制造、加工、储存以及向欧洲外地区出口时免征关税。英国拥有装备优良的港口和发达的海上运输业,再加上地理位置的特殊性,使之处于"资本流动的十字路口",通过英国就可以进入整个欧洲市场。自由港的建立无疑强化了英国作为"资本流动的十字路口"的作用。

第三,提高劳动力素质,改善劳资关系。首先,英国具有一支高素质的工人和工程技术人员队伍,英国政府根据现代化工业生产要求不断改进教育和专业培训体制,使得英国员工素质进一步提高;其次,英国从 20 世纪 80 年代以来不断通过改变立法来限制工会权力,这种做法有效调和了英国在吸引外来要素过程中的劳资矛盾。通过这些举措,英国劳动力生产效率大幅度提升。以日本日野汽车公司在英国纽卡斯尔的分工厂为例,其劳动生产率之高已超过日本国内工厂。

第四,设立外资局,综合协调外来资本要素。具体来说,英国在 1977 年成立外资局的目的在于制定一系列管理和协调外资的政策,向外国厂商推荐最优惠的投资种类以及税收政策,促进在英国引进外资直接生产以取代进口(杨宇光,1990)。

总而言之,20世纪80年代以来,英国政府通过积极引入资本等生产要素,实现了产业结构更新、工业技术装备改进以及本国商品竞争力提升,并且逐步推动了从以资本输出为中心到进口替代的对外贸易战略转型,从而为整个国家的经济走上复兴之路创造条件。

二、美国：引进吸收高级要素，推进要素全球战略

美国长期以来的全球性经济扩张战略以及其在贸易、金融等方面的霸权地位决定了美国的特殊性。与其他发达国家相比,生产要素在国际间的流动对于美国来说具有更特别的意义。可以说,美国的经济增长和国际地位的提升,对内受益于外来高级生产要素的引进、吸收,对外则离不开其在要素跨国流动背景下的全球战略推进(张幼文,2013)。作为全球吸引外资最多、拥有最多跨国公司和海外资产的国家,美国对于高级要素引进战略的出发点是从体制层面构建充分利用外来要素的渠道,通过不断吸收引进技术、人才等高级要素,迅速提高自身要素结构禀赋。

第一,利用开放的移民政策和自由的文化环境不断吸引优质的技术和人才。与欧洲众多发达国家相比,美国最显著的不同之处在于它是一个主要由外来移民组成的新大陆国家,在移民政策方面拥有极大开放性。从19世纪到20世纪初的三次移民高潮为美国源源不断地输入当时最先进的技术、人才、资本等高级生产要素,优化了美国人才资源的配置。同时,美国社会有着包容性较强的文化,新思想和新技术在美国更加容易被接受,这也进一步吸引了拥有丰富知识、专利以及技术的高端型人才通过移民美国实现梦想。

第二,推行对内"自由竞争"、对外高关税壁垒的内外有别战略,逐渐培育本国高级要素。对于国内市场,美国政府鼓励自由竞争,促进商品和各类要素

自由流动,实现资源最优配置;对于外贸市场,美国政府采取高度的贸易保护政策,通过推行关税法案,形成了从欧洲发达国家引进资金和技术但排斥欧洲产品的基本格局,从而不断强化本国工业体系,巩固世界第一大经济强国地位。在不断吸引外部高级要素流入的同时,美国也是世界上最大的高级要素流出国之一,在对外投资以及技术输出等方面有着悠久的历史和成熟的经验。第二次世界大战以后,美国经济得到空前发展,资本输出比重占世界总额的50%以上,并通过对外直接投资造就了一大批大型跨国公司。在实现对外扩张过程中,美国政府始终鼓励和支持企业和私人进行海外投资,不仅在国内政策上提供制度层面的保障,还在信息服务、金融税收、国际环境方面提供最大化程度的便利,对其推行全球性战略扩张起到了重要的作用。

在法律制度层面,1948年实施的"马歇尔计划"(The Marshall Plan)是美国海外投资的重要制度保障,具体举措主要包括由政府出面与别国企业进行双边协议洽谈、由美国国务院直属的海外私人投资公司为企业办理政治风险保险等。此外,美国政府建立了《经济合作法》《对外援助法》等来保护和促进本国企业的对外直接投资。在行为监管上,美国政府以法律为主要依据,很少涉及行政审批,为海外投资企业的申报提供了便利。在金融和税收层面,美国政府设立了进出口银行、海外私人投资公司以及中小企业管理局等专门机构对海外投资的企业进行融资支持,并通过税收减免、税收抵免及亏损退回等方式给予了很大的优惠。在信息服务层面,美国政府通过私人海外投资公司、美国中小型企业局等机构向海外投资企业分享信息,便于企业解决投资过程中的问题,并成立专业机构为经验不足的企业提供可行性分析。在国际环境层面,美国政府为本国企业在海外投资的稳定环境创造充分保障,通过向别国提供金融、技术、设备等援助,来开辟美国企业的准入通道,同时减少政治风险和其他制度层面的阻碍因素,为本国的要素在国际市场追逐最大化利润和编织全球市场网络提供了重要的环境保障。

三、德国：重视科研教育，培育自身高级要素

德国是传统的资本主义经济强国，拥有成熟的现代化工业制造体系。其国内生产总值的三分之一均用于出口贸易，而且在电子产品、机械产品、化工产品、汽车等行业具有非常强的国际市场竞争力。而德国的大国地位、参与外贸的高收益，以及它在世界上的政治、文化和经济影响等，都"决定性地基于科学之上"。迈克尔·波特也在《国家竞争优势》中指出，"凭借生产要素发展竞争优势绝不可以一蹴而就，而是必须一再投资，以提升质量、避免被淘汰为目标。对国家而言，能创造出生产要素的机制远比拥有生产要素更为重要"。

从 19 世纪末到 20 世纪初成功崛起至今，德国一直以高度注重培育自身高级生产要素著称，并将其视为增强竞争力的重要原因。在德国高级要素培育体系中，最大的特点就是政府、企业和人的"三位一体"（李鹏和刘彦，2011）。

第一，企业界一直是培育高级生产要素的主要参与者。德国企业界参与科研创新主要有三大特点：一是投资的总量大。德国科研部的统计资料显示，德国企业界的科研投入经费占全国科研总投资量的 60% 以上。二是投资的重点集中在本国优势领域。企业界对于科技创新的投资主要集中在车辆制造、机械、化工、光学和精密机械等几个在世界市场上占有显著优势的领域（李鹏和刘彦，2011）。三是企业自身积极地参与研究开发。德国企业界普遍认为，自身参与开发更有利于推出符合市场需求的产品和技术。在世界各国中，德国的企业率先建立起相应的、与生产过程紧密结合的研究机构。

第二，政府是培育高级生产要素的引导者和推动者。在德国的科技创新体系中，政府除了自身承担一部分科研项目外，主要行使的职能是进行科研成果的推广以及协助创办高新技术企业。德国总共有两百多家"革新与创业中心""技术与发展中心""科技中心"等政府机构，这些机构的主要职能是向企业界介绍最新的科技研究成果，同时让科研界充分了解企业界的研究需求，沟

通双方的信息,同时建立高科技工业园区,支持高新技术企业的创建。

第三,人力资源是高级生产要素形成的关键因素。高素质的人力资源是德国培育高级生产要素的重要基础,也是其中最具活力的因素。德国对于本国劳动力资源的教育和培训有三个重点,包括增加职业高中以上毕业生在全体劳动资源中的比例、推广在职人员的继续教育和向普通职工传播科技知识。

通过这种"三位一体"的多层次、全方位高级要素培育体系,德国逐渐发展成以科研密集型产品(指技术含量在3%以上的产品)占领国际市场的对外贸易结构。虽然德国在研发投资总额和科技人员的绝对数量上不如美国和日本,但是德国的科研密集型产品在世界市场上的份额却超过这两个国家。

第二节　基于赶超国视角的要素流动战略

一、日本: 赶超时期的高级要素吸收型战略

日本是当代发达资本主义国家中的典型代表,进入 21 世纪以来,日本科研经费达到国民生产总值比例的 3% 以上,位列发达国家之首。然而,近代以来的日本一直是一个追赶指向型的国家(陈杰,2004)。尤其是在第二次世界大战以后,日本推行的更是以赶超欧美发达国家为最终目标的经济发展战略。从要素跨国自由流动的视角来说,日本在经历战败重建、恢复发展到成功赶超的一系列进程中,最关键的因素在于其对技术、知识等高级要素的"引进吸收消化再创新"的吸收型战略(王芬,2000)。日本从引进国外先进的技术要素入手,在逐步引进的过程中,遵循"引进—吸收—改造创新"的动态演进路径(张幼文,2013),最终建立起本国自主的高级要素培育体系。

(一)经济规模扩张时期的技术引进阶段

第二次世界大战后,百废待兴的日本选择了"贸易立国"的发展战略,试

图通过实行出口导向型的外贸模式实现经济规模扩张(陈杰,2004)。然而当时国内的技术设备落后,劳动生产率低下,本国产品缺乏国际竞争力。因此,这一阶段日本经济的发展重点在于对生产和关键技术的薄弱环节进行大规模的设备投资,同时大量引进生产发展必需的技术。这一时期的技术引进集中在煤炭、钢铁、电力等国民基础产业领域,借助外来的新技术改造本国落后的产业部门,引进方式主要是成套设备合同形式,引进的大多是欧美发达国家在战前和战时开发的技术。

(二)产业结构升级时期的技术吸收阶段

随着日本经济的恢复,加上世界经济的复苏以及国际贸易活动的日益活跃,日本企业开始逐步废弃原有的旧设备和技术,对外来的新技术进行选择性吸收,追求国内的大规模生产和产业升级。从 20 世纪 50 年代下半期起,日本的技术创新活动开始着重于对引进技术的消化和吸收,引进的方式也转向以许可证贸易为主,重在引进专利等软件技术以及专业设备,引进的对象主要是美国的自动化技术,从而使国内企业走上了机械化和自动化的道路。除了继续从美国引进基础产业的新技术以外,日本企业也更加注重对高新产业技术的引进与吸收。

通过大规模的投资设备和技术引进,到 20 世纪 60 年代,日本成功建立起了基于外来先进技术的大规模生产体制,实现了生产成本的大幅度降低和产品质量的提高,为日本经济的高速增长和外贸竞争力的提高奠定了产业技术基础,从而能够带动本国新兴产业的技术创新,实现产业结构的不断升级。

(三)全面赶超时期的自主培育高级要素阶段

20 世纪 60 年代,日本政府在《国民收入倍增计划》中明确提出,"我国技术的进步,过去往往是依赖于引进外国技术,今后决不能只停留在这种消化、吸收外国技术的地步,必须进一步发展本国技术。尤其应在国内确立能够开发新技术的科学技术的基础"(王芬,2000)。与此同时,日本自由贸易进程持续加快,与世界经济进一步接轨。在这一背景下,加强自主技术创新,消除与欧美先发国之间的技术差距就成为日本的目标。70年代以后,日本开始购买尚处于实验阶段的技术,这样使得本国企业能够进行后续的自主研究,抢先投入生产,返销国外,占领国际市场,自此以后日本的技术创新进入一个全新阶段。80年代以后,为适应当时以微电子为中心的技术革命大背景,日本政府提出"科技立国"发展战略,并明确指出今后要把科学技术政策的重点由以技术引进为主转向以自主开发为主。自此,国内企业自主研发投入迅速增长,并逐渐取代了外来要素,成为日本技术要素的主要来源。

二、新加坡：化劣势为优势的要素引入型战略

新加坡国土面积狭小,自然资源贫乏。在生产要素跨国自由流动的背景下,新加坡通过充分利用外来的资本、技术等高级生产要素克服天然的劣势,从依赖转口贸易的单一经济结构逐步发展成为具有先进制造业和服务业的多元化经济体,从一个"贸易中转站"成功转型为新兴工业化国家的典型代表(王卓和胡日东,2002)。

第一,对于缺乏自然资源的新加坡来说,本土人力资源就是其最大的优势。新加坡政府始终把普及教育、培养人才放在各项工作的首位,在国家的各项预算中,教育经费是最大的项目之一。因此,对本国人力资源培育的高度重视,不仅是新加坡在经济上成功实现赶超的关键要素,也是充分利用外资、吸收外来技术等高级生产要素的重要前提。

第二,在政策方面表现出来的宽容性,是新加坡引进外资以及跨国公司的一个显著特点,它吸引了资本、先进技术以及先进管理经验源源不断地流入,全面促进了新加坡出口导向型外贸战略的实现以及整个国民经济的发展。为了吸引更多的外商直接投资,新加坡政府致力于推动本国服务业的发展,使新加坡成为世界金融交易以及企业服务的中心。同时,新加坡政府

对于外来资本的流向、比例和利润等几乎不加任何限制。例如,在利润方面,新加坡政府允许外资在新加坡比在其他国家——甚至比在其母国内获得更高的利润。而针对跨国公司的一系列优惠服务条件和减税措施进一步增加了新加坡作为世界金融交易中心的吸引力。在这种宽松的政策导向下,欧美发达国家向新加坡输入资本、技术、人力资源等高级生产要素的比例持续稳步上升。

客观来说,虽然新加坡通过要素引入实现了产业结构升级和贸易模式转型,但是其宽容开放的要素流动政策也导致了国民经济发展存在明显的问题。尽管本国工业发展迅速,但是由于国内市场狭小,加上长期以来采用出口导向型外贸战略,整个经济十分容易受到外部冲击的影响(吴先明,2001)。同时,外来资本控制了国家的主要制造行业,跨国公司也基本上垄断了本国的出口贸易(在新加坡工业品出口贸易额中占比超过80%),使得新加坡逐渐成为发达国家的经济附庸和直属市场。这些问题对新加坡来说,都是在长期发展过程中难以解决的。

三、印度:利用与限制并举的要素流动战略

作为一个大型的发展中国家,印度多年来坚持执行"以进口替代为主、利用外资为辅"的经济发展战略(马塾君和谭伟恩,2008)。一方面,由于近两百年的殖民历史形成的"东印度公司恐惧"情结,印度对外来资本始终保持天然的抵制和谨慎态度,因此并没有出现很多后发国家在赶超时期形成的"外资依赖症"。另一方面,由于印度国内资本形成能力不足,外来要素的适度流入对于国内在资金、人才、技术知识、管理经验等方面的匮乏是不可或缺的补充,因此印度并没有对外来要素实行全面的闭关政策,而是根据本国经济发展状况和不同发展阶段的需要对外来要素采取了既限制又利用的实用主义政策(谢代刚,2008)。总的来说,印度在利用外来要素流入的发展战略上具有以下特点:

第一,根据国民经济发展需要和世界经济格局演变,不断调整外资政策和外贸战略。独立之初,印度的工业体系及整个国民经济都处于十分脆弱的状态,国内资本形成能力严重不足,而"外国资本有利于向印度提供额外的储蓄和技术知识,对印度资本起着补充作用"。因此,印度政府在第一个"五年计划"中明确规定:外来资本"应该遵循的基本原则是允许发展新的生产线,或需要特殊的技术和经验,或国内生产无法满足需求且难于很快发展的优先领域"。到 20 世纪 60 年代末,印度本国的工业体系已经初具规模,因此政府开始强调实施进口替代型的外贸政策,实现经济上的自力更生。1968年,印度把工业部门分为"外国投资和技术合作都允许进入、只允许与外国进行技术合作和不允许任何外国资本进入"等三类;1973 年,印度制定《外汇管制法》,对外来跨国公司的股权比例进行严格的限制,并且强制性地规定外来投资者必须转让技术,并允许在印度做横向转移等;80 年代以后,受经济危机影响,国际上的贸易保护主义抬头,印度贸易条件持续恶化,外贸逆差扩大,印度政府为了提振国内经济的活力又开始实行取消许可证、税收减免等优惠政策,用吸引外来要素流入的一系列举措来服务于本国的出口导向型战略。

第二,印度政府在要素跨国流动中发挥了重要导向作用。政府在制定和执行政策时牢牢把握住外资的行业进入指导权,把外来的优质生产要素引向本国急需又暂时没有能力自主发展的领域,保护了民族产业的发展壮大,从而培育出了不少在发展中国家不多见的世界级大规模本土企业。一般认为,在众多发展中国家之中,印度引进外资的质量是比较高的。印度对外资的限制主要体现在其实行的一系列"次国民待遇"政策(谢代刚,2008),对外资的开放则主要表现为实行国民待遇,相较于世界上其他的赶超国对于外来优质要素的严重依赖,印度在自身的发展历程中从未在外资政策方面实行过超国民待遇,显示出充分公正性。

第三节　改革要素流动政策推进
国家经济长期发展

各国在生产要素跨国流动方面的政策及举措虽然在内容和形式上存在差异,所获得的效益和结果也不尽相同,但都是这些国家基于自身特定要素禀赋以及所处发展阶段下所作出的选择,对目前尚处于转型关键阶段的中国来说,无疑具有一定的借鉴作用。具体来说,我们可以从上述国家要素跨国流动政策中总结出以下三个方面的经验。

第一,提高开放水平,吸引优质要素流入。当前,我国正处于产业结构调整和升级的关键阶段。新常态下,我国经济发展的主导性要素由资本逐渐向先进技术过渡。结合新加坡的成功经验来看,对处于赶超时期的经济体来说,源源不断的外部高级要素流入是推动其产业升级、外贸转型的重要动力。改革开放 40 多年来,我国作为发展迅速的赶超国,在吸引外部要素流入方面成果斐然。以外商直接投资为例,中国每年引进外商直接投资的规模都超过四百亿美元。近年来,随着对外资进入限制减少,以及更多优惠政策贯彻实施,我国吸引外资的规模进一步扩大。因此,在我国目前资金紧缺状况已得到改善的情况下,应该借鉴印度政府对于外资的谨慎态度,将政策重点转移到外资的质量而不是继续致力于规模扩张,把吸收先进的技术、高级人才以及国际化的管理经验作为引进外资的重点,着力吸引大规模跨国公司优质投资。同时,随着人口数量红利以及土地资源价格优势的消失,我国应该学习新加坡经验,在实施各种优惠政策之余,更加致力于整个开放型经济体的环境改善,不断提高本国金融业等高端服务业的对外开放水平,进一步完善国内相关的法律制度与体系,在制度保障、信息咨询、人员培训等方面不断改善,全面提高对优质外资企业的服务水平。

第二,发挥政府作用,促进要素合理流动。由各国在不同阶段的成功经验可知,在一国实现经济、技术的赶超过程中,政府始终扮演着非常重要的角色。尤其是发展中国家在从封闭经济走向开放型经济的过程中,政府的政策激励和引导是其中的主要动力,各类政策刺激了生产要素的流入和流出,并使之成为促进经济增长的有利条件。生产要素只有在流动中才能增值,为了使要素跨国自由流动更好地服务于我国长期经济发展战略,应该在生产要素跨国配置的过程中加强政府的引导作用,促进各类生产要素实现高效、通畅、合理流动。在引进外来要素方面,我国政府应该逐步加强对外来要素的导向和规划,例如鼓励高科技行业和技术密集行业的跨国公司来我国投资,同时限制技术含量偏低的生产要素继续流入,以此加强产业政策对外来要素投向的引导,使外来要素服务于我国技术进步和产业升级的目标。此外,历史的成功经验也表明,在经济发展到一定阶段后,应该主动地利用本国的要素去配置国外的生产要素,从而进一步提高本国的要素收益和经济效率(张幼文,2006)。因此,我国应该借鉴美国等先发国家的经验,在企业"走出去"的过程中,由政府来充当引导者和保障者的角色。一方面,政府要充分重视并利用我国企业通过对外直接投资来促进技术进步的可行性,进一步简化行政审批手续,放宽投资产业限制,鼓励有条件的企业主动对发达国家进行技术寻求型的投资,并提供税收减免、优惠贷款等政策激励;另一方面,政府应该积极推进"一带一路"国际合作,为我国企业"走出去"创造"共商、共建、共享"的良好国际环境。

第三,加强自主创新,提高本国要素质量。通过对历史上的先发国以及赶超国的经验分析,不难看出,几乎所有实现成功转型的国家都在其发展过程中将培育自身的高级生产要素作为国家发展战略的关键点,而一国高级要素的形成也是推动本国外贸转型升级的原动力(张幼文,2006)。迈克尔·波特曾经提出,高级生产要素"通常不是自然形成的",而是"国家主动创造出来的",是靠"一点一滴的持续投资"换来的。培育高级生产要素的必要性有两个方面的原因:一方面,一国所拥有的要素的质量决定了该国参与对外贸易的收益水平,高级的生产要素在国际贸易往来中具有获取更高收益的能力;另一方面,一国自身高级要素的积累水平、要素配置的效率等共同决定了该国在经济发展中所处的阶段,进一步决定了生产要素跨国流动对该国经济增长的贡献(张幼文,2013)。对于我国来说,应该利用改革开放以来在外部要素引进阶段积累起来的资金、技术、人力资本等,通过基础设施的改善、新兴产业的培育、科技研发的投入和教育培训的加强,协同政府、企业和社会等各方力量,积极培育出一批真正属于本国的高级生产要素,从根本上改变目前以本国的低级要素参与经济全球化的格局,在世界贸易体系中获得更加合理的收益(张幼文,2013)。最后,应该注意的是,要素跨国自由流动政策应该始终服务于国家长期的对外贸易战略和经济发展战略,必须在现有的水平上不断推进和完善。结合国际经验来看,各国现有的要素流动政策均存在一定局限,应该在扬长避短的基础上,结合我国实际情况和发展战略,不断进行吸收和改进。

第十一章　我国外贸战略转型的逻辑重构与路径选择

在要素跨国自由流动的国际分工体系下,我国传统的外贸战略不能适应新全球化发展,亟须从开放边界、要素流通、政策创新和风险防控四重视角进行外贸战略转型。基于我国现有国情和要素流动的普遍趋势,本书提出中国未来外贸战略重构的三条路径选择,即以配置效率优化和稀缺要素培育为核心的内源驱动型路径、以规则环境改善和高端要素引进为内涵的开放吸引型路径和以价值链主体培育和国际定价权提升为目标的国际治理型路径。

第一节　外贸战略转型重构的逻辑视角

一、开放边界视角:实现双边市场互利共赢

一是边境开放转向境内开放。在传统国际分工条件下,虽然以降低关税壁垒和非关税壁垒为特征的边境开放措施有效促进了国际间商品流通和要素流动。但深层次的国际要素分工对开放型经济的敏感性将不完全局限于国别层面的关税及非关税壁垒,而是广泛涉及知识产权保护、法制化水平、营商环境、生态规制、劳工标准以及产业政策等等。开放边界的政策逻辑在于加快构

建"一线开放、线内放开"的新型境内外开放政策,将更多高质量要素吸引到国内,扩大境内要素流动自由和公平竞争,建设起对全球高级要素具有高度引致力的要素开放环境。二是投资替代性贸易转向投资互补性贸易。在以最终产品为界限的传统贸易模式下,对外直接投资的动因多数是出于规避国家间关税及非关税壁垒的市场导向性投资。但随着要素跨国自由流动加快以及跨国公司主导下全球要素分工形成,国际贸易投资的重心由专注于国际商品市场开放拓展转向对国际市场稀缺要素的潜在争夺。伴随东道国逐步融入全球价值链,出现了大量进口中间品和出口加工品,很大程度上促进了跨国公司在东道国与母国之间的经贸往来。这种以境外投资驱动国内贸易发展,将构建起贸易和投资互补共存、联动发展的一体化新模式。

二、要素流通视角:实现配置引育有机结合

一是低端纳入转向高端配置。当今国际分工体系实质上由发达国家的大型跨国公司主导,发展中国家往往只要具备某一生产环节且符合行业领导企业的相关要求便能参与产品国际分工,在全球价值链的利润分配体系中处于"被支配"或"接包方"地位,丰裕的生产要素被低端纳入底层产业链环节,并在整个全球价值链的要素流转网络中反复固化。在以要素流动和国际碎片化生产为主要特征的国际分工模式下,全球价值链对国际先进技术以及稀缺要素更为依赖,而只有高品质生产要素广泛集聚才能对高技术密集度的相应生产经营环节提供有效支撑。因此,扭转现有国际分工地位的实质在于以要素跨国自由流动实现资源优化配置,逐步降低对低端要素的内生依赖,加快高端要素配置转化以实现价值链攀升。二是被动汲取转向主动培育。长期以来,我国依据出口导向的外贸发展战略、优惠的外资引进政策、宽松的知识产权保护和低门槛的环境规制,实现的外贸快速扩张和薄利多销日趋乏力,对知识产权、创新要素等先进要素的需求日益迫切。一方面,发展中国家融入低端价值链的激烈竞争,以及国内要素成本提升对出口

企业固有赢利模式造成冲击,将倒逼企业加快对高端要素的吸纳和培育;另一方面,中国制造业面临缺乏技术创新和自主知识产权的严峻形势,通过加快培育国内稀缺的技术型、知识型先进要素,将有效改变制造业低水平供给瓶颈。

三、政策创新视角:维护市场环境竞争有序

一是有偏干预转向竞争中立。由发达国家主导推动的区域贸易投资协议中,采取对境内境外要素实施无差别式管理、维护市场公平竞争的政策工具成为国际经济治理新思维。中立性贸易管理政策一方面强调非偏向性和非扭曲性,对要素在国界、省界上流入流出和产品内贸、外贸中实施一视同仁政策;另一方面强调实施不偏不倚的功能性扶持和无差别式的普惠待遇,如加强各类基础设施建设推动技术创新和人力资本投资,创造更有效率的市场环境。要素跨国流动自由化对市场环境的内在要求迫使我国亟须建设一个与要素跨国流动自由化相适应的高度透明规范的中立性政府,实施无差别式管理、促进自由竞争的中立性贸易政策。二是单一调整转向复合干预。长期以来,我国对外贸易政策和国内产业、科技、反垄断等部门政策相互分割。伴随国际经济新一轮规则重塑,在经济全球化和要素跨国流动自由化条件下,单一性贸易政策很大程度上面临失效风险,亟须转向建构综合贸易、产业、科技、反垄断等多种政策工具的跨部门协同组合型贸易政策,增强多种政策工具的协调一致和相互促进。

四、风险防控视角:确立要素评估产权标准

一般来说,外资市场进入、技术服务转移、人才跨国流动、国际金融支持等市场活动内含的要素国际分工对开放型经济转型意义重大,自由流动的高能、快速、投机性生产要素对地区经济发展往往会构成一种潜在非平稳的冲击,打造以要素跨国自由流动为导向的统计评估和风险防控体系尤为必要。在要素

跨国自由流动的条件下,一是亟须加快建立开放型经济中对要素流动自由化确立的风险甄别与防控机制,比如完善外资进入事中事后监管,加强技术服务贸易信息服务及风险防控支持,完善人才跨国流动服务管理机制,建设跨区域级别的国际金融多边防控体系,构建起与要素国际分工相适应的国际贸易统计评估和风险防控体系。二是边境迁移转向产权迁移。在传统贸易维度下,商品跨境迁移蕴含着要素流动的基本现实,不仅反映了一国要素禀赋情况和资源充沛程度,而且也体现出国际分工地位和贸易竞争的相对优劣。在要素跨国自由流动形势下,商品边境迁移已无法确切反映一国分工地位及竞争优势。以产权迁移为重点对要素流动的内在动因和现状进行刻画和分析,将在更深层面上影响着我国开放型经济的发展质量。

第二节　要素跨国自由流动条件下我国外贸战略转型的路径选择

一、以优化配置效率和培育稀缺要素为核心的内源驱动型路径

基于中国比较优势现实和世界要素分工大势,以优化配置效率和培育稀缺要素为重点,通过内源要素更替促进产业发展,是最为基础、可靠和有利的路径选择。

(一)增进现有要素配置效率

在动态视角下,我国应尽快改变以劳动力要素高度密集的加工制造环节融入国际要素分工的被动现状,通过攀升全球价值链向"微笑曲线"两端扩展,实现对前端技术研发和后端市场渠道营销延伸发力。目前,相对廉价和更为优质的劳动力资源仍然是我国参与国际分工赖以依靠的显著优势,增进现

有要素配置效率发挥充裕劳动力禀赋参与国际分工的内生优势主要体现为：一是通过促进国内就业提高现有劳动力配置效率和边际产出，拓展国际贸易人力资本边界；二是依托制造加工业的产业基础，利用外资进入带来的竞争效应、技术溢出效应和出口企业的干中学效应，促进本土企业转型和产业结构调整；三是通过配置效率增进倒逼劳动力要素质量提升，引导劳动力逐步向现代服务业合理流动，缓解劳动力市场结构相对失衡。

（二）提高对外投资质量与效率

要素跨国自由流动为我国对外投资提供了新的机遇，对于资源寻求型企业，应积极鼓励建立战略联盟，共同开展对东道国农业、矿产等企业的收购，并依托对特定资源的主导权，融入全球供应链上端，打通资源开发路径；对于制造加工型企业，应合理利用比较优势，依托境外经贸合作区发展平台，并结合东道国资源要素禀赋组团集聚发展；对于市场导向和技术导向型企业，应合理选择东道国中小型成长企业，灵活运用入股、兼并和收购等方式获得目的企业控制权，从而依托现有人力资源、关键产权技术以及成熟销售渠道加快发展，高标准拓宽市场、技术获取路径。

（三）加快国内稀缺要素培育

在人力资本维度，一是加强本土人力资本培育，加大教育综合投入，发展高等教育、新型职业教育和社会培训；二是打造良好优越的研发创新环境，加快产学研深度融合，加大科研机构人才成果激励。在技术创新维度，一是逐步优化我国贸易技术结构，通过适当调整和降低进口关税、提供贴息支持或调整贴息产品支持范围，扩大对高技术中间产品、关键设备和零部件进口；二是在战略层面制定科学的自主创新政策，通过稀缺要素的聚集效应、规模效应、溢出效应，逐步提高要素创造和培育能力。在要素政策维度，一是打通国内要素流动的机制障碍，构建以资本、劳动力、金融、产权、技术等要素领域为主体的国内统一大市场;二是加快建立以产权为基础的要素收益分配机制,合理调节技术、资本、劳动力的利益分配关系,促进本土要素焕发新活力。

二、 以改善规则环境和引进高端要素为内涵的开放吸引型路径

通过构建与国际接轨的新一代贸易投资自由化规则,加速服务业领域开放,吸引和广泛吸纳国际高端外源型要素产生,从而扭转国内高端要素稀缺、低端要素挤压的困境。

(一)创新贸易投资自由化规则

随着全球经济规律从边境规则向境内规则拓展,全球价值链分工下的新型贸易治理规范应运而生。主要体现在两个方面:第一,新一代贸易投资规则的特征是高标准高质量,"高标准"意味着新规则将更多涉及国家内部的经济政策、产业政策、创新政策以及知识产权保护政策,而不是简单局限于国别层面的关税及非关税壁垒;"高质量"则意味着只有达到一定标准的开放型经济体,才能深层次融入国际要素分工,而"不合格"的经济体则会在全球价值链体系中面临被边缘化甚至淘汰掉的潜在风险。第二,建立深层次、全覆盖的市场准入机制,消除和削减包括货物和服务贸易在内的关税及非关税壁垒,拓宽制造业和服务业投资市场准入渠道,消除劳动力、资本、技术、金融等要素流通障碍。

(二)加快服务业领域开放进程

当前的全球价值链体系正从制造业领域向服务业领域延伸,全球制成品贸易中服务贸易的价值量占比越发突出。加快服务业领域的外资开放进程,将有助于我国尽快融入新兴的全球服务业链条。一方面,率先融入新兴的全球服务业链条,使我国在服务业全球价值链治理环节中凭借先发优势

取得更多主导权,有效扭转我国在制造业分工网络中"被支配""被纳入"的被动局面;另一方面,扩大服务业领域外资开放,承接服务业梯度转移将会吸引国际高端服务业,推进服务业结构升级,即通过吸引国际高端要素等"外力"手段化解国内市场高端生产型服务供给不充分的软约束,最终打破国内市场服务业需求供给的低水平均衡。

(三)引进吸收国际先进生产要素

随着全球要素分工逐步从生产制造全球化转向技术创新全球化,研发部门创新协作和关键技术梯度转移已越来越具有全球化特征。技术和知识的流动为分布在不同国家间的用户、供应商、技术部门和科研院所人员共同参与创新研发提供了重要发展平台。推动外贸竞争力转型升级,除了凭借天然禀赋要素获得传统比较优势红利,还需通过积累资本、技术和高素质人才等获得性要素实现赶超发展。在要素跨国自由流动的背景下,中国要主动嵌入全球研发链、创新链实现获得性要素积累,把当前的资金与外汇"双剩余"转化为无穷的技术积累。同时,加快吸纳国际先进要素对我国相关配套机制建设提出了更高要求。比如,需打造国际化的营商环境和良好的人才环境,提升行政效率和制度质量,完善市场机制以及产业配套设施,提高知识产权保护水平和质量,等等。

三、 以培育价值链主体和提升国际定价权为目标的国际治理型路径

通过培育具有国际竞争力的跨国企业,打造全球价值网络中要素流通的关键节点和核心主体,构建强凝聚力的高级要素发展平台,实现全球价值链主体培育和国际定价权提升。

(一)打造有国际竞争力的跨国公司

面对要素跨国流动日益广泛的事实,跨国公司依靠全球生产网络能够便捷

获取资金、技术、市场以及其他战略资源。政府应从主体培育、服务建设、政策保障三个方面将其打造成全球价值网络中要素流通的关键节点和核心主体。在培育主体方面,应重点鼓励并扶持具有一定规模实力、品牌优势和市场基础的行业龙头企业,提升企业在国际化经营中的核心能力,包括组织领导、经营管理、核心技术和产品竞争力等。在服务建设方面,完善企业对外直接投资和跨境并购服务体系,简化项目行政审批程序,加强企业海外投资的金融信贷支持。通过建立完善海外并购的中介服务体系,为高科技企业提供便捷高效的信息咨询服务。在政策保障方面,打造国际化经营的政策支撑体系和风险防范体系,简化海外投资企业专业人才出入境手续,对服务外包开辟出入境通关绿色通道,同时引导贸易、咨询、知识产权和法律服务等配套服务业先行"走出去"。

(二)打造具有强凝聚力的高级要素发展平台

发达国家在全球范围内挖掘或争取先进要素往往会通过资源使用权治理主导、开放型价值网络共享合作等方式,分布于全球各处的国际高级要素通过全球研发链、创新链网络实现高速流动。因此,要深度融入研发创新全球网络,就必须创建对国际高级要素具有强凝聚力的发展平台,在市场获取和流通成本两个维度挖掘参与创新竞争的差异化优势:第一,在市场获取方面,积极利用大国大市场的现有优势,合理拓展产品前端设计研发和后端供应营销等高端环节,依托发展中经济体的市场需求进行研发创新,以有效市场规模诱致的方式吸引高端要素入驻。第二,在流通成本方面,积极打通国内外要素流通障碍,有效降低要素流通的商务成本,包括运输成本、基础服务成本、投资进入成本、契约执行成本、行政管理成本等。加快推进国内要素市场化进程,为全球创新要素提供便利、安全、高效的发展环境。

(三)积极争取要素定价权与规则制定权

随着要素国际分工深度推进,跨国公司在全球价值链分工体系下通过链条治理、国际规则运作和高端市场支配形成全球影响力。定价机制规则、产品基准价格以及贸易供求关系是影响国际定价权的核心变量。一国拥有大宗商品的定价权,将会对特定大宗商品贸易的利润分配产生深远影响,而定价权处于弱势的一方往往会在贸易中处于被动地位。对中国而言,要掌握国际要素的定价权,需在国际产业分工布局、要素价格形成机制两个方面获取应有的主动权。一方面,要优化国内产业分工布局,加快制造业转型升级进程,通过吸收先进要素优化企业技术研发和市场营销要素结构,从而提升产品质量和品牌价值,避免产品市场无序同质竞争。另一方面,要加快完善大宗商品期货市场,积极推进人民币国际化,参与到全球大宗商品价格形成机制中。尽快培育成熟规范且具有一定影响力的期货交易市场,扭转现有期货市场由部分发达国家完全主导的被动局面。

参 考 文 献

[1]［英］安格斯·麦迪森:《世界经济千年史》,伍晓鹰等译,北京大学出版社 2003 年版。

[2]包群、阳佳余:《金融发展影响了中国工业制成品出口的比较优势吗》,《世界经济》2008 年第 3 期。

[3]陈航宇:《我国出口产品质量升级动力研究》,浙江大学 2017 年博士学位论文。

[4]陈杰:《日本经济增长过程中的技术创新体系研究》,复旦大学 2004 年博士学位论文。

[5]陈晓华、黄先海、刘慧:《中国出口技术结构演进的机理与实证研究》,《管理世界》2011 年第 3 期。

[6]陈勇:《对要素流动、要素集聚、贸易强国概念的评论和理解》,《世界经济研究》2016 年第 10 期。

[7]程大中、李韬、姜彬:《要素价格差异与要素跨国流向:对 HOV 模型的检验》,《世界经济》2015 年第 3 期。

[8]杜肯堂、戴士根主编:《区域经济管理学》,高等教育出版社 2004 年版。

[9]郭丽峰、杨起全:《金融危机对我国高新技术产品出口的影响研究》,《中国科技论坛》2009 年第 10 期。

[10]韩乾、袁宇菲、吴博强:《短期国际资本流动与我国上市企业融资成本》,《经济研究》2017 年第 6 期。

[11]何一峰、付海京:《影响我国人口迁移因素的实证分析》,《浙江社会科学》2007 年第 2 期。

[12]黄玖立、冼国明、吴敏、严兵:《学校教育与比较优势:解构作为渠道的技能》,《经济研究》2014 年第 4 期。

[13]黄凌云、刘冬冬、谢会强：《对外投资和引进外资的双向协调发展研究》，《中国工业经济》2018 年第 3 期。

[14]黄先海、金泽成、余林徽：《要素流动与全要素生产率增长：来自国有部门改革的经验证据》，《经济研究》2017 年第 12 期。

[15]黄先海、诸竹君、宋学印：《中国中间品进口企业"低加成率之谜"》，《管理世界》2016 年第 7 期。

[16]黄宪、熊福平：《外资银行进入对我国银行业影响的实证研究》，《国际金融研究》2006 年第 5 期。

[17]简泽、段永瑞：《企业异质性、竞争与全要素生产率的收敛》，《管理世界》2012 年第 8 期。

[18]姜波克：《论开放经济下中央银行的冲销手段》，《金融研究》1999 年第 5 期。

[19]姜泽华、白艳：《产业结构升级的内涵与影响因素分析》，《当代经济研究》2006 年第 10 期。

[20]蒋殿春、夏良科：《外商直接投资对中国高技术产业技术创新作用的经验分析》，《世界经济》2005 年第 8 期。

[21]蒋殿春：《跨国公司对我国企业研发能力的影响：一个模型分析》，《南开经济研究》2004 年第 4 期。

[22]蒋冠宏：《我国技术研发型外向 FDI 的"生产率效应"——来自工业企业的证据》，《管理世界》2013 年第 9 期。

[23]揭水晶、吉生保、温晓慧：《OFDI 逆向技术溢出与我国技术进步——研究动态及展望》，《国际贸易问题》2013 年第 8 期。

[24][英]大卫·李嘉图：《政治经济学及赋税原理》，郭大力等译，商务印书馆1962 年版。

[25]李萍：《进一步提高我国利用外资实效性的思考——注重发挥外国直接投资的技术效应》，《国际贸易问题》2004 年第 12 期。

[26]李强：《英国金融中心建设的税收政策及其对上海的启示》，《现代管理科学》2011 年第 2 期。

[27][德]弗里德里希·李斯特：《政治经济学的自然体系》，杨春学译，商务印书馆 1997 年版。

[28]林宏山：《金融要素与工业转型升级关系研究——基于金融发展与融资结构视角》，《上海金融》2018 年第 6 期。

[29]刘建生、玄兆辉、吕永波、任远：《国际金融危机以来中国高技术产品的贸易结构特征》，《中国科技论坛》2018 年第 7 期。

[30]刘青、张超、吕若思、卢进勇：《"海归"创业经营业绩是否更优：来自中国民营

企业的证据》,《世界经济》2013 年第 12 期。

[31]马述忠、吴国杰:《中间品进口、贸易类型与企业出口产品质量——基于中国企业微观数据的研究》,《数量经济技术经济研究》2016 年第 11 期。

[32]马埏君、谭伟恩:《印度外资政策演变及其对中国的启示》,《中央财经大学学报》2008 年第 12 期。

[33][英]马歇尔:《经济学原理》(上卷),朱志泰等译,商务印书馆 2011 年版。

[34][美]迈克尔·波特:《国家竞争优势》,李明轩等译,华夏出版社 2002 年版。

[35][美]曼昆:《经济学原理》(宏观经济学分册),梁小民等译,北京大学出版社 2017 年版。

[36]毛其淋、许家云:《跨国公司进入与中国本土企业成本加成——基于水平溢出与产业关联的实证研究》,《管理世界》2016 年第 9 期。

[37]毛其淋、许家云:《中国对外直接投资如何影响了企业加成率:事实与机制》,《世界经济》2016 年第 6 期。

[38]蒙英华、蔡宏波、黄建忠:《移民网络对中国企业出口绩效的影响研究》,《管理世界》2015 年第 10 期。

[39]米运生:《金融自由化与中国的全要素生产率:理论分析与经验证据》,《上海金融学院学报》2009 年第 3 期。

[40]那军:《跨国公司技术创新要素的国际流动特性》,《国际经济合作》2008 年第 1 期。

[41]齐俊妍:《中国是否出口了更多高技术产品——基于技术含量和附加值的考察》,《世界经济研究》2008 年第 9 期。

[42]邱斌、杨帅、辛培江:《FDI 技术溢出渠道与中国制造业生产率增长研究:基于面板数据的分析》,《世界经济》2008 年第 8 期。

[43]邱立成、刘灿雷、杨德彬:《中国对外投资企业具有更高的成本加成率吗——来自制造业企业的经验证据》,《国际贸易问题》2016 年第 12 期。

[44][法]萨伊:《政治经济学概论》,陈福生等译,商务印书馆 2009 年版。

[45]施炳展、曾祥菲:《中国企业进口产品质量测算与事实》,《世界经济》2015 年第 3 期。

[46]施炳展、邵文波:《中国企业出口产品质量测算及其决定因素——培育出口竞争新优势的微观视角》,《管理世界》2014 年第 9 期。

[47]施炳展:《FDI 是否提升了本土企业出口产品质量》,《国际商务研究》2015 年第 2 期。

[48]孙早、刘李华、孙亚政:《市场化程度、地方保护主义与 R&D 的溢出效应——来自中国工业的经验证据》,《管理世界》2014 年第 8 期。

［49］孙兆斌：《外资银行进入与中资商业银行的效率改进》,《新金融》2009 年第 11 期。

［50］田巍、余淼杰：《中间品贸易自由化和企业研发:基于中国数据的经验分析》,《世界经济》2014 年第 6 期。

［51］王辉耀、苗绿：《海外华侨华人专业社团的新特点与新作用》,《华人研究国际学报》2014 年第 1 期。

［52］王晶晶、陈启斐：《金融业双向开放对全要素生产率的影响——基于 122 个国家的面板数据分析》,《云南财经大学学报》2017 年第 2 期。

［53］王玉莹：《高级人才要素跨国流动与企业创新》,浙江大学 2018 年硕士学位论文。

［54］王钺、刘秉镰：《创新要素的流动为何如此重要? ——基于全要素生产率的视角》,《中国软科学》2017 年第 8 期。

［55］王卓、胡日东：《引进外资、对外直接投资之促进技术进步效应的比较与有关国家经验的借鉴》,《华侨大学学报》(哲学社会科学版)2002 年第 2 期。

［56］[英]威廉·配第:《赋税论》全译本,薛东阳译,武汉大学出版社 2011 年版。

［57］魏浩、袁然：《国际人才流入与中国企业的研发投入》,《世界经济》2018 年第 12 期。

［58］魏艳骄、朱晶：《进口来源国、技术含量与技术进步——基于中国乳制品进口贸易对国内乳制品加工业技术进步影响研究》,《国际经贸探索》2017 年第 7 期。

［59］文东伟、冼国明：《中国制造业的空间集聚与出口:基于企业层面的研究》,《管理世界》2014 年第 10 期。

［60］吴先明：《跨国公司与东亚经济发展》,经济科学出版社 2001 年版。

［61］吴延兵：《R&D 与生产率——基于中国制造业的实证研究》,《经济研究》2006 年第 11 期。

［62］肖文、林高榜：《海外研发资本对中国技术进步的知识溢出》,《世界经济》2011 年第 1 期。

［63］谢代刚：《论印度外资政策的演变》,《南亚研究季刊》2008 年第 4 期。

［64］邢孝兵、邹蓓蕾：《进口贸易技术溢出、人力资本与我国技术创新——基于 VAR 模型的动态分析》,《铜陵学院学报》2017 年第 1 期。

［65］熊波、陈柳：《跨国公司 R&D 国际化趋势及其对中国跨国公司的启示》,《研究与发展管理》2002 年第 3 期。

［66］徐美娜、彭羽：《外资垂直溢出效应对本土企业出口产品质量的影响》,《国际贸易问题》2016 年第 12 期。

［67］许家云、毛其淋、胡鞍钢：《中间品进口与企业出口产品质量升级:基于中国证

据的研究》,《世界经济》2017 年第 3 期。

[68]宣烨、陈启斐:《生产性服务品进口技术复杂度与技术创新能力——来自全球高科技行业的证据》,《财贸经济》2017 年第 9 期。

[69][英]亚当·斯密:《国富论》,唐日松等译,华夏出版社 2005 年版。

[70]杨立娜、许家云:《海归校领导与高校创新绩效——基于中国 114 所 211 高校的实证研究》,《世界经济文汇》2018 年第 2 期。

[71]杨兴全、申艳艳、尹兴强:《外资银行进入与公司投资效率:缓解融资约束抑或抑制代理冲突?》,《财经研究》2017 年第 2 期。

[72]杨宇光:《英国吸引外资的政策措施》,《世界经济》1990 年第 9 期。

[73]姚耀军、吴文倩、王玲丽:《外资银行是缓解中国企业融资约束的"白衣骑士"吗?——基于企业异质性视角的经验研究》,《财经研究》2015 年第 10 期。

[74]姚战琪:《发展中国家高新技术产业贸易竞争力问题研究——兼论新世纪中国对外贸易结构转换及高技术产品贸易的发展》,《财贸经济》2002 年第 3 期。

[75]叶生洪、王开玉、孙一平:《跨国并购对东道国企业竞争力的影响研究——基于中国制造业企业数据的实证分析》,《国际贸易问题》2016 年第 1 期。

[76]于刃刚、戴宏伟:《生产要素流动与区域经济一体化的形成及启示》,《世界经济》1999 年第 6 期。

[77]余斌:《金融与实体经济失衡的重要原因在实体经济》,《中国发展观察》2017 年第 5 期。

[78]原小能、吕梦婕:《生产性服务进口复杂度对制造业全要素生产率的影响研究》,《南京财经大学学报》2017 年第 6 期。

[79]张二震:《全球化、要素分工与中国的战略》,《经济界》2005 年第 5 期。

[80]张海洋:《R&D 两面性、外资活动与中国工业生产率增长》,《经济研究》2005 年第 5 期。

[81]张继红、吴玉鸣、何建坤:《专利创新与区域经济增长关联机制的空间计量经济分析》,《科学学与科学技术管理》2007 年第 1 期。

[82]张杰、陈志远、刘元春:《中国出口国内附加值的测算与变化机制》,《经济研究》2013 年第 10 期。

[83]张杰、刘元春、郑文平:《为什么出口会抑制中国企业增加值率?——基于政府行为的考察》,《管理世界》2013 年第 6 期。

[84]张杰、翟福昕、周晓艳:《政府补贴、市场竞争与出口产品质量》,《数量经济技术经济研究》2015 年第 4 期。

[85]张杰、郑文平、翟福昕:《融资约束影响企业资本劳动比吗?——中国的经验证据》,《经济学》(季刊)2016 年第 3 期。

[86]张鹏杨、唐宜红:《FDI 如何提高我国出口企业国内附加值？——基于全球价值链升级的视角》,《数量经济技术经济研究》2018 年第 7 期。

[87]张为付、吴进红:《商品贸易、要素流动与贸易投资一体化》,《国际贸易问题》2004 年第 5 期。

[88]张炜、杨选留:《国家创新体系中高校与研发机构的作用与定位研究》,《研究与发展管理》2006 年第 4 期。

[89]张幼文:《经济全球化与国家经济实力——以"新开放观"看开放效益的评估方法》,《国际经济评论》2005 年第 5 期。

[90]张幼文:《开放经济发展目标的动态演进——答华民教授的商榷意见》,《国际经济评论》2006 年第 1 期。

[91]张幼文:《生产要素的国际流动与全球化经济的运行机制》,《国际经济评论》2013 年第 5 期。

[92]张幼文:《生产要素的国际流动与全球化经济的运行机制——世界经济学的分析起点与理论主线》,《世界经济研究》2015 年第 12 期。

[93]张幼文:《要素聚集与对外开放新阶段的主题》,《世界经济研究》2008 年第 4 期。

[94]张幼文:《要素流动——全球化经济学原理》,人民出版社 2013 年版。

[95]张幼文:《要素流动条件下国际分工演进新趋势:兼评〈要素分工与国际贸易理论新发展〉》,《世界经济研究》2017 年第 9 期。

[96]张幼文:《以要素流动理论研究贸易强国道路》,《世界经济研究》2016 年第 10 期。

[97]张幼文:《知识经济的生产要素及其国际分布》,《中国工业经济》2002 年第 8 期。

[98]张幼文:《中国开放型经济发展的新阶段》,《毛泽东邓小平理论研究》2007 年第 2 期。

[99]张宇、蒋殿春:《FDI、产业集聚与产业技术进步——基于中国制造行业数据的实证检验》,《财经研究》2008 年第 1 期。

[100]赵伟、古广东、何元庆:《外向 FDI 与中国技术进步:机理分析与尝试性实证》,《管理世界》2006 年第 7 期。

[101]赵伟、韩媛媛、赵金亮:《融资约束、出口与中国本土企业创新:机理与实证》,《当代经济科学》2012 年第 6 期。

[102]郑乐凯、王思语:《中国产业国际竞争力的动态变化分析——基于贸易增加值前向分解法》,《数量经济技术经济研究》2017 年第 12 期。

[103]中华人民共和国科学技术部:《中国科学技术指标 2012》,科学技术文献出版社 2014 年版。

［104］周琢：《要素流动与贸易收益——外资流入下贸易发展的国民收益》，上海社会科学院出版社 2014 年版。

［105］朱平芳、徐伟民：《上海市大中型工业行业专利产出滞后机制研究》，《数量经济技术经济研究》2005 年第 9 期。

［106］朱有为、徐康宁：《研发资本累积对生产率增长的影响——对中国高技术产业的检验（1996—2004）》，《中国软科学》2007 年第 4 期。

［107］诸竹君、黄先海、宋学印：《中国企业对外直接投资促进了加成率提升吗?》，《数量经济技术经济研究》2016 年第 6 期。

［108］诸竹君、黄先海、余骁：《金融业开放与中国制造业竞争力提升》，《数量经济技术经济研究》2018 年第 3 期。

［109］祝树金、戢璇、傅晓岚：《出口品技术水平的决定性因素：来自跨国面板数据的证据》，《世界经济》2010 年第 4 期。

［110］祝树金、钟腾龙、李仁宇：《中间品贸易自由化与多产品出口企业的产品加成率》，《中国工业经济》2018 年第 1 期。

［111］邹玉娟、陈漓高：《我国对外直接投资与技术提升的实证研究》，《世界经济研究》2008 年第 5 期。

［112］Acemoglu D., Aghion P. and Zilibotti F., "Distance to Frontier, Selection, and Economic Growth", *Journal of the European Economic Association*, Vol.4, No.1, March 2006.

［113］Aghion P., Bloom N., Blundell R., Griffith R. and Howitt P., "Competition and Innovation: An Inverted-U Relationship", *Quarterly Journal of Economics*, Vol.120, No.2, May 2005.

［114］Bajona C. and Kehoe T. J., "Trade, Growth, and Convergence in a Dynamic Heckscher – Ohlin Model", *Review of Economic Dynamics*, Vol.13, No.3, July 2010.

［115］Bardhan A. D. and Guhathakurta S., "Global Linkages of Subnational Regions: Coastal Exports and International Networks", *Contemporary Economic Policy*, Vol.22, No.2, April 2004.

［116］Barone G. and Cingano F., "Service Regulation and Growth: Evidence from OECD Countries", *Economic Journal*, Vol.121, No.555, September 2011.

［117］Bas M. and Strauss-Kahn V., "Input-trade Liberalization, Export Prices and Quality Upgrading", *Journal of International Economics*, Vol.95, No.2, March 2015.

［118］Bernard A. B., Eaton J., Jensen J. B., et al., "Plants and Productivity in International Trade", *American Economic Review*, Vol.93, No.4, September 2003.

［119］Bernard A. B., Redding S. J. and Schott P. K., "Multiproduct Firms and Trade Liberalization", *The Quarterly Journal of Economics*, Vol.126, No.3, August 2011.

[120] Beverelli C., Fiorini M and Hoekman B., "Services Trade Policy and Manufacturing Productivity: The Role of Institutions", *Journal of International Economics*, Vol.104, January 2017.

[121] Davis D. R., Weinstein D. E., Bradford S. C., et al., "The Heckscher-Ohlin-Vanek Model of Trade: Why Does It Fail? When Does It Work?", *American Economic Review*, June 1997.

[122] Davis D. R. and Weinstein D. E., "An Account of Global Factor Trade", *American Economic Review*, Vol.91, No.5, December 2001.

[123] De Loecker J. and Warzynski F., "Markups and Firm-level Export Status", *American Economic Review*, Vol.102, No.6, October 2012.

[124] De Loecker J., "Product Differentiation, Multiproduct Firms, and Estimating the Impact of Trade Liberalization on Productivity", *Econometrica*, Vol.79, No.5, September 2011.

[125] Ding S., Sun P. and Jiang W., "The Effect of Import Competition on Firm Productivity and Innovation: Does the Distance to Technology Frontier Matter?", *Oxford Bulletin of Economics and Statistics*, Vol.78, No.2, April 2016.

[126] Dunning and John H., "Explaining the International Direct Investment Position of Countries: Towards a Dynamic or Developmental Approach", *International Capital Movements*, London: Palgrave Macmillan, 1982.

[127] Fan H., Lai E. and Li Y. A., "Credit Constraints, Quality, and Export Prices: Theory and Evidence from China", *Journal of Comparative Economics*, Vol. 43, No. 2, March 2015.

[128] Fare R., Grosskopf S. and Knox Lovell C. A., "Production Frontiers", Cambridge: Cambridge University Press, 1994.

[129] Felbermayr G. J. and Toubal F., "Revisiting the Trade-Migration Nexus: Evidence from New OECD Data", *Social Science Electronic Publishing*, Vol.40, No.5, May 2012.

[130] Foster L., Haltiwanger J. and Syverson C., "Reallocation, Firm Turnover, and Efficiency: Selection on Productivity or Profitability?", *American Economic Review*, Vol.98, No.1, March 2008.

[131] Friedman M., "The Role of Monetary Policy", *Essential Readings in Economics*, 1995.

[132] Grossman G. M. and Helpman E., "Quality Ladders in the Theory of Growth", *Review of Economic Studies*, Vol.58, No.1, January 1991.

[133] Güth W., Schmittberger R. and Schwarze B., "An Experimental Analysis of Ultimatum Bargaining", *Journal of Economic Behavior & Organization*, Vol. 3, No. 4,

December 1982.

[134] Helpman E., "Imperfect Competition and International Trade: Evidence from Fourteen Industrial Countries", *Journal of the Japanese and International Economies*, Vol.1, No.1, March 1987.

[135] James A. M. and Elmslie B. T., "Testing Heckscher-Ohlin-Vanek in the G-7", *Weltwirtschaftliches Archiv*, Vol.132, No.1, March 1996.

[136] Jones R. W., "*Two-Ness*" *in Trade Theory: Costs and Benefits*, International Finance Section, Department of Economics, Princeton University.

[137] Kemp M. C., "The Benefits and Costs of Private Investment from Abroad: Comment", *Economic Record*, Vol.38, No.81, March 1962.

[138] Khandelwal A. K., Schott P. K. and Wei S. J., "Trade Liberalization and Embedded Institutional Reform: Evidence from Chinese Exporters", *American Economic Review*, Vol.103, No.6, October 2013.

[139] Koopman R., Wang Z. and Wei S. J., "Estimating Domestic Content in Exports When Processing Trade is Pervasive", *Journal of Development Economics*, Vol.99, No.1, September 2012.

[140] Koopman R., Wang Z. and Wei S. J., "Tracing Value-Added and Double Counting in Gross Exports", *American Economic Review*, Vol.104, No.2, February 2014.

[141] Kugler M. and Verhoogen E., "Prices, Plant Size, and Product Quality", *Review of Economic Studies*, Vol.79, No.1, November 2012.

[142] Lee C. C. and Hsieh M. F., "Bank Reforms, Foreign Ownership, and Financial Stability", *Journal of International Money and Finance*, Vol.40, February 2014.

[143] Levinsohn J. and Petrin A., "Estimating Production Functions Using Inputs to Control for Unobservables", *The Review of Economic Studies*, Vol.70, No.2, April 2003.

[144] Lu Y. and Yu L., "Trade Liberalization and Markup Dispersion: Evidence from China's WTO Accession", *American Economic Journal: Applied Economics*, Vol.7, No.4, October 2015.

[145] Manova K. and Yu Z., "How Firms Export: Processing vs. Ordinary Trade with Financial Frictions", *Journal of International Economics*, Vol.100, May 2016.

[146] Norman V. D. and Venables A. J., "International Trade, Factor Mobility, and Trade Costs", *The Economic Journal*, Vol.105, No.433, November 1995.

[147] Nunn N., "Relationship-specificity, Incomplete Contracts, and the Pattern of Trade", *Quarterly Journal of Economics*, Vol.122, No.2, May 2007.

[148] Olley G. S. and Pakes A., "The Dynamics of Productivity in the

Telecommunications Equipment Industry", *National Bureau of Economic Research*, Vol. 64, No.6, January 1992.

[149] Powell D., Quantile Regression with Nonadditive Fixed Effects, *RAND Labor and Population Working Paper*, 2016.

[150] Rajan R. G., Zingales L., "Financial Dependence and Growth", *American Economic Review*, Vol.88, No.3, September 1998.

[151] Rodrik D., "What Is So Special about China's Exports?", *China and the World Economy*, Vol.14, No.5, September 2006.

[152] Schelling T. C., *The Strategy of Conflict*, Harvard University Press, 1980.

[153] Shiu A. and Heshmati A., "Technical Change and Total Factor Productivity Growth for Chinese Provinces: A Panel Data Analysis", *IZA Discussion Paper*, May 2006.

[154] Song Z., Storesletten K. and Zilibotti F., "Growing Like China", *American Economic Review*, Vol.101, No.1, February 2011.

[155] Trefler D., "The Case of the Missing Trade and other Mysteries", *The American Economic Review*, December 1995.

[156] Verhoogen E. A., "Trade, Quality Upgrading, and Wage Inequality In the Mexican Manufacturing Sector", *The Quarterly Journal of Economics*, Vol.123, No.2, May 2008.

[157] Wang J. Y. and Blomstrom M., "Foreign Investment and Technology Transfer: A Simple Model", *European Economic Review*, Vol.36, No.1, January 1992.

[158] Wong K., "Are International Trade and Factor Mobility Substitutes?", *Journal of International Economics*, Vol.21, No.1-2, August 1986.

[159] Xing Y. and Detert N. C., "How the iPhone Widens the United States Trade Deficit with the People's Republic of China", *Adbi Working Papers*, December 2010.

[160] Xu Y., "Towards a More Accurate Measure of Foreign Bank Entry and Its Impact on Domestic Banking Performance: The Case of China", *Journal of Banking & Finance*, Vol.35, No.4, April 2011.

[161] Yin H., Yang J. and Mehran J., "An Empirical Study of Bank Efficiency in China after WTO Accession", *Global Finance Journal*, Vol.24, No.2, July 2013.

[162] Yu M., "Processing Trade, Tariff Reductions and Firm Productivity: Evidence from Chinese Firms", *Economic Journal*, Vol.125, No.585, June 2015.

[163] Zimring A., "Testing the Heckscher – Ohlin – Vanek Theory with a Natural Experiment", *Canadian Journal of Economics/Revue Canadienne D'ÉConomique*, Vol. 52, No.1, January 2019.

后　记

　　由经济全球化带动的要素跨国自由流动成为世界潮流,欧、美等发达国家主要通过建立区域协定推动贸易和投资的进一步自由化和便利化。对中国而言,如何通过外贸战略转型应对要素跨国自由流动带来的机遇与挑战,已经成为提升开放型经济水平的紧迫课题。当前,随着工业化和信息化高度融合,世界经济发展的动力结构、目标导向、科技基础、参与对象、运行规律均发生了前所未有的历史性变革,逐步形成了以新技术、新产业、新模式、新业态为标志的新全球化阶段。由跨国公司主导的要素流动和要素全球配置正重塑国际经济格局,有利于推动贸易投资一体化和要素市场分工的精细化发展,全球化参与者只有降低对要素流动的限制才能从中获益。也就是说,跨国公司全球战略的实质就是在世界范围内优化、配置和利用全球资源,从单纯追求原料供应和产品市场逐步过渡到跨国投资和经营,这就使得资金、技术、人员在国际间的流动更加自由。

　　在新全球化阶段,单纯的要素吸引或限制要素流动的外贸战略已难以适应要素在国境间的双向流动,更不能有效利用要素的跨国流动并获得显著经济效益。我国实现要素跨国自由流动的障碍主要体现在以下三个方面:一是服务业利用外资的准入限制依然较多,特别是部分竞争性服务行业市场准入管制过严。由于地方保护主义严重,保守的服务业开放严重延缓了我国服务业发展速度,使得服务业国际化水平难以提高,嵌入全球价值链的程度也相对较低。二是企业对外直接投资存在较大障碍,随着我国经济地位、市场化改革和开放格局发生历史性变革,与对外直接投资相关的外汇管理体制、行政审批体制、融资体制等政策还未作出相应调整,具体包括立法严重滞后、管理体制落后、对外投资配套机制单一等方面,促进对外直接投资的政策导向和制度体系仍有较大改革空间。三是目前全球服务业价值链已涉及软件、金融、管理、咨询、物流、法律服务、投资评估等领域,但我国大多数本土企业的人才储备和业务能力还不足以涉足这些新兴领域。

不可否认的是,国内外要素自由流动不足造成的影响是多元的:一是单纯要素吸引战略造成国内经济发展不可持续性明显。不合理的外资政策致使部分不符合国外环境保护要求的产业、限制性生产设备和技术流程转移到中国,在一定程度上造成了资源与环境的破坏。二是以外贸外资数量为主的开放经济评价体系忽视了开放效益。市场竞争就是品牌竞争,外资企业对民族产业产生较大制约作用,使得外资企业可以获得明显的垄断势力,国内企业在面对国际竞争、走向国际市场的过程中失去了支撑,永远停留在获取微薄加工费用的阶段,在全球价值链中居于末端,不利于产业转型升级。三是国内要素市场扭曲导致外部经济的失衡。要素价格扭曲降低了企业生产成本,使得外商直接投资持续流入中国进行投资逐利,国内产能进一步扩大,产能供过于求造成了内部经济结构性失衡。当企业通过出口解决剩余产能,最终导致贸易顺差过大,由此带来结汇压力和人民币升值的预期,国际投机资本趁机流入,从而使得经常项目和资本项目双顺差,造成了中国经济的外部失衡。四是金融开放与竞争不足难以对创新提供有效系统支撑。由于金融市场开放度不足,缺乏活跃的私人资本市场和为中小企业服务的产权市场,传统金融机构与金融产品对技术创新的不适应,使得国际先进金融要素进入国内存在较大障碍,这严重制约了金融对技术创新支撑作用的发挥。

要素跨国流动自由化和全球要素分工快速推进的国际经济新态势,对我国偏重商品出口贸易的传统外贸战略构成了严峻挑战。基于本土要素和生产力结构的比较优势论及要素禀赋论已经不再能指导全球要素分工合作下的外贸发展战略,本书提出以"规模扩张、价格竞争、低加成率、低出口国内增加值率"为特点的粗放式外贸增长模式亟须转向以"效率提升、质量竞争、高加成率、高出口国内增加值率"为标志的开放型、集约型、创新型增长,并从规模扩张转向效率提升的发展导向、从价格竞争转向质量竞争的竞争策略、从低加成率陷阱转向优质优价的赢利模式、从混合收益转向产权收益的收益结构四个方面进行外贸战略重构。在指标设计上,以德洛克和沃辛斯基(2012)的结构方程模型为基准,在统一框架下测算了企业生产率、加成率和出口产品质量,并推演了外贸战略转型代理指标的模型结构化特征和关联性。

本书通过深入分析要素国际流动的基本特征、内在机理及其经济效应,从中国外贸战略的调整需求出发,广泛比较和借鉴典型经济体的国际贸易战略转型经验,探索提出了加快要素跨国自由流动的中国外贸战略一揽子转型路径,兼顾了理论价值和实践意义。一是创新了一个要素跨国自由流动条件下的微观分析框架。在梅利茨(2003)异质性企业理论的基础上,构建了将要素价格内生化的两国多部门多要素模型。在此基础上,采用倾向评分匹配法、倍差法、动态随机一般均衡等方法对资本要素流动、人力资本要素流动、技术要素流动、金融要素流动的生产率效应、产品质量效应、加成率效应和出口国内增加值率效应进行了实证分析。二是构建了一组中美经贸摩擦背景下要素跨国自由流动与贸易发展的动态拟合博弈模型。通过对中美经济参数的模拟检验了赫克歇尔—俄林理论的适用性,证明了中美经贸摩擦背景下要素流动与国际贸易存在互补性,并提出了若干加快要素跨国自由流动对中美经贸发展的促进机制和战略应对举措。三是提出了一套新全球化背景下要素跨国自由流动的外贸战略转型路径。随着要素国际分工由制造业供应链、价值链向创新链延伸,以跨国公司为载体的"逆向创新"正重塑全球创新格局,我国应从开放边界、要素流通、政策制定和风险防控四重视角进行战略重构,提出新全球化背景下中国未来外贸战略转型的三条路径选择,即以优化配置效率和培育稀缺要素为核心的内源驱动型路径、以改善规则环境和引进高端要素为内涵的开放吸引型路径和以培育价值链主体和提升国际定价权为目标的国际治理型路径。

本书是国家社科基金重点项目"加快要素自由流动的对外贸易战略转型研究"(14AZD056)的重要研究成果,所形成的主要观点如:要素跨国自由流动条件下的微观分析框架,从生产效率、垂直专业化、赢利能力、国际分工等四个维度确立的外贸战略转型指标系统,基于动态拟合博弈模型对中美贸易产品价格、冰山贸易成本、福利制度与金融环境等政策冲击的效应分析等,均在一定程度上拓宽了从微观视角分析要素跨国自由流动的福利经济效应和外贸战略转型的研究边界,也为从国际经济学、发展经济学乃至制度经济学等领域孕育出具有中国特色国际前沿的理论成果提供了丰富土壤和研究基础。本书是集体合作的研究成果,先由我提出总体思路、结构框架、写作重点,再分工执笔。参加各章节初稿撰写的有王煌、陈航宇、何秉卓、范皓然、刘堃、喻盼、王芳、诸竹君、高亚兴、王瀚迪、黄远浙、金泽成、赵亚奇。各章节初稿完成后,由我和王煌博士进行系统修改和完善。本书的写作与出版得到了浙江大学区域经济开放与发展研究中心、浙江大学长三角一体化发展研究中心的资助支持。由于时间与水平所限,书中难免存在不足之处,敬请读者朋友不吝赐教。

黄先海

2019 年 11 月于浙江大学

丛书策划:蒋茂凝
策划编辑:郑海燕
封面设计:石笑梦
版式设计:胡欣欣
责任校对:苏小昭

图书在版编目(CIP)数据

要素跨国自由流动与外贸战略转型/黄先海 等著. —北京:人民出版社,2020.7
ISBN 978－7－01－022236－3

Ⅰ.①要…　Ⅱ.①黄…　Ⅲ.①对外贸易-贸易发展-研究-中国　Ⅳ.①F752

中国版本图书馆 CIP 数据核字(2020)第 105178 号

要素跨国自由流动与外贸战略转型
YAOSU KUAGUO ZIYOU LIUDONG YU WAIMAO ZHANLÜE ZHUANXING

黄先海　王　煌　等著

人民出版社 出版发行
(100706　北京市东城区隆福寺街 99 号)

中煤(北京)印务有限公司印刷　新华书店经销

2020 年 7 月第 1 版　2020 年 7 月北京第 1 次印刷
开本:710 毫米×1000 毫米 1/16　印张:21.5
字数:310 千字

ISBN 978－7－01－022236－3　定价:88.00 元

邮购地址 100706　北京市东城区隆福寺街 99 号
人民东方图书销售中心　电话 (010)65250042　65289539